CÓMO FUNCIONA UNA EMPRESA

CÓMO FUNCIONA UNA EMPRESA

GUÍA GRÁFICA PARA EL ÉXITO EMPRESARIAL

Penguin
Random
House

Edición sénior	Georgina Palffy
Edición de arte del proyecto	Saffron Stocker
Edición	Anna Fischel, Alison Sturgeon, Suhel Ahmed, Hannah Bowen, Joanna Edwards, Alex Beeden, Sam Kennedy
Diseño	Natalie Clay, Stephen Bere, Phil Gamble, Vanessa Hamilton, Jemma Westing
Edición ejecutiva	Stephanie Farrow, Gareth Jones
Edición de arte ejecutiva sénior	Lee Griffiths
Coordinación editorial	Liz Wheeler
Subdirección de arte	Karen Self
Dirección editorial	Jonathan Metcalf
Dirección de arte	Phil Ormerod
Diseño de cubierta sénior	Mark Cavanagh
Asistente de cubierta	Claire Gell
Dirección de desarrollo de diseño de la cubierta	Sophia MTT
Preproducción	Ben Marcus, Nikoleta Parasaki
Producción	Christine Ni

Publicado originalmente en Gran Bretaña en 2015
por Dorling Kindersley Limited,
80 Strand, London, WC2R 0RL
Parte de Penguin Random House

Título original: *How Business Works*
Primera edición: 2017

Copyright © 2015 Dorling Kindersley Limited
© Traducción al español: 2016 Dorling Kindersley Limited

Producción editorial de la versión en español: Tinta Simpàtica
Traducción: Ricard Gil, Ana Gallo, Anna Nualart
Revisión de la traducción: Anna Nualart

ISBN: 978-1-4654-7178-9

Impreso y encuadernado en China

www.dkespañol.com

Contenidos

CÓMO FUNCIONAN LAS FINANZAS   98

CÓMO FUNCIONAN OPERACIONES Y PRODUCCIÓN 268

Colaboradores

El **Dr. Julian Sims (asesor editorial)** se incorporó al mundo académico tras una exitosa carrera empresarial en Estados Unidos y el Reino Unido. Es profesor del Departamento de Dirección de Empresas de Birkbeck, Universidad de Londres; censor jurado de cuentas (CPA Aus), y profesional colegiado de tecnologías de la información (CITP). Ha publicado un gran número de artículos en revistas académicas.

Philippa Anderson es escritora de temas empresariales y consultora de comunicación, y ha trabajado como asesora de distintas multinacionales, entre las que están 3M, Anglo American y Coca-Cola. Ha colaborado con lord Browne, ex director general de BP, en su libro de memorias, *Beyond Business*, así como en el libro de DK *The Business Book*.

Alexandra Black estudió comunicación empresarial y ha sido periodista del diario financiero del grupo Nikkei Inc. en Japón. En su etapa en Tokio fue editora de la división de análisis de riesgos del banco de inversión JP Morgan. En la actualidad reside en Cambridge, Reino Unido, donde cubre temas tan variados como negocios, tecnología y moda. Ha colaborado en el libro de DK *The Business Book*.

Joe Stanley-Smith es periodista de la *International Tax Review* en Londres, donde está especializado en impuestos indirectos y litigios fiscales. Se graduó en periodismo, en la especialidad de información empresarial, por la Universidad de Kingston, Reino Unido. Anteriormente había trabajado en redes sociales y medios de información local.

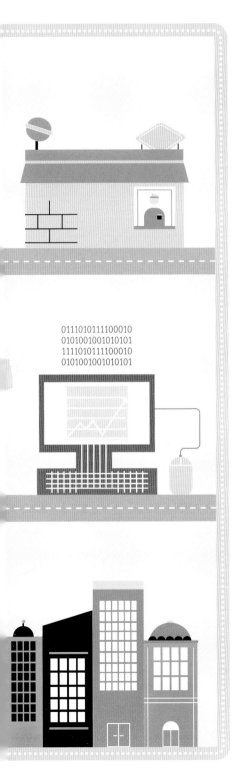

Introducción

El término «empresa» se refiere a una organización o institución dedicada a producir y comerciar bienes y servicios por dinero. Podemos rastrear sus orígenes desde los albores de nuestra sociedad, cuando el *Homo sapiens* evolucionó, dejando atrás la vida nómada de cazador-recolector para convertirse en agricultor. Esto llevaría a una especialización del trabajo en la que los individuos llegaron a ser hábiles en tareas específicas que servían a necesidades concretas de la comunidad. Con el tiempo esto permitiría producir y comercializar bienes y servicios más complejos con los que proveer a toda la sociedad. De manera que esta se ha dedicado a los «negocios» durante miles de años.

Hoy el mundo de los negocios es ineludible. Estos ya no se limitan a servicios y proveedores de bienes locales, sino que implican a grandes empresas que operan a escala global. Para que los gobiernos funcionen y las economías crezcan es esencial un sector empresarial competente y pujante. Ya sean empresas pequeñas o grandes, públicas o privadas, con o sin ánimo de lucro, todas tienen la función de financiar la economía global y son el pilar de la sociedad en que vivimos. Por ello, entender cómo funcionan es clave para poder comprenderla.

Este libro explica el complejo mundo de las empresas de una manera sencilla y gráfica. Examina todos los aspectos de su funcionamiento, como su creación, la obtención de capital, el desarrollo y marketing del producto, las estrategias de gestión, el seguimiento de ingresos, la información financiera y las responsabilidades legales, sociales y ambientales. Para hacer comprensible incluso el concepto más complicado se emplean explicaciones visuales y ejemplos reales. *Cómo funciona una empresa* ofrece una visión clara de en qué consiste y de qué manera las empresas moldean en multitud de formas la sociedad actual.

CÓMO FUNCIONA
UNA EMPRESA

Tipos de empresa ❯ Startups
Comprar y vender empresas ❯ Quién es quién
Estructura corporativa ❯ Recursos humanos

Tipos de empresa

Cada empresa debe elegir una estructura empresarial. Aunque hay variaciones según los países, la mayoría disponen de entidades jurídicamente análogas, desde la empresa individual a las grandes organizaciones que cotizan en bolsa. Existen tres consideraciones clave: cuál es el techo de crecimiento esperado; la complejidad de los registros y de la gestión e información financiera que el propietario está dispuesto a asumir, y la responsabilidad económica que está dispuesto a aceptar.

Pequeño y simple

❯ Las formas de autónomo (o empresario individual) y de sociedad civil son fáciles de crear y requieren poco capital.

❯ La empresa —pequeña por lo general— es de una o varias personas y tiene entidad legal.

❯ Si se trata de autónomos, el propietario asume las deudas. *Ver pp. 14–15.*

Empresas privadas

❯ Más complejas de constituir y mantener, son entidades jurídicas diferenciadas de sus propietarios.

❯ Su estructura hace que los propietarios no sean responsables personales de las deudas de la compañía.

❯ Pertenecen a socios, que normalmente son los administradores de la empresa. *Ver pp. 16–19.*

Empresas cotizadas

❯ Las sociedades que cotizan en bolsa son de grandes dimensiones y tienen muchas obligaciones jurídicas y financieras.

❯ Público en general e instituciones pueden comprar acciones de sociedades anónimas.

❯ Su estructura es idónea para una importante inyección de capital que permita la expansión del negocio. *Ver pp. 16–19.*

El **7**% de la actividad económica global corresponde a las 100 mayores empresas del mundo

PONER NOMBRE A LA EMPRESA

Sí

❯ **Usar una herramienta de sugerencias** de nombres de dominios disponibles y busca a partir de allí.

❯ **Ser descriptivo,** para que los clientes potenciales vean enseguida el tipo de negocio.

❯ **Pronunciarlo en voz alta,** pues puede dar una impresión diferente a la palabra escrita. La gente debe poder recordarlo y encontrarlo, sobre todo en internet, con solo haberlo oído.

❯ **Elegir uno corto** y sencillo, y evitar los juegos de palabras.

No

❯ **Incluir tu nombre,** porque si el negocio fracasa tu nombre se asociará a ello.

❯ **Imitar a la competencia,** porque si tu nombre es único puedes quedar por encima en los resultados de búsqueda. Pero si es similar al de la competencia, los clientes no podrán distinguiros.

❯ **Dedicarle tiempo** al nombre antes de que el producto y la marca estén listos. Consigue antes el producto, y el nombre saldrá de forma natural.

Multinacionales

❯ Operan en diversos países, lo que permite su crecimiento y flexibilidad.

❯ Pueden ahorrar dinero ubicando sus operaciones en países en los que los costes son más bajos.

❯ Las filiales extranjeras pueden adaptarse al mercado local y también abrirse a nuevos mercados. *Ver pp. 20–21.*

Franquicias

❯ En esta modalidad, una empresa (el franquiciador) autoriza a un individuo (el franquiciado) a abrir un establecimiento a cambio de un canon.

❯ El franquiciador necesita así menos capital para desarrollar su negocio.

❯ El franquiciado se beneficia de una marca y un modelo de negocio conocidos y exitosos, con lo que minimiza el riesgo. *Ver pp. 22–23.*

Entidades sin ánimo de lucro

❯ Entre las más comunes se cuentan las organizaciones benéficas, las mutuas y las cooperativas.

❯ Su estructura organizativa es similar a la de una empresa.

❯ Pueden generar sumas sustanciosas de dinero, pero en lugar de distribuir los beneficios los reinvierten en causas benéficas. *Ver pp. 24–25.*

Autónomos y sociedades civiles

Los modelos más simples de empresa son los integrados por una persona, un autónomo, o por dos o más, una sociedad civil. Constituirlas no cuesta mucho dinero en la mayoría de los casos y algunas son fáciles de operar.

Cómo funcionan

Muchos negocios empiezan por las modalidades más básicas, autónomo (empresario individual) o sociedad civil. El autónomo es un individuo que es el único propietario del negocio. Esta forma es fácil de constituir y, a diferencia de una sociedad, no se pagan impuestos adicionales. En su lugar, se presenta una declaración personal de impuestos (IVA e IRPF, en España). Este tipo de empresa comporta cierto riesgo, pues tiene una responsabilidad ilimitada sobre las deudas. Las sociedades civiles tienen más de un propietario, y cada uno se responsabiliza de la deuda contraída.

Pros y contras

Tanto la empresa individual como la sociedad civil son formas adecuadas para cualquiera que empiece o dirija un negocio pequeño; siempre que se eviten las deudas, pues los propietarios son responsables de ellas.

Autónomo

La contabilidad del autónomo es sencilla, y los costes iniciales, relativamente bajos.

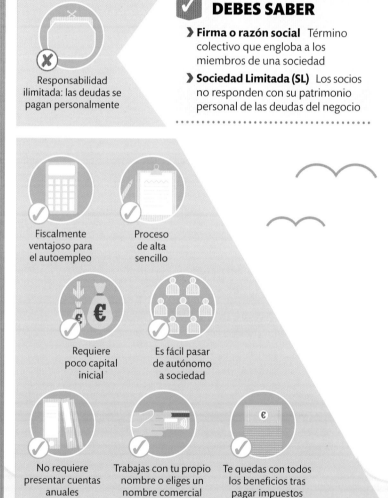

Responsabilidad ilimitada: las deudas se pagan personalmente

Fiscalmente ventajoso para el autoempleo

Proceso de alta sencillo

Requiere poco capital inicial

Es fácil pasar de autónomo a sociedad

No requiere presentar cuentas anuales

Trabajas con tu propio nombre o eliges un nombre comercial

Te quedas con todos los beneficios tras pagar impuestos

✓ **DEBES SABER**

❯ **Firma o razón social** Término colectivo que engloba a los miembros de una sociedad

❯ **Sociedad Limitada (SL)** Los socios no responden con su patrimonio personal de las deudas del negocio

DE INDIVIDUAL A MULTINACIONAL

Algunas marcas globales comenzaron como autónomos o sociedades:

❭ **Sir Richard Branson** Empresario individual que creó el imperio Virgin

❭ **Steve Jobs y Steve Wozniak** Los socios que crearon Apple

❭ **Bill Hewlett y David Packard** Los socios que fundaron HP

❭ **John D. Rockefeller, William Rockefeller, Henry Flagler, Jabez A. Bostwick, Samuel Andrews, Stephen Harkness** Sociedad que creció hasta convertirse en Standard Oil

El **66%** de empleos del sector privado de la UE los crean las pequeñas y medianas empresas

CUÁNDO CAMBIAR EL TIPO DE EMPRESA

Formar una sociedad puede ser positivo si hay necesidad de capital (y aumenta el riesgo de deudas). Ver pp. 16–17.

Se comparten los beneficios y el control del negocio

Permite la especialización de los socios

Se puede crear una sociedad limitada

No hay que presentar cuentas anuales

Más socios significa más capital y expansión

Los nuevos socios aportan nuevas habilidades

Si se marcha el socio hay que constituir otra sociedad

Cada socio paga impuestos según sus beneficios

Sociedad civil

Como los autónomos, los socios tributan personalmente y son responsables de las deudas de la sociedad.

Sociedades mercantiles

Al constituir una organización que es independiente jurídica y financieramente –una sociedad mercantil–, los propietarios de una empresa limitan su riesgo personal, porque los activos personales están protegidos en gran medida.

Cómo funcionan

Una sociedad mercantil es bastante más compleja que una empresa individual o una sociedad civil, pues es una entidad con personalidad jurídica propia. Los socios deben registrarla o constituirla formalmente. Estos invierten su dinero para fundar la empresa y sobre estas aportaciones se emiten participaciones; la responsabilidad recae sobre los administradores. La empresa retiene todos los beneficios y distribuye después parte de estos entre los propietarios –los socios– como pago de dividendos. Los estatutos de la sociedad restringen el número de socios y la venta de participaciones. Legalmente, la responsabilidad de los socios por las deudas de la empresa está limitada a las aportaciones hechas.

Sociedad anónima (SA)

Se trata habitualmente de empresas de mayor dimensión, como por ejemplo una cadena de supermercados o un fabricante de productos de consumo. Sus acciones pueden cotizar en bolsa.

Tipos de sociedades mercantiles

Existen distintos tipos de sociedades mercantiles, aunque las más frecuentes son la sociedad de responsabilidad limitada (SRL o SL) y la sociedad anónima (SA). Ambas limitan la responsabilidad de los propietarios al capital que hayan invertido (salvo en casos de fraude o mala administración). El capital de las sociedades limitadas se distribuye en participaciones, mientras que el de las sociedades anónimas se distribuye en acciones. Una sociedad anónima, además, permite que sus acciones coticen en bolsa (ver pp. 18-19).

DEBES SABER

> **Socios o partícipes** Personas o entidades que tienen acciones o participaciones en una empresa; los directivos pueden tener acciones, pero no siempre es así

> **Marca** Identifica en el mercado los productos y servicios de la empresa

> **Nombre comercial** El nombre por el que los clientes conocen la empresa

> **Denominación o razón social** El nombre oficial de la empresa, que la identifica oficialmente como persona jurídica

Propiedad dividida en acciones

> La forma más común para empresas de cierto tamaño
> Debe tener al menos un socio; sin límite en el número
> Los accionistas son los propietarios y tienen determinados derechos de control e información
> Los beneficios se distribuyen entre los accionistas en forma de dividendos
> La responsabilidad de los accionistas se limita al valor de sus acciones

Sociedad mercantil

Las sociedades mercantiles, cualquiera que sea su modalidad, operan como entidades legal y financieramente independientes respecto de sus propietarios.

OTROS TIPOS DE SOCIEDADES

Además de la sociedad anónima y la sociedad limitada, existen otros tipos, menos frecuentes, de sociedades mercantiles, como la sociedad laboral, en la que la mayoría del capital social pertenece a los socios trabajadores; la sociedad colectiva, en la que los socios intervienen directamente en la gestión y responden personalmente de las deudas sociales; la sociedad comanditaria o la sociedad cooperativa.

EL CAPITAL SOCIAL

En el momento de crear una empresa, existen diferencias importantes en cuanto al capital social exigido por la ley para constituir la sociedad.

Así, mientras que para una sociedad limitada basta un capital de 3.005,06 €, una sociedad anónima requiere un capital mínimo de 60.101,21 €.

Sociedad limitada (SL)

> **Uno o varios socios** Cuando es propiedad de un solo socio, se trata de una SL unipersonal

> **Con o sin empleados** En función de las necesidades, puede tener trabajadores contratados

El **35,8**% de las empresas en España son sociedades limitadas; y el **51,5**%, personas físicas individuales

Propiedad dividida en participaciones

> La forma más común para empresas de menor tamaño, aunque algunas grandes empresas pueden adoptar también esta modalidad si no van a salir a bolsa o cuando tienen un solo propietario

> No hay acciones, sino participaciones

> La responsabilidad de los socios se limita al valor de sus participaciones

> Se requiere un capital social mucho menor

Empresas que cotizan o no en bolsa

Una de las principales diferencias entre las empresas que cotizan en bolsa y las que no es que estas están controladas por los socios, mientras que cualquiera puede comprar y vender acciones en el mercado bursátil.

Cómo funcionan

Si bien la mayoría de las empresas no cotizan en bolsa al principio, las empresas cotizadas suelen verse como más prestigiosas y rentables. Para aquellos negocios que requieren un gran capital, salir a bolsa es una buena forma de obtener los fondos necesarios, pues pueden venderse acciones al público. El resto de empresas deben acudir a inversores privados o socios capitalistas. En contrapartida, las empresas que cotizan en bolsa están sujetas a mayores controles y deben comunicar una mayor información financiera.

Diferencias entre las empresas que cotizan en bolsa y las que no

Para la salida o no a bolsa debe valorarse tanto la posibilidad de obtener capital adicional como las obligaciones legales adicionales exigidas, pensadas para proteger a los accionistas.

27 millones es el número de empresas en EE.UU., de las que menos de un 1% cotiza en bolsa

NO COTIZAN EN BOLSA

> **Mars** Golosinas y comida para mascotas; es la tercera mayor empresa de Estados Unidos que no cotiza en bolsa

> **Rolex** Empresa relojera suiza, una de las más prestigiosas

> **LEGO** La conocida empresa danesa de juegos de construcción

> **Hearst Corporation** Multinacional de medios de comunicación

> **IKEA** La empresa sueca de muebles de embalaje plano

> **PwC** Una de las mayores consultoras

Consejeros
Suelen controlar las acciones o participaciones.

Información pública
Deben depositar las cuentas anuales y, en función del tipo de sociedad, otros datos sobre el funcionamiento de la empresa.

Socios y gestión
Los socios suelen estar implicados en la gestión, por lo que pueden adoptarse decisiones con rapidez.

Financiación
La empresa debe apoyarse en la financiación privada, que puede ser más difícil de lograr, pues se dispone de menor información financiera.

Valoración
La valoración de la empresa es más difícil de establecer, dado que se dispone de menor información financiera.

Dimensión
No hay una limitación legal del número de socios, pero la gestión hace que sea un número limitado.

181
empresas cotizan en la Bolsa de Madrid

SALIR A BOLSA

Para que una compañía pueda salir a bolsa son necesarios distintos requerimientos legales, entre ellos la aprobación del consejo de administración y la elección de nuevo nombre.

Consejo de administración
Al menos tendrá tres miembros, lo que permitirá tomar decisiones con solo dos miembros presentes (la mayoría)

Informar al personal
Debe notificarse por escrito a todos los interesados (incluso a los empleados y a los miembros propuestos para el consejo)

Votación del cambio
El consejo debe reunirse para votar la modificación de los artículos de los estatutos que especifican si cotiza o no en bolsa

Registro Mercantil
Los documentos con la resolución del consejo se envían al registro, que emite un certificado que indica que la sociedad cotiza en bolsa

Anuncio público
Mediante notas de prensa, eventos empresariales y mensajes a los contactos se informa del cambio

Consejeros
No son necesariamente accionistas.

Información pública
Además de la presentación de sus cuentas anuales, deben presentar un nivel mayor de información tanto a la Comisión Nacional del Mercado de Valores como a los accionistas.

Socios y gestión
Se establecen fronteras claras entre el papel de los accionistas y la dirección; pueden darse conflictos de intereses entre ambos.

Financiación
La empresa puede acudir a los mercados financieros para obtener capital mediante la venta de acciones o la emisión de bonos.

Valoración
La valoración de la empresa es fácil de comprobar con el precio de cotización y los estados financieros.

Dimensión
No hay límite para el número de socios.

 ## DEBES SABER

❯ **Oferta Pública Inicial (OPI)** Oferta de venta de acciones en la salida a bolsa de una empresa

❯ **Oferta secundaria** Segunda ronda de oferta de acciones para obtener más capital

❯ **Símbolos de cotización** Códigos únicos asignados a las empresas que cotizan en bolsa, que se usan en el mercado de valores

Multinacionales

Una empresa multinacional hace negocios en más de un país. Normalmente comienza como empresa nacional y crea en el extranjero empresas subsidiarias (filiales) para producción, ventas y marketing.

Cómo funcionan

Las multinacionales tienen varios objetivos: aumentar los ingresos abriendo nuevos mercados; racionalizar las operaciones y la producción instalándose en lugares con costes laborales y de transporte más bajos, y adaptarse a las diferencias culturales y de mercado locales. Para ello externalizan (usan proveedores externos) o deslocalizan (reubican funciones). Pueden también internalizar (asumir operaciones) o combinar esas estrategias.

Caso: una multinacional en el mapa

La compañía de ropa deportiva Nike se ha extendido por todo el mundo desde su sede central en Estados Unidos. Produce donde puede maximizar la eficiencia y mantener los costes bajos; tiene centros de distribución en localizaciones estratégicas; departamentos de marketing y ventas en los mercados locales, y centros de atención telefónica donde le es más ventajoso.

GLOBAL O MULTINACIONAL

Una empresa global está presente en distintos países pero opera bajo una misma cultura empresarial con procesos comunes. Una multinacional está también presente en distintos países pero cada sede tiene entidad propia, se adapta localmente y hay poca comunicación entre las divisiones geográficas.

Global

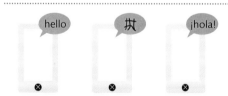

Apple es un ejemplo de empresa global: salvo por el idioma, el producto es siempre el mismo.

Multinacional

McDonald's es una multinacional: su producto cambia para adaptarse al mercado. Por ejemplo, sirve hamburguesas de gamba en Japón y pollo con crema de arroz en Malasia.

Reino Unido
Londres

Una de sus sedes europeas es la de Londres, que sirve al mercado británico. Tiene también un centro de desarrollo de producto en Italia.

 Sede regional Dirección y funciones administrativas

 Marketing Promoción y comercialización en el Reino Unido

Estados Unidos
Beaverton, Oregón

La dirección general se encuentra en la sede corporativa de la empresa, o «campus», el centro de decisión sobre estrategia global, diseño y marketing, y sede de las áreas centrales.

 Sede mundial Dirección, finanzas, servicios legales, TI y administración

 Marketing global Imagen de marca y marketing

 I+D Laboratorio de investigación deportiva y departamento de diseño

 Ventas Ventas por internet y tiendas de Estados Unidos

Memphis, Tennessee

 Distribución Nodo de distribución ubicado en un lugar con buenas conexiones

Holanda
Hilversum

Situada en una ubicación central, es el nodo de operaciones europeo, y está próximo al centro de distribución para Europa, que está en Bélgica.

Central europea Dirección, finanzas, servicios legales, TI y administración

Diseño Sede mundial de la división de fútbol

Ventas Ventas por internet y tiendas de Europa

 DEBES SABER

❯ **Empresa transnacional** Parecida a una multinacional, pero sin una central que se identifique con un país en concreto

❯ **Plataforma empresarial** Multinacionales que no fabrican, sino que externalizan los productos que diseñan

---

China
Shanghái

China, el segundo mercado de la empresa, y el más dinámico, es su principal centro de producción por su capacidad técnica y bajos costes.

Sede china Operaciones y actividades de apoyo

Marketing Promoción para el mercado chino

Producción Fábricas de ropa deportiva y centros de innovación

Ventas Red de ventas para la marca deportiva en continua expansión

---

Japón
Tokio

El grueso de la fabricación está en Asia-Pacífico por su capacidad técnica y salarios más bajos. Las oficinas regionales de 13 países también participan en la producción y las ventas.

Sede regional Operaciones y marketing

Producción En varios países

Brasil
São Paulo

Operaciones, marketing y distribución para el mercado de América Central y del Sur. Dispone además de oficinas y tiendas en los principales países de la región.

Sede de América Central y del Sur Centro de operaciones

Distribución Nodo logístico para las tiendas del continente

India
Bangalore

Centros de atención telefónica en un país de habla inglesa y salarios bajos.

Servicio al cliente Quejas y devoluciones

Franquicias

Una franquicia es un modelo de negocio en el que una entidad independiente –el franquiciado– obtiene el derecho de explotar una filial de una marca ya establecida. Hay ventajas para ambas partes.

Cómo funcionan

En lugar de desarrollar una idea de negocio propia, el franquiciado paga por el derecho a representar una marca existente en un cierto lugar. El tamaño de la franquicia puede variar desde un solo local –un único punto de venta– a un área en desarrollo en la que el franquiciado representa a la marca en diversas sucursales de una ciudad o región. Así, el franquiciador desarrolla su negocio con una inversión modesta y el franquiciado se hace cargo de un modelo de negocio y una marca probados, de manera que ambas partes salen beneficiadas.

> «Puse la **hamburguesa en la** cadena **de montaje.»**
>
> Ray Kroc, fundador de McDonald's

Tres tipos de franquicias

El nivel de control del franquiciador varía, desde la gestión de los contratos de la cadena de suministro hasta incidir en cada detalle, incluso en cómo se sirven las patatas fritas. En una franquicia de producto, el franquiciador cede su marca pero no todo un sistema de negocio.

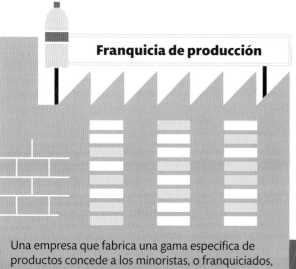

Franquicia de producción

Una empresa que fabrica una gama específica de productos concede a los minoristas, o franquiciados, el derecho a distribuir sus productos y usar su nombre comercial y marca registrada. Por ejemplo, los fabricantes de refrescos venden los jarabes al franquiciado que luego embotella la bebida.

Franquicia de producto

Es una relación proveedor-vendedor en la que el franquiciado vende los productos del franquiciador. Es el caso de neumáticos, coches o gasolina.

TOP 10

Franquicias de mayor crecimiento del mundo

1. **Subway** bocadillos
2. **McDonald's** comida rápida
3. **KFC** comida rápida
4. **Burger King** comida rápida
5. **7-Eleven** tiendas de conveniencia
6. **Pizza Hut** restaurantes
7. **GNC** productos de salud y belleza
8. **Wyndham Hotel Group** hoteles
9. **Dunkin' Donuts** dónuts y café
10. **Dia** supermercados de descuento

CASO DE ESTUDIO

Franquicias de modelo de negocio: locales de comida rápida

En este sistema, iniciado en Estados Unidos en la década de 1940, un franquiciado asume tanto el modelo de negocio como el propio producto.

Los locales de comida rápida representaban en aquel momento un nuevo concepto y tenían una gran demanda. Para facilitar su expansión, los primeros emprendedores del sector desarrollaron un sistema de franquicia en el que el franquiciado estaba obligado por contrato a gestionar el negocio siguiendo unas directrices estrictas. La clave del éxito de estas franquicias fue una carta limitada y uniforme. El hecho de que la carta, el servicio y el entorno fueran siempre iguales ayudó a establecer una imagen de marca fuerte, pues los clientes sabían que el producto y la experiencia serían los mismos en cualquier establecimiento del país.

McDonald's, el ejemplo de mayor éxito, se calcula que recauda un canon del 11,5% en concepto de derechos de sus 31.000 franquicias en todo el mundo.

Franquicia de modelo de negocio

Es la más habitual. El franquiciador define todos los aspectos: nombre y marcas registradas, formación del personal, decoración de los locales, plan de marketing y cultura corporativa. El franquiciado compra el producto al franquiciador y le paga un canon y derechos. Los locales de comida rápida son casos típicos de esta modalidad.

Sin ánimo de lucro

Ciertas organizaciones no buscan el beneficio de los accionistas, sino el de sus miembros, un colectivo externo o la beneficencia. A diferencia de las empresas convencionales, su finalidad no es ganar dinero.

Cómo funcionan

Las organizaciones que no pretenden generar beneficios para los accionistas son autónomas y están comprometidas en una causa común. Entre ellas, las cooperativas pueden distribuir beneficios entre sus miembros, pero las organizaciones benéficas son estrictamente sin ánimo de lucro. Aunque sus fines difieren, tienen un tipo de estatutos y estructura de negocio similares a los de las empresas.

El **9,2%** de los salarios pagados en Estados Unidos procede de entidades sin ánimo de lucro

Un universo sin ánimo de lucro

Hay muchos tipos de organizaciones sin ánimo de lucro. Joel L. Fleishman, profesor de Política y Derecho de la Duke University, ha descrito este sector como un universo que abarca a todas estas organizaciones, sea cual sea su finalidad.

Cooperativa
Es propiedad de sus miembros, que reciben parte de los beneficios; finalidades económicas, sociales o culturales compartidas; un miembro, un voto

Fundación
Parecida a una organización benéfica, pero financiada por una única fuente en lugar de por el público en general; genera ingresos de inversiones y hace donaciones a otros organismos benéficos

Asociación
Basada en intereses comunes, sociales o académicos, o por una buena causa; por ejemplo, las asociaciones de antiguos alumnos o la masonería

UN SECTOR EN CRECIMIENTO

Pese a no tener ánimo de lucro, muchas cooperativas y mutualidades tienen un considerable nivel de facturación anual.

❯ **Japón** Cooperativa Zen Noh: 47.000 M€

❯ **Francia** Grupo de cooperativas y mutualidades de Crédit Agricole: 28.000 M€

❯ **Estados Unidos** Nationwide Mutual Insurance: 20.000 M€

❯ **Alemania** Cooperativa Edeka Zentrale AG: 14.000 M€

❯ **Reino Unido** Co-operative Group: 14.000 M€

❯ **España** Mondragón: 12.000 M€

DEBES SABER

❯ **Sector filantrópico** Término genérico alternativo para referirse al sector sin ánimo de lucro

❯ **Cuota de contraprestación** Porcentaje sobre los ingresos que una asociación benéfica debe destinar a estas actividades, a diferencia de los ingresos para pagar los gastos administrativos

❯ **Test de Pemsel** Sistema de clasificación usado en algunos países para establecer si una organización puede considerarse como benéfica

❯ **Entidad benéfica asociada** Organización relacionada con una principal que acepta un aspecto concreto del trabajo de la principal

ESTRUCTURA

Presidente, que coordina el trabajo de los directivos.

Junta directiva, cuyos cargos por lo general no son retribuidos.

Comités formados para tareas específicas, como la captación de fondos.

Personal de administración, parte del cual acostumbra a ser personal voluntario.

Organización No Gubernamental (ONG)
Financiada por aportaciones de socios, por subvenciones o por agencias internacionales, como la Organización Mundial de la Salud (OMS); opera con independencia

Mutualidad
Capta fondos de sus miembros (normalmente clientes); a menudo adopta la forma de institución financiera; los beneficios se reinvierten en la mutua, en su sostenimiento o ampliación

Cámara de comercio
Agrupación empresarial para la promoción del comercio, la inversión y la cooperación; financiada con las cuotas pagadas por las empresas locales

Empresa social
Puede vender productos o servicios para financiar proyectos de la comunidad; cualquier excedente de ingresos se reinvierte en beneficio de la comunidad

Entidad benéfica
Debe estar registrada como tal; está exenta de impuestos; todos los recursos deben destinarse a las actividades benéficas declaradas; puede adoptar distintas formas

Startups

Una startup es una empresa en sus primeras etapas de desarrollo, en la que un emprendedor o grupo fundador tiene una idea de producto o servicio, investiga, desarrolla un plan de negocio, capta fondos y la lanza para lograr un crecimiento rápido. Un paso importante es registrar la propiedad intelectual –si es una creación exclusiva y no solo una idea– para protegerla. La protección incluye registro de marca, patente y derechos de propiedad intelectual.

Los inicios

Antes de que una compañía se desarrolle del todo, con un modelo de negocio que funcione, se la conoce como startup. Esta evoluciona a partir de uno o varios emprendedores que tienen un proyecto o invención. Hacer que el concepto inicial o prototipo sea viable, es decir, lograr la rentabilidad, puede llevar unos años, y por ello el fundador intenta obtener apoyo financiero para lograr un crecimiento rápido. Durante esta fase, que puede durar desde unos meses a varios años, el negocio cambia rápidamente.

476.000
nuevas empresas se crean cada mes en Estados Unidos

✓ DEBES SABER

> *Spin-off* Startup que se crea desde dentro de una organización existente

> *Trols de patentes* Personas o empresas que compran patentes de startups que fracasan e intentan cobrar licencias de los potenciales infractores de esas patentes

VALOR DE LA PROPIEDAD INTELECTUAL (PI)

El término «startup» se extendió durante el auge de las punto com a finales de la década de 1990, cuando miles de emprendedores con productos y servicios en la red encontraron financiación, muchos solo por la solidez de su propiedad intelectual. Gigantes como Google y Amazon surgieron en esa época. Desde entonces, las empresas tecnológicas se han convertido en los tipos de startups más conocidos. A menudo, su valor se basa en un 100% en la propiedad intelectual.

Una buena idea

Considera la PI

> Registra la PI.
> Elige un nombre.
> Busca un dominio.
> Valora el mercado.

Elige el tipo de startup

> ¿Con conciencia social?
> ¿De rápido crecimiento?
> ¿Que responda a un estilo de vida?

Ver pp. 30–31.

Prepara el plan de negocio

> Explica de dónde vendrán los ingresos.
> Describe los aspectos distintivos de la empresa.
> Define cuánta financiación necesita y qué facturación obtendrá la empresa.

Ver pp. 32–33.

Busca ayuda

> Entra en una aceleradora.
> Entra en una incubadora.
> Hazlo solo.
> Busca inversores.

Ver pp. 38–39.

Lanzamiento

> ¿Ganar? ¿Perder?
> Los datos muestran que en los países occidentales el 80–90% de las startups fracasan.

Prepara el lanzamiento

> Planifica una campaña de marketing.
> Haz una prueba de lanzamiento y ajusta el mensaje y la oferta.

Ver pp. 196–197.

Logra financiación

> Ahorros propios.
> Apoyo de amigos y familia.
> Préstamo bancario.
> Busca inversores.
> Prueba el *crowdfunding*.

Ver pp. 34–37.

40%
más de ventas en las startups online en Francia, en 2011-2012

Startups: de la idea al lanzamiento

Una nueva empresa puede describirse como startup en las primeras fases de su lanzamiento, cuando un emprendedor tiene la idea de un producto o servicio y desarrolla el concepto en algo que podrá vender.

Cómo funciona

La idea no es más que el inicio. Lo siguiente es ampliar el concepto a un negocio viable. En ciertas áreas se necesitará ayuda: alguien para el diseño de la web y el logo, o un contable que aconseje la mejor estructura y modelo financiero. El nombre de la empresa y del producto o servicio puede ser clave para el éxito o el fracaso de una startup, así que merece la pena dedicar tiempo a comprobar por internet que nadie más está usando el nombre previsto, especialmente en un contexto negativo. La ubicación tiene también efectos en los costes. Se puede comenzar trabajando desde casa. Encontrar un local será una etapa posterior, pues el objetivo de una startup es mantener los costes bajos.

INICIO

Ten una buena idea

Desarrolla un producto o una idea de producto.

Protege la PI

Para una invención o innovación, protege la propiedad intelectual (PI) registrando la marca o con una patente.

Presencia en internet

Registra el nombre de dominio y contrata el alojamiento web.

Decide el nombre

Comprueba si el nombre propuesto y el dominio web están disponibles; busca en la red a competidores con nombres similares.

Crea una imagen

Crea un logo y un diseño visual para la empresa.

Haz una web

Crea un sitio web. Busca palabras clave usando el SEO (ver pp. 230-231).

ESTRUCTURA DE UNA STARTUP

Forma	Pros	Contras
Autónomo	De bajo coste, fácil de crear, mínimos trámites administrativos	Puede tener poca credibilidad; aumentar capital es un reto; responsable por deudas
Sociedad civil	Más participación, más opciones de financiación	Más difícil de liquidar; los socios responden por las deudas
Sociedad limitada	Baja responsabilidad personal; ventajas fiscales; dividendos además de salarios	Necesidad de presentar cuentas anuales; más trámites
Sociedad anónima	La responsabilidad de los socios se limita a lo que han invertido en el negocio	Mayor complejidad administrativa; capital inicial más elevado

El **75%** de las **startups** creadas en Estados Unidos fracasaron entre 2004 y 2010

Estudia el mercado

Investiga el mercado objetivo y los posibles competidores y evalúa la viabilidad de la idea.

Decide la estructura

Elige una estructura de negocio que se adapte a las necesidades iniciales pero que también permita flexibilidad para crecer.

Obtén financiación

Considera entrar en una incubadora (*ver pp. 38–39*) si el negocio requiere apoyo a gran escala.

Concibe un plan

Prepara un plan (*ver pp. 32–33*), con tus objetivos, misión e información financiera clave.

Organiza las finanzas

Pon en marcha los aspectos contables y fiscales, y abre una cuenta bancaria.

Comienza el marketing

Define la campaña de marketing. Haz un test de producto y ajusta el mensaje.

LANZAMIENTO

Tipos de startups

Los emprendedores ponen en marcha una empresa por muchas razones; a veces por convicciones personales o éticas y otras por el firme deseo de hacer dinero.

Cómo funciona

No todas las startups son iguales. Aunque suelen seguir procesos semejantes en su evolución inicial, hay tantos tipos como personas hay tras ellas. En líneas generales las startups pueden dividirse entre aquellas que desde el principio están pensadas para ser grandes negocios en un ambiente empresarial, y aquellas pensadas para trabajar a una escala más personal que se adapte a la vida y pasiones de los individuos.

DEBES SABER

❯ **Intranet** Sitio web destinado a facilitar contenidos al personal, normalmente en empresas grandes

❯ **Microemprendedor** Emprendedor que mantiene pequeño su negocio para poder controlarlo y gestionarlo solo

❯ *Burn rate* Tasa de gasto, o la velocidad a la que el dinero inicial de una startup disminuye mensualmente

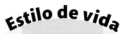
Estilo de vida

Motivación
Trabajar es una pasión

Ejemplo
Un ex atleta que empieza una consultora de fitness

Financiación
Propia, amigos, colegas, banco

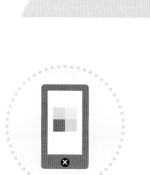

Startups sociales

Motivación
Lograr un impacto

Ejemplo
Test de de la malaria para teléfonos inteligentes

Financiación
Comunidad, benéfica, pública, donativos

173%
es el incremento de ingresos previsto en tres años en una startup de juegos para móvil

Iniciativa en una gran empresa

Motivación
Innovación

0101010011
0100010101

Ejemplo
Un fabricante de PC inicia un nuevo negocio de almacenamiento en la nube

Financiación
La propia empresa

Startup escalable

Motivación
Disposición para crecer

Ejemplo
Desarrollador de una app para móvil

Financiación
Crowdfunding, business angel

Pequeño negocio

Motivación
Mantener la familia

Ejemplo
Colmado de barrio

Financiación
Propia, familia, banco

Vender la empresa

Motivación
Se busca vender el negocio desde el principio

Ejemplo
Laboratorio de biotecnología

Financiación
Inversión externa

Plan de negocio

Redactar un plan de negocio (o *business plan*) es uno de los pasos básicos para desarrollar una startup. Este plan expone los objetivos, el análisis del mercado y los ingresos y beneficios previstos.

Cómo funciona

Antes de que el emprendedor de una startup pueda redactar un plan de negocio, debe haber investigado lo suficiente para identificar en el mercado una clara oportunidad para su producto o servicio, y definir cómo se posicionará de manera distintiva para captar ese mercado, según los servicios o productos en oferta. Serán esenciales un resumen de la situación financiera actual y una proyección precisa de ventas y beneficios, especialmente si se busca financiación externa.

Aspectos clave

Preparar un plan de negocio puede llevar varias semanas, pero vale la pena hacerlo bien. Es un documento vital para asegurar la financiación, así que las previsiones deben ser realistas y precisas. Si lo vas a mostrar a otros, reduce el resumen ejecutivo a dos folios, escríbelo con lenguaje sencillo y explica los términos técnicos.

Se calcula que **2,5** es **veces más fácil que una startup salga adelante si se ha escrito un plan de negocio**

Resumen ejecutivo

Completa esta parte al final, y ten en cuenta que puede ser lo único que lea alguien ocupado:

❯ **Resumen del negocio** Estructura de la empresa, nombre, producto o servicio y perfil de los clientes

❯ **Objetivos** A uno, tres y cinco años

❯ **Resumen económico** Ventas y costes previstos y financiación

❯ *Elevator pitch* Exposición de dos minutos sobre la idea

Productos y servicios

Describe lo que el negocio va a vender:

❯ **Producto o servicio** Con una imagen, si el producto es nuevo

❯ **Líneas** Si hay más de una: por ejemplo diseño de jardines y mantenimiento

❯ **En qué es diferente** ¿Qué hace único el producto o servicio?

Experiencia empresarial

Aporta detalles de cada persona de la empresa:

❯ **Experiencia** Trabajos relevantes desempeñados hasta la fecha

❯ **Calificaciones** Credenciales, como diploma en horticultura para un servicio de jardinería

❯ **Formación** Pasada y prevista, incluidas habilidades para el negocio, como la asertividad

Mercado

Precisa los detalles específicos de tu mercado potencial:

❯ **Cliente tipo** Perfil de empresas o individuos; local, nacional o internacional

❯ **Investigación de mercado** Cuál es el mercado para productos o servicios similares

Estrategia de marketing

Elige tres de los métodos siguientes:

❯ **Boca a boca**

❯ **Publicidad**

❯ **Literatura de negocios**

❯ **Marketing directo**

❯ **Redes sociales**

❯ **Sitio web**

LAS 5 RAZONES PRINCIPALES PARA UN PLAN

> **El proceso** Trabajar en cada elemento evita olvidar cosas.

> **Coste** La única manera de saber si el negocio es viable es calcular los detalles de los costes y ventas.

> **Financiación** Con un buen plan es más fácil conseguir un préstamo.

> **Áreas de especialidad** Facilita ver dónde se necesitará ayuda externa, por ejemplo, para llevar la contabilidad o el marketing.

> **Conocer a la competencia** La investigación de mercado facilita encontrar el mejor enfoque.

✓ DEBES SABER

> **Análisis DAFO** Análisis de Debilidades, Amenazas, Fortalezas y Oportunidades

> **Ventaja competitiva** Aquello que diferencia tu producto del de la competencia (o USP: *unique selling points*)

Competencia

Muestra la comparación de la idea de negocio con la competencia:

> **Competidores** Quiénes son y dónde están, qué venden, a qué precio y con qué calidad

> **Análisis DAFO** Cómo remediar debilidades y combatir amenazas, como la apertura de un centro de jardinería en las proximidades

> **Ventaja competitiva** Qué hace único tu producto o servicio

Ver el cuadro Debes saber, *arriba.*

Operaciones y logística

Indica cómo funcionará el negocio en el día a día:

> **Suministro y entregas** Cómo se llevarán los bienes o servicios de A a B

> **Equipamiento** Transporte, artículos de oficina e instalaciones

> **Pagos, aspectos legales y seguros** Cómo pagarán los clientes y cómo se traduce eso en los salarios; cumplimiento de la normativa

Estrategia de costes y precios

Calcula cuánto costará el producto o servicio y su precio de venta:

> **Coste** Cuánto cuesta hacer y entregar cada unidad o lote

> **Precio** Por cuánto se debe vender cada unidad o lote

> **Margen de beneficio** Diferencia entre coste y precio unitario

Previsión económica

Prevé las ventas y costes anuales teniendo en cuenta la fluctuación estacional, como la mayor demanda en primavera de servicios de jardinería:

> **Cálculo de ventas** Ventas mensuales

> **Cálculo de costes** Coste de las ventas

> **Previsión de flujo de caja** El dinero que entra y sale de la empresa

Ver el capítulo Cómo funcionan las finanzas, *pp. 98–175.*

Plan de contingencia

Prepara un Plan B en caso de que algo vaya mal de manera imprevista:

> **Cambios a corto plazo** Recortar costes o impulsar ventas de inmediato

> **Cambios a largo plazo** Por ejemplo, trabajar en línea y no en un local

> **Cierre** Lecciones y habilidades adquiridas si el negocio cierra

Financiación

Casi todas las nuevas empresas necesitan fondos para salir adelante hasta que generen beneficios. La financiación procede de diversas fuentes que se adaptan a las distintas fases de crecimiento de una startup.

Cómo funciona

El capital de las startups procede de dos fuentes básicas: préstamos e inversión. Los prestamistas, como los bancos, aportan capital como deuda que hay que devolver con un interés. Los inversionistas, como los *business angels* y los inversores de capital de riesgo (*venture capital*, o VC) aportan fondos propios que les dan derecho a una participación en la empresa, con cierta capacidad de control y compensaciones. Ambos tipos de financiación pueden ser corporativos o más alternativos, como el *crowdfunding*.

Tipos de financiación

La financiación empresarial tradicional procede principalmente de bancos y VC, mientras que las sumas más pequeñas vienen de fuentes personales.

Prestamistas

La deuda toma a menudo la forma de préstamo que se devuelve con intereses.

Préstamo a plazo fijo Se devuelve regularmente en un plazo establecido de tiempo

Línea de crédito o tarjeta de crédito Se paga un interés mensual por el saldo pendiente

Factoring/descuento de facturas Las facturas pendientes de cobro se venden con un descuento a empresas que las compran por una comisión

❯ **Banco** Ofrece préstamos personales o de empresa

❯ **Constructora** Presta para comprar propiedades (hipoteca)

❯ **Gobierno** Ofrece préstamos a bajo interés para startups

❯ **Cooperativa de crédito** Ofrece a sus socios préstamos a bajo interés

❯ **Préstamo entre pares (P2P)** Préstamo personal sin garantía

❯ **Amigos y familiares** Pueden ofrecer préstamos sin interés

❯ **Banco o compañía de crédito** Organización financiera que hace préstamos a empresas

❯ **Factor o descontador** Empresa que adquiere las facturas y se hace cargo de gestionar el cobro

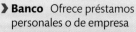

✓ DEBES SABER

❯ **Préstamo P2P** Préstamo entre pares a través de internet

❯ **Crowdfunding** Deuda o acciones vía una plataforma colaborativa de internet

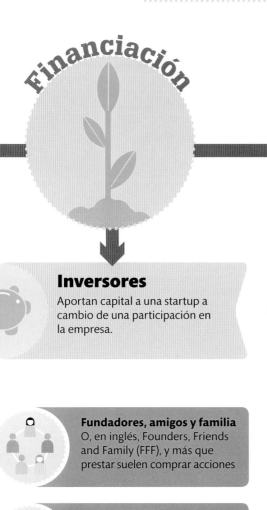

Financiación

El **5-10%** de las empresas pequeñas y medias del Reino Unido no necesitan financiarse como startups

Inversores

Aportan capital a una startup a cambio de una participación en la empresa.

Subvenciones

Aportaciones financieras y premios de organismos públicos.

Fundadores, amigos y familia
O, en inglés, Founders, Friends and Family (FFF), y más que prestar suelen comprar acciones

Locales, nacionales, globales
Financiadas por organismos públicos, el Gobierno o donativos internacionales

Crowdfunding Gran número de personas que contribuyen con pequeñas cantidades de dinero, normalmente por internet

Business angels Inversores que además de dinero ofrecen consejo, pues su objetivo es el éxito de la empresa más que el beneficio

Capital riesgo (o *venture capitalists*, VC) Fondos o empresas que aportan capital esperando obtener beneficios

SUPER ANGELS

❯ **Qué son** Inversores importantes de startups tecnológicas. Facebook fue financiado por *super angels*, alguno de los cuales son ahora famosos.

❯ **Quiénes son** Antiguos trabajadores de Silicon Valley que invierten su propio dinero en nuevas empresas.

❯ **En qué se diferencian de los *business angels* normales y de los VC** El nivel de financiación está entre ambos, a menudo millones. Lo que empezó como una afición se convierte en una profesión.

❯ **Pros y contras** Un *super angel* actúa como un imán para otros inversores, pero difícilmente aportará toda la financiación como hará un VC.

Modelos alternativos

Desde que comenzó la recesión económica en 2008, se han desarrollado con éxito en internet varios tipos de financiación, como el *crowdfunding* y el préstamo entre pares (P2P). Todos ellos implican la captación de pequeñas cantidades de dinero de un gran número de personas, que aportan sus recursos para facilitar el préstamo o el capital que se necesita.

CRITERIOS DEL ANÁLISIS DE CRÉDITOS

Capacidad
Las opciones de devolución del préstamo se ven en el plan de negocio.

Capital
Se revisa el valor neto del prestatario para ver si los activos superan la deuda.

Carácter
El que presta, normalmente, busca un prestatario con buen historial crediticio.

Garantía colateral
A menudo se pide como garantía un activo que pueda venderse si los fondos no bastan para pagar los intereses o devolver el capital.

Condiciones
Para fijarlas, el prestamista se guía tanto por el clima económico del momento como por la cantidad solicitada.

Ciclo de vida de la inversión

La clave para una buena financiación es elegir en los primeros pasos de desarrollo el tipo de financiación adecuada. Las startups suelen empezar modestamente, con fondos propios y la ayuda de amigos, familia y cualquiera que esté dispuesto a correr el riesgo. Los *crowdfunders* y *business angels* son aficionados dispuestos a que el emprendedor triunfe, mientras que los capitalistas de riesgo se interesan cuando el nivel de riesgo desciende y cabe esperar bastantes beneficios a cambio de inyectar fondos sustanciosos. Los mercados públicos, como la bolsa, pueden intervenir cuando las ventas aumentan y el éxito parece probable. En cada fase los inversores harán un análisis del crédito para evaluar la capacidad de la compañía de devolver su deuda.

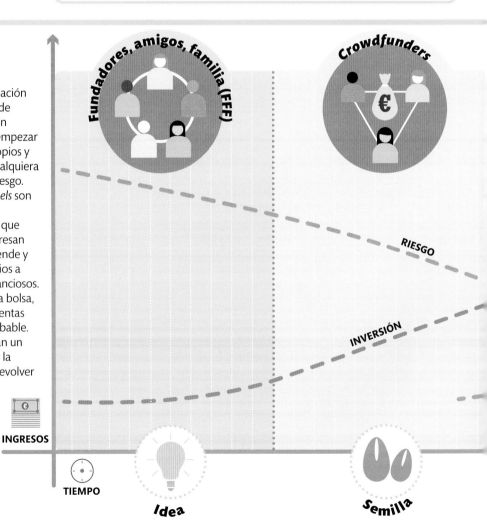

Fundadores, amigos, familia (FFF)

Crowdfunders

RIESGO

INVERSIÓN

INGRESOS

TIEMPO

Idea

Semilla

Financiación inicial de pequeñas y medianas empresas (pyme)

A partir de un estudio de la Warwick Business School de 2004, el gráfico muestra las fuentes de financiación de las pymes en sus primeros tres años. La mayoría de fondos procede de ahorros personales y los que menos, de capital en acciones, un tipo de inversión asociado a grandes empresas.

66% Ahorros propios			**5%** Préstamo hipotecario	
12,5% Amigos y familiares			**5%** Sin necesidad de financiación	
10% Préstamo bancario			**1,5%** Inversión en acciones	

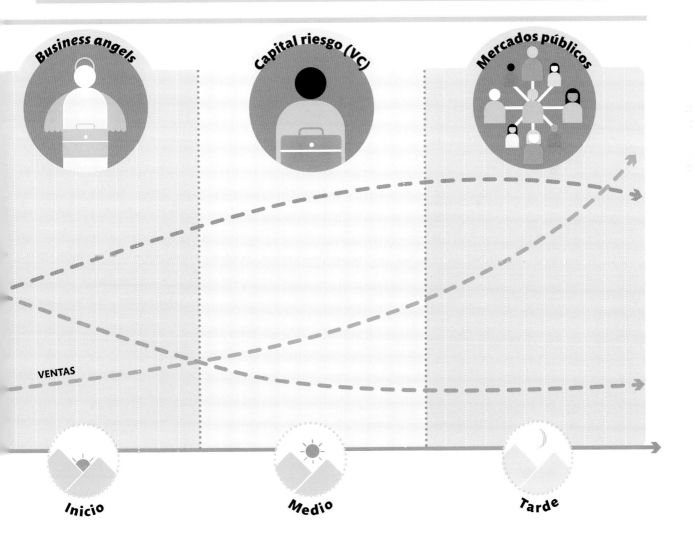

Business angels

Capital riesgo (VC)

Mercados públicos

VENTAS

Inicio

Medio

Tarde

Aceleradoras e incubadoras

Empezar una nueva empresa puede ser un largo proceso. Las aceleradoras y las incubadoras son organizaciones especializadas que se dedican a desarrollar y apoyar startups.

Cómo funcionan

Las aceleradoras e incubadoras proporcionan asesoría y contactos en las etapas de formación de una empresa a cambio de un porcentaje en su propiedad. Prestan dos tipos de servicios diferentes. Las aceleradoras son programas a corto plazo que ofrecen un amplio apoyo como mentoría, asesoría y contactos para potenciales fuentes de financiación. Las incubadoras de empresas facilitan un entorno de apoyo en el que las compañías que comienzan, o startups, pueden desarrollarse con asistencia técnica, espacio de trabajo y oportunidades de establecer redes de contactos.

Aceleradoras

Apropiadas para startups que tienen una financiación limitada, las aceleradoras ofrecen programas de entrenamiento a corto plazo (de uno a tres meses).

Ayuda con préstamos bancarios y financiación

Introducción a socios potenciales

Relación con inversores potenciales

Servicios de asesoría contable y financiera

Acceso a mentores y consejeros

Contactos

La startup paga a la aceleradora con un porcentaje de participación.

Apoyo de marketing

Capital semilla

A cambio, la aceleradora le ofrece ayuda y servicios.

Gestión de la propiedad intelectual

Incubadoras

Patrocinadas a menudo por entidades sin ánimo de lucro, tienden a trabajar a largo plazo (entre uno y cinco años) y suelen tener clientes de distintos tipos, muchos de ellos con base científica.

La startup entra en la incubadora

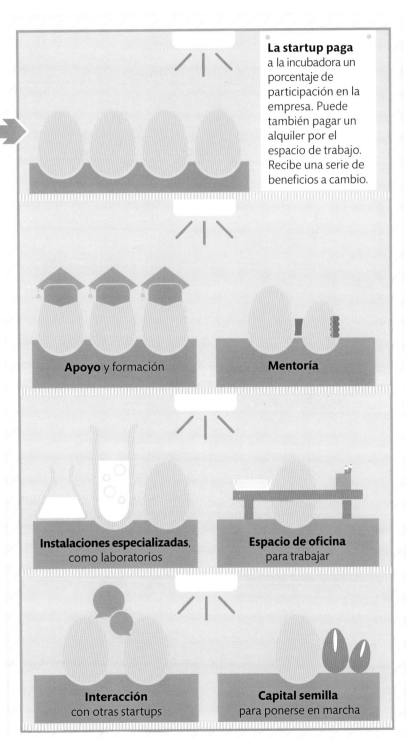

La startup paga a la incubadora un porcentaje de participación en la empresa. Puede también pagar un alquiler por el espacio de trabajo. Recibe una serie de beneficios a cambio.

Apoyo y formación

Mentoría

Instalaciones especializadas, como laboratorios

Espacio de oficina para trabajar

Interacción con otras startups

Capital semilla para ponerse en marcha

✓ DEBES SABER

❯ **Red de incubadoras**
Colaboración entre centros de incubación, servicios de investigación y parques científicos

❯ **Incubadora virtual** Vivero online para startups

33 meses: promedio en una incubadora de las startups en EE.UU. entre 1999–2002

Comprar y vender empresas

Las empresas, tanto si cotizan en bolsa como si no, cambian con frecuencia de manos: se compran, se venden o se reestructuran para modificar las condiciones del negocio. Estas transacciones se conocen con el nombre genérico de fusiones y adquisiciones (o M&A, por sus siglas en inglés). Habitualmente, se necesita financiación para la compra de otra empresa, a menudo en forma de préstamo o capital de riesgo.

Cómo comprar una empresa

Normalmente, una empresa es adquirida por el propio equipo directivo o por otra empresa. Cuando la compra la hace una empresa el resultado puede ser una fusión, en que dos compañías unen fuerzas; una adquisición (compra en firme), o una escisión, en la que se separa una parte de la empresa para su venta. La compra por el equipo directivo suele financiarse con capital privado.

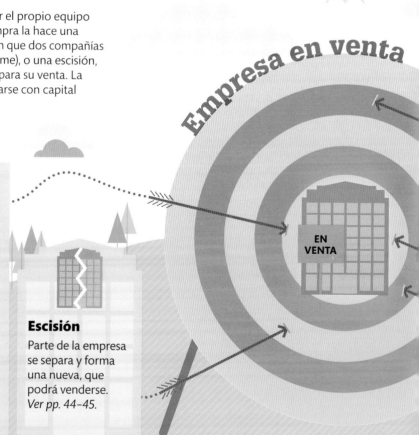

Empresa en venta

EN VENTA

Compra por el equipo directivo

Las firmas de capital privado compran empresas para venderlas más tarde y obtener beneficios. Financian al equipo directivo. *Ver pp. 48-49.*

Management buy-out (MBO)

El equipo directivo compra la empresa para la que trabaja.

Management buy-in (MBI)

Un equipo directivo externo compra la empresa.

Escisión

Parte de la empresa se separa y forma una nueva, que podrá venderse. *Ver pp. 44-45.*

271 millones de euros fue el tamaño medio de las fusiones y adquisiciones cerradas globalmente en 2013

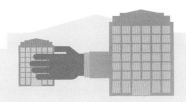

Compra por otra empresa
Empresa que quiere expandirse uniéndose con otra.

Fusión
Ambas empresas se combinan en una sola nueva empresa.
Ver pp. 42–43.

Adquisición
Horizontal La empresa compra otra que hace productos similares.

Vertical La empresa compra otra que hace productos distintos.
Ver pp. 46–47.

DEBES SABER

Medir una gran operación
Las operaciones de adquisición se clasifican según su volumen de capitalización (el valor de las acciones de la empresa).

Pequeña Menos de 500 M €

Media Entre 500 y 2.000 M €

Grande
Entre 2.000 y 10.000 M €

Megaoperación
Más de 10.000 M €

Diligencia debida (due diligence)
Antes de la venta, los compradores disponen de un informe preparado por los abogados que reúne todos los aspectos de la empresa:

> **Financieros** Identifica áreas problemáticas que podrían afectar su valor futuro

> **Legales** Estima los posibles riesgos legales vinculados con la posición empresarial, activos, seguros, propiedad intelectual y reestructuración de la plantilla

> **Comerciales** Incluye tendencias industriales, mercado, potencial de la empresa y de la competencia

> **Ambientales** Revela posibles responsabilidades, por ejemplo de contaminación, y estima el coste de las compensaciones

Fusiones y adquisiciones

Dos de las maneras más rápidas de acelerar la expansión es que una empresa compre a otra –adquisición– o que se una con otra en una fusión.

Cómo funciona

Fusión y adquisición (M&A) son términos genéricos que describen cómo pueden comprarse, venderse o combinarse las empresas. En ambos casos, dos entidades se unifican en una sola entidad jurídica. Mientras que en una fusión se combinan dos empresas en condiciones razonables de igualdad para crear una nueva, y ambas deberían mejorar su situación, una adquisición suele ser la compra de una empresa más pequeña por otra más grande. Ello beneficia a la compradora pero no necesariamente a la adquirida. Las fusiones y adquisiciones pueden ser amistosas u hostiles, acordadas o impuestas.

RAZONES PRINCIPALES DE M&A

❯ **Economías de escala mejoradas**
Las operaciones mayores mejoran la producción y las ventas.

❯ **Mayor cuota de mercado**
Combinar los mercados existentes amplía la cuota del mercado total.

❯ **Diversificación** Una línea diferente de productos crea la oportunidad de ventas cruzadas o crear operaciones más eficientes si los productos se complementan.

Fusión

La empresa A produce coches de lujo en Estados Unidos.

La empresa B produce coches de lujo en Italia.

Adquisición

La empresa A produce películas.

La empresa B crea animaciones.

AMISTOSA U HOSTIL

> El equipo directivo de la empresa objetivo acepta la compra.

> La empresa adquiriente hace una oferta en efectivo o en acciones al comité directivo de la empresa objetivo.

> La oferta de capital o de acciones incluye un sobreprecio.

> Como la oferta está por encima del nivel de mercado, los accionistas suelen estar de acuerdo.

> La empresa adquiriente ignora a la dirección y se dirige directamente a los accionistas de la empresa.

> La dirección de la empresa objetivo se opone a la operación.

> La empresa compradora convence a los accionistas para no reelegir a la dirección o hace una oferta a los accionistas para comprar las acciones por encima del precio del mercado (OPA).

✓ DEBES SABER

> **Estrategia «comecocos»** Intento de hacerse con el control de una empresa mediante una compra hostil

> **Relación de canje (o *swap ratio*)** Proporción entre el valor de las acciones que dos empresas intercambian para la fusión

> **Fusión defensiva** Realizada para anticiparse a un intento de fusión o absorción que amenaza a la empresa

> **Economías de escala** Beneficio para la empresa de la expansión derivada de una compra o fusión

Nueva empresa A + B cuyo mercado conjunto abarca ahora Europa y Norteamérica.

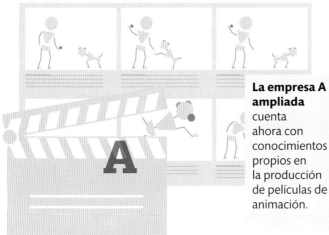

La empresa A ampliada cuenta ahora con conocimientos propios en la producción de películas de animación.

112.000
millones
de dólares es el gasto anual récord de las empresas japonesas en fusiones y adquisiciones en el extranjero, y tuvo lugar en 2012

Escisiones

Mientras que una fusión origina una empresa mayor, una escisión reduce el tamaño de una empresa al descomponerla en partes más pequeñas o divisiones, que luego se liquidan o disuelven.

Cómo funciona

La situación típica para una escisión es la de una empresa en dificultades para pagar una deuda contraída al expandir el negocio a áreas que ya no son rentables. Para salvar el resto de la empresa, la dirección decide iniciar una escisión. En general, el objetivo es desprenderse de las áreas menos rentables o, visto desde el punto de vista de los potenciales compradores, de aquellas que prometen pero que aún no son rentables. El proceso de reestructuración por escisión se diseña para liberar a la empresa de las divisiones con menos beneficios, reducir la deuda y financiar las necesidades operativas, y para mejorar el beneficio del accionista. Las acciones de la empresa matriz suelen recuperarse y sus empresas derivadas (*spin-offs*) también suelen prosperar.

La escisión en la práctica

Smith Industries Ltd es un grupo de pintura industrial que ha crecido muy rápidamente en los últimos cinco años, gracias a un aumento de beneficios por su expansión comercial en China. Se ha diversificado con divisiones de textiles, químicos agrícolas y biotecnología. Las acciones se han depreciado por sus pobres resultados financieros.

Toma de la decisión

Para afrontar su declive, la empresa separa en divisiones las áreas que no dan beneficios a pesar de sus signos positivos de crecimiento.

PINTURA INDUSTRIAL

TEXTILES

Smith Industries Ltd

QUÍMICOS AGRÍCOLAS

BIOTECNOLOGÍA

Anuncio de la venta

Smith Industries Ltd anuncia ahora la venta de sus tres divisiones: químicos agrícolas, textiles y biotecnología.

PINTURA INDUSTRIAL

Smith Industries Ltd

EN VENTA *EN VENTA* *EN VENTA*

QUÍMICOS AGRÍCOLAS

TEXTILES

BIOTECNOLOGÍA

DEBES SABER

❯ *Spin-off* Empresa nueva creada como resultado de una escisión

❯ *Tracking stock* La empresa matriz redesigna parte de sus acciones, que siguen al negocio principal, al lanzar una nueva clase de acciones para el seguimiento de ganancias (*tracking stock*) de la empresa filial, separando así la valoración de la empresa que se va a escindir de la empresa matriz

❯ **Carta de intenciones** Documento que manifiesta la intención de hacer negocios, a menudo una fusión o una adquisición

❯ **Fusión inversa** No debe confundirse con una escisión; es un método rápido y barato para que una sociedad privada cotice en bolsa comprando acciones de una sociedad fantasma, es decir, de una empresa sujeta a cotización que ya no opera por quiebra o simplemente porque ha cerrado

❯ **Desinversión** Término utilizado para referirse a la venta de una empresa escindida

52%

es el aumento potencial del precio de las acciones de la empresa matriz tras una escisión

Beneficio para los accionistas

Los accionistas de la sociedad original también reciben el mismo porcentaje de acciones de las tres empresas nuevas.

Una empresa se convierte en cuatro

Las tres divisiones se venden a inversores diferentes y pasan a ser tres empresas distintas. Las acciones de cada una se venden en bolsa. La empresa matriz se concentra en su negocio principal. El precio por acción se recupera.

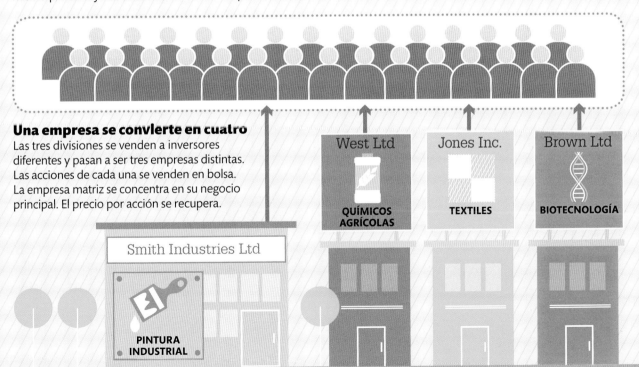

West Ltd — QUÍMICOS AGRÍCOLAS

Jones Inc. — TEXTILES

Brown Ltd — BIOTECNOLOGÍA

Smith Industries Ltd — PINTURA INDUSTRIAL

Integración vertical u horizontal

Las empresas que buscan expandirse a través de fusión o adquisición pueden decidirse por una estrategia de integración horizontal o vertical, combinando negocios con actividades similares o distintas.

Cómo funciona

Las empresas pueden optar por varias estrategias al fusionarse o ser adquiridas, entre ellas la integración horizontal y la vertical.

Las operaciones horizontales se hacen entre competidores que producen productos semejantes, como coches o teléfonos móviles, y a menudo comparten –o compiten por– proveedores y clientes. Como consecuencia de una fusión o adquisición, la empresa recién creada puede ahorrar costes en la producción, distribución, ventas y marketing. Las operaciones verticales suelen hacerse entre empresas del mismo sector pero de fases distintas –por ejemplo, un fabricante de ordenadores y uno de componentes–. Estas operaciones pueden ser ascendentes (hacia el mercado) o descendentes (hacia las operaciones y la producción).

> ✓ **DEBES SABER**
>
> ❯ **Integración lateral** Otro término para la integración horizontal
>
> ❯ **Monopolio horizontal** Cuando una empresa controla el mercado tras adquirir la competencia
>
> ❯ **Sinergia** Potencial de las empresas fusionadas para tener más éxito como una sola empresa

Modelos de integración en la práctica

En estos ejemplos, un grupo de imprentas, editoriales y librerías se fusionan o adquieren en operaciones horizontales o verticales cuyo objetivo es fortalecer su posición en el mercado, beneficiarse de las economías de escala y explotar su sinergia.

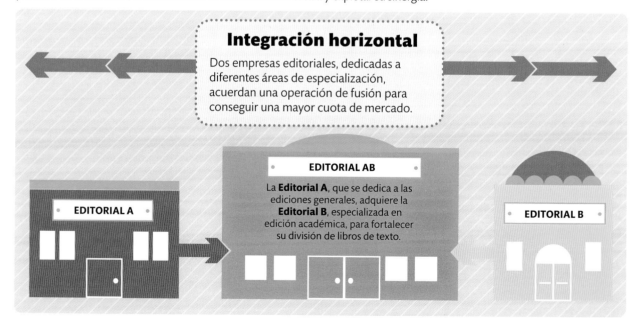

Integración horizontal

Dos empresas editoriales, dedicadas a diferentes áreas de especialización, acuerdan una operación de fusión para conseguir una mayor cuota de mercado.

EDITORIAL A

EDITORIAL AB

La **Editorial A**, que se dedica a las ediciones generales, adquiere la **Editorial B**, especializada en edición académica, para fortalecer su división de libros de texto.

EDITORIAL B

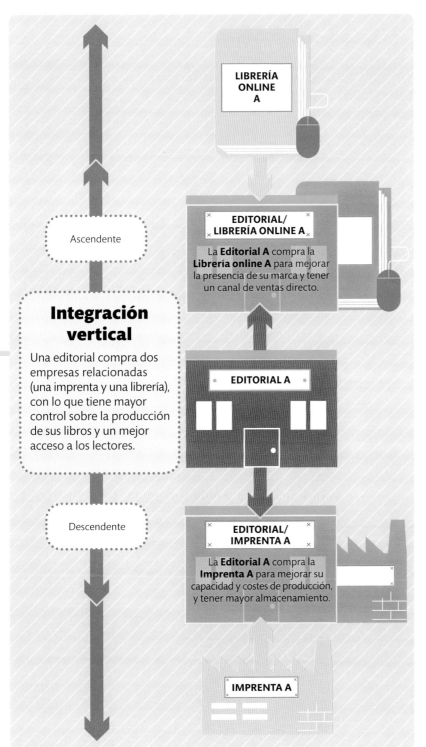

El **31%** de las empresas del mundo planeaba expandirse a través de fusión o adquisición en tres años a partir de 2014

Integración vertical

Una editorial compra dos empresas relacionadas (una imprenta y una librería), con lo que tiene mayor control sobre la producción de sus libros y un mejor acceso a los lectores.

Ascendente

Descendente

LIBRERÍA ONLINE A

EDITORIAL/ LIBRERÍA ONLINE A

La **Editorial A** compra la **Librería online A** para mejorar la presencia de su marca y tener un canal de ventas directo.

EDITORIAL A

EDITORIAL/ IMPRENTA A

La **Editorial A** compra la **Imprenta A** para mejorar su capacidad y costes de producción, y tener mayor almacenamiento.

IMPRENTA A

TIPOS DE FUSIONES Y ADQUISICIONES

Conglomerado

Combinación de dos empresas que no tienen nada en común: así, en 1985, la tabacalera Philip Morris compró General Foods, una nueva línea de negocio sin conexión con los vericuetos legales del tabaco.

De extensión de mercado

Combinación de dos empresas que venden lo mismo en mercados diferentes: la Union Pacific Railroad Company compró la Southern Pacific Rail Corporation en 1996, para unir la red ferroviaria de regiones vecinas.

De extensión de producto

Combinación de dos empresas que venden productos diferentes pero relacionados en el mismo mercado: por ejemplo, en 2014, Microsoft compró la unidad de móviles de Nokia para fortalecer su posición en dispositivos móviles.

Interno o externo: MBI y MBO

La propiedad de una empresa puede experimentar un cambio, que puede ser conducido externamente (MBI, *management buy-in*), o internamente (MBO, *management buy-out*).

Cómo funciona

En un *management buy-in* (MBI) un grupo de directivos o inversores de fuera de la empresa obtienen financiación para comprar una participación mayoritaria y quedarse con la dirección. Ese tipo de acción ocurre cuando una empresa parece estar subvalorada o rinde poco. En un típico caso de *management buy-out* (MBO), el consejo directivo de la empresa compra toda o parte de la empresa para la que trabaja. Los MBO no están limitados a los directivos, sino que pueden incluir a empleados de cualquier nivel que deseen pasar de empleados a propietarios.

DEBES SABER

❯ **Ajuste de precio** Porcentaje del precio de compra que se paga al vendedor tras una adquisición si el rendimiento ha sido el esperado

❯ **_Buy-out_ apalancado** Compra de una empresa usando capital y un préstamo, con la empresa como garantía de este

Externo (MBI)

Algunas empresas, como bancos de inversión o fondos de capital riesgo, pueden lograr grandes beneficios comprando empresas infravaloradas y transformándolas.

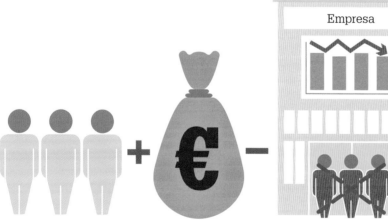
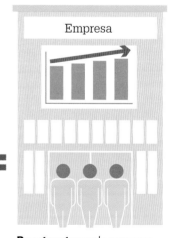

Un equipo directivo externo o un grupo de inversión ve que una empresa está infravalorada.

Obtienen fondos para comprar la mayoría del accionariado.

Despiden y reemplazan al equipo directivo anterior.

Reestructuran la empresa para mejorar su rendimiento y desarrollar todo su valor.

BUY-IN MANAGEMENT BUY-OUT (BIMBO)

En este tipo de transacción, la actual dirección de la empresa organiza una compra desde dentro, pero los financiadores llevan a directivos externos para fortalecer el liderazgo de la empresa y aportar en algunas áreas un conocimiento técnico del que podría carecer el equipo original.

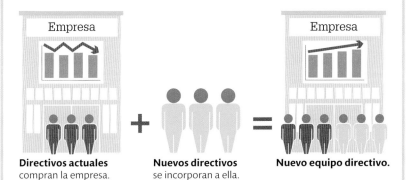

Directivos actuales compran la empresa.

Nuevos directivos se incorporan a ella.

Nuevo equipo directivo.

15.200
millones de euros alcanzó el mayor MBO financiado de la historia: el de la cadena de farmacias Alliance Boots en 2007

Interno (MBO)

Permite a una gran empresa liquidar una parte del negocio que ya no quiere, o ayuda al propietario de una empresa pequeña a retirarse o cambiar.

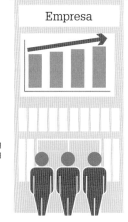

El equipo directivo ve la oportunidad de hacerse con la propiedad cuando su división corporativa se pone en venta.

Obtienen fondos vía préstamos bancarios, inversores privados, capital propio o un préstamo del propio vendedor.

Compran la empresa.

El equipo directivo, que ahora posee la empresa, la reestructura para que sea más rentable.

Quién es quién

Establecer la jerarquía de una empresa –incluidos cuántos niveles de mando tendrá y cuánto personal se designará a cada nivel– es uno de los mayores retos de la organización empresarial actual. En las empresas familiares los puestos son ocupados normalmente por los miembros de la familia, que responden ante el cabeza de la misma. El surgimiento de empresas cotizadas ha supuesto que la propiedad se separe de la dirección, priorizándose así los intereses de los accionistas.

Quién es quién en una organización

Stakeholders y accionistas

Se llama *stakeholders* a las personas y entidades que tienen intereses en la empresa. Los accionistas son aquellos que han comprado acciones de la empresa. *Ver pp. 60–63.*

Consejo de administración

Se asegura de que la explotación de la empresa sea rentable y dé beneficios a los accionistas. El consejo vota a un presidente, que a veces es también el director general (CEO). *Ver pp. 52–55.*

Comité directivo

Están en la escala superior y dirigen la empresa en el día a día y establecen la estrategia. Se trata de los más altos directivos de la compañía y dependen del director general. *Ver pp. 56–59.*

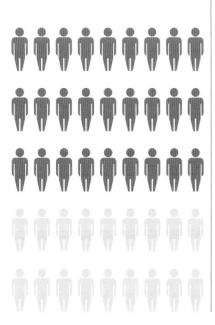

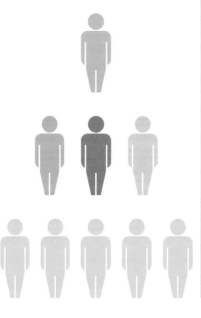

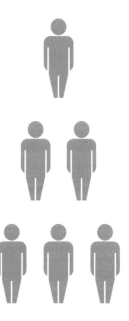

El 46% de los empleados del Reino Unido piensan que la dirección les tiene informados sobre lo que ocurre en la organización

CUESTIONES DE ESTRUCTURA

Pago de horas extras

Al personal directivo no se le retribuyen las horas extras. Los puestos que tienen derecho a esta compensación normalmente pertenecen al personal no directivo y se remuneran por horas.

Quién dirige a quién

Cuando un director tiene autoridad formal (poder de decisión) sobre otro, se llama especialización vertical del puesto. La especialización horizontal implica a varios directores con la misma autoridad.

Mandos intermedios

Son los responsables de una división o un departamento, y se les llama jefes o directores. Suelen ser los primeros en salir si la empresa reduce plantilla o se reestructura. *Ver pp. 56–59.*

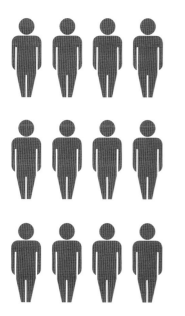

Mandos de segundo nivel

Los supervisores, jefes o líderes de equipo dirigen grupos de empleados que desempeñan tareas específicas. Por ejemplo, una jefa de enfermeras o un capataz. *Ver pp. 56–59 y pp. 74–75.*

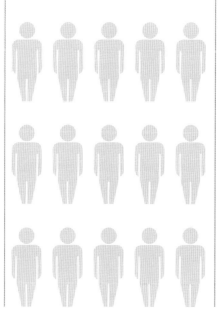

Empleados de base

Los niveles inferiores son los empleados cualificados y no cualificados que desempeñan las tareas básicas para que la empresa funcione. *Ver pp. 56–59 y pp. 74–75.*

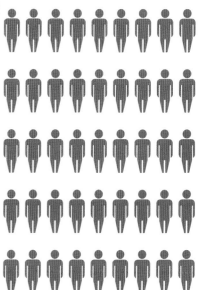

El consejo

Las compañías cotizadas están obligadas por ley a designar un consejo de administración que las supervise.

Cómo funciona

Todas las empresas deben tener por lo menos un director. Si una empresa sale a bolsa y emite acciones, debe tener por ley un consejo de administración. Este está formado por consejeros con experiencia que supervisan la compañía para los accionistas de manera independiente y están obligados por ley a controlar la empresa con responsabilidad.

Los consejeros pueden proceder de la empresa o ser externos, y deben cubrir un campo de experiencia –legal, financiero o marketing– o tener un conocimiento específico del sector. Los especialistas en relaciones externas también están muy cotizados por su habilidad para establecer conexiones con figuras influyentes en las esferas corporativas y gubernamentales. Entre sus miembros, el consejo elige un presidente, un vicepresidente, un secretario y un tesorero.

Consejo de administración

El consejo directivo de una empresa que se cotiza en bolsa se sitúa entre la empresa y los accionistas.

REPORTA A

Secretario

Nombrado por

El consejo

Responsable de

❯ Representar públicamente las políticas empresariales y dirigir las reuniones del consejo

Tesorero

Nombrado por

El consejo

Responsable de

❯ Presentar cuentas anuales
❯ Dirigir el comité auditor

EVALÚAN

Accionistas

Cualquier persona o institución que ha comprado acciones de una empresa cotizada es un accionista. El consejo de administración trabaja para los accionistas, que son los verdaderos propietarios de la empresa.

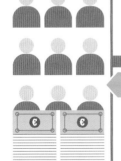

Presidente

Nombrado por

El consejo

Responsable de

❯ Representar públicamente la política empresarial
❯ Dirigir el consejo y sus reuniones
❯ Determinar la composición del consejo
❯ Apoyar y supervisar al director general (CEO) o gerente
❯ Comunicarse con los accionistas

El consejo
se compone
de 9,2
consejeros de media en EE.UU.

Compañía

Responsable de la producción, las operaciones de marketing y ventas y las finanzas. La compañía reporta al consejo a través de su director general (CEO), quien ejecuta las decisiones del consejo.

Vicepresidente

Nombrado por

El consejo

Responsable de

❯ Sustituir al presidente
❯ Asumir ciertos proyectos por encargo del presidente
❯ Ayudar al presidente a equilibrar la experiencia, personalidad y edad de los consejeros

REPORTA A
EVALÚA

CEO

Nombrado por

El consejo

Responsable de

❯ Resultados de la empresa
❯ Aplicar la estrategia
❯ Dirigir a los directivos
❯ Reportar al presidente y al consejo

Consejeros

Nombrados por

El consejo

Responsables de

❯ Determinar la estrategia
❯ Controlar que se cumplan las políticas adoptadas
❯ Nombrar a los directivos
❯ Responder ante accionistas y stakeholders de las actividades de la empresa

REPORTA A   EVALÚA

Management

Los directivos transmiten las decisiones del CEO al resto de los empleados.

Equilibrar el consejo

El consejo tiene tres áreas claras de responsabilidad: desarrollo de la estrategia de negocio, asesoría y supervisión de la gestión. Para ello es crucial seleccionar una adecuada combinación de directivos.

Los miembros del consejo pueden ser de la empresa o de fuera de ella. Quienes trabajan en ella tienen más experiencia en la explotación del negocio, pero los consejeros independientes están en mejor posición para ofrecer perspectiva, examinar las acciones de los ejecutivos y pedirles cuentas. Ante potenciales conflictos de intereses entre la dirección y los accionistas, los consejeros independientes pueden decantar la decisión a favor del mejor interés de la compañía.

Lograr el equilibrio es un tema controvertido en la gobernanza corporativa. En las empresas norteamericanas se solían combinar las funciones de CEO y presidente, pero tras una serie de escándalos ahora estas funciones suelen repartirse entre dos personas. En Europa hace mucho que se considera mejor práctica mantener separadas ambas funciones.

DEBES SABER

❯ **Consejeros no ejecutivos** También conocidos como consejeros independientes o externos

❯ **Consejeros ejecutivos** Miembros del consejo que trabajan también para la empresa

❯ **Composición del consejo** La legislación de algunos países fija el número de consejeros internos e independientes que debe tener el consejo

Variantes en la estructura del consejo

Consejo ejecutivo independiente

El consejo está situado entre los accionistas y la empresa. El CEO es el principal canal de comunicación entre el consejo y la empresa, mientras que el presidente es quien comunica a los accionistas con el consejo. Esta estructura es la que mayor independencia da al consejo.

CEO como presidente

Cuando el CEO es también el presidente del consejo, aunque ello permite un menor control de las finanzas, la estrategia o el rendimiento, se evita la duplicación de roles. Este modelo es habitual en pequeñas y medianas empresas, y es frecuente en las corporaciones de Estados Unidos.

Clave Accionistas Presidente Tesorero Secretario

PROS Y CONTRAS DEL CEO COMO PRESIDENTE

Pros

❯ **Liderazgo fuerte y centralizado** Las decisiones se toman con menos conflictos

❯ **Eficiencia** Mayor rapidez para implementar decisiones del consejo

❯ **Experiencia** El CEO conoce la empresa y el sector (puede ser el presidente al jubilarse)

❯ **Equilibrio de poder** La jerarquía entre CEO/presidente y consejeros evita conflictos en el consejo

Contras

❯ **Falta de transparencia** Probables conflictos de intereses o corrupción

❯ **Menor objetividad** Un consejo encabezado por un CEO no controla el trabajo del CEO con objetividad

❯ **Remuneración mayor** Una función doble generalmente exige una retribución más elevada que la de dos individuos por separado

❯ **Tutoría** El presidente no podrá dar consejo independiente al CEO

El **44%** de las empresas* de EE.UU. tenían distintos CEO y presidente en 2012, frente al 21% en 2001

*del índice S&P 500

Directivos de primer nivel como consejeros

Estructura organizativa en la que los altos directivos se sientan también en el consejo. El director financiero (CFO) es también el tesorero del consejo, y el director de operaciones (COO), su vicepresidente. En algunos países (como Alemania) los empleados están por ley presentes en el consejo.

Doble consejo

Es una estructura formada por dos consejos separados, uno de supervisión y otro ejecutivo. El supervisor está formado por directivos independientes dirigidos por el presidente. El consejo ejecutivo está formado por altos directivos como el CEO. Ambos consejos se reúnen siempre por separado.

 Vicepresidente   Otros consejeros   CEO   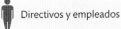 Directivos y empleados

Jerarquía corporativa

Casi todas las empresas organizan a sus miembros en niveles, desde el consejo directivo en la parte superior hasta los empleados de base en la inferior. Existe, sin embargo tendencia a reducir el número de niveles.

Cómo funciona

En una estructura organizativa convencional hay cinco niveles con una línea de mando que va de arriba abajo. El director general (CEO) es la persona de posición más elevada en la empresa, responde ante el consejo de administración y a veces ocupa un lugar en este. Reportando al CEO están los altos ejecutivos cuyo título suele ser el de director del área correspondiente. Por debajo de ellos se encuentran los mandos intermedios, y en el nivel inferior, los empleados de base. Además de los empleados, cualificados y no cualificados, hay personal con contratos por obra, es decir, por lo que dure un proyecto o por un plazo de tiempo establecido, y trabajadores temporales.

Directivos ejecutivos

Estos son los puestos más altos del escalafón, con el CEO a la cabeza; el director de operaciones (COO) y el director financiero (CFO) en el siguiente nivel y otros justo a continuación. En muchas empresas están todos al mismo nivel de mando y todos reportan al CEO.

C-SUITE

Los puestos directivos cambian en cada empresa. Como el CEO, el COO y el CFO, se conocen por sus siglas en inglés. Todos comienzan por C (de *chief*), y por eso se habla de C-Suite.

CAO *Chief Administrative Officer,* o director administrativo

CIO *Chief Information Officer,* o director de TI

CTO *Chief Technology Officer,* o director de tecnología

CPO *Chief Product/Production Officer,* o director de producción

CMO *Chief Marketing Officer,* o director de marketing

Los puestos evolucionan y se adaptan a las nuevas necesidades:

CPO *Chief Privacy Officer,* o director de privacidad

CSO *Chief Sustainability Officer,* o director de sostenibilidad

CDO *Chief Digital Officer,* o director digital

CKO *Chief Knowledge Officer,* o director de conocimiento

CCO *Chief Customer Officer,* o director de clientes

El 51% de CIO y CTO afirman que lideran nuevos enfoques digitales en sus empresas

Mandos intermedios

Responsables de supervisar tareas específicas de la empresa, la mayoría de directores de este nivel dirigen diferentes departamentos o divisiones. Estos también se llaman directores o jefes (no confundirlos con los del consejo) o, en Estados Unidos, vicepresidentes. El nombre exacto de los puestos y el número de mandos intermedios dependen de cada empresa.

Mandos de segundo nivel y otros empleados

Los jefes de equipo, como los supervisores, llevan a cabo los planes de gestión. También coordinan equipos de trabajadores cualificados y no cualificados en áreas como producción, servicio al cliente y ventas para que se realicen las tareas fundamentales que la empresa necesita para operar con eficiencia y rentabilidad.

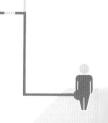

**DIRECTOR GENERAL
(CEO)**
Decide la política y la
estrategia de la empresa

**DIRECTOR DE
OPERACIONES (COO)**
Responsable de las
operaciones del día a
día; reporta al director
general y actúa como
su segundo

**DIRECTOR
FINANCIERO (CFO)**
Gestiona los riesgos
financieros de la
empresa; reporta
al director general

15%
fue el aumento
medio del salario
de los directivos
de primer nivel
en EE.UU. entre
1986 y 2006

**DIRECTOR DE
MARKETING**
Dirige el
departamento de
marketing en el
día a día

**DIRECTOR DE
FINANZAS**
Pone en práctica las
instrucciones del
director financiero y
dirige los mandos de
segundo nivel

**DIRECTOR DE
PRODUCCIÓN Y
LOGÍSTICA**
Supervisa la división
de operaciones y el
departamento de
producción

DIRECTOR DE I+D
Lleva la dirección del
departamento de
I+D, que se ocupa de
la creación de
nuevos productos

SUPERVISORES Y JEFES DE EQUIPO

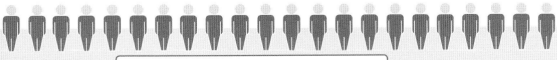

EMPLEADOS DE BASE

Jerarquías más planas

En las últimas décadas la tendencia en la dirección ha sido la de eliminar los escalones, lo que significa que las jerarquías se han hecho más horizontales. En otras palabras, no hay tantos niveles que subir para llegar al superior.

Un ejemplo es la función del director de operaciones (COO), que ha ido desapareciendo en los últimos años. Según las cifras de Fortune 500 (una lista anual de las principales empresas de Estados Unidos que recoge la revista *Fortune*), entre 2000 y 2012 se redujeron a un 10% las empresas con un director de operaciones. Solo el 38% de las 500 mantienen hoy este cargo. Los CEO también han eliminado escalafones intermedios, y entre 1986 y 2003 ha habido un incremento del 300% de jefes de división que dependen del CEO.

A veces las empresas deciden reestructurar en sentido contrario –de una jerarquía horizontal a una jerarquía más vertical– eliminando una serie de puestos directivos sénior y reemplazándolos por más supervisores intermedios.

✓ DEBES SABER

❯ **Ámbito de control** Cantidad de empleados que reportan a un director; cuanto mayor sea el ámbito de control más empleados reportan a una persona que está por encima de ellos

❯ **Puesto operacional** Puesto con la responsabilidad de alcanzar los objetivos de la empresa

❯ **Puesto funcional** Puesto que da apoyo en un ámbito concreto a los puestos operacionales

Jerarquía horizontal frente a vertical

En ambos tipos de jerarquía hay pros y contras, y cada empresa debe hallar el número de escalones y de cargos en ellos adecuados a sus necesidades.

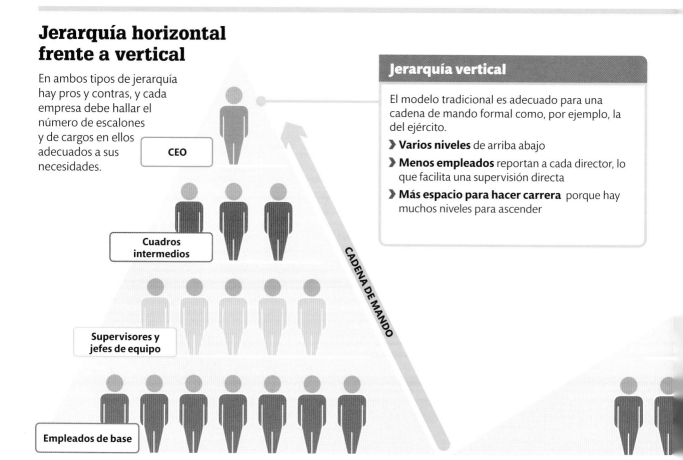

CEO

Cuadros intermedios

Supervisores y jefes de equipo

Empleados de base

CADENA DE MANDO

Jerarquía vertical

El modelo tradicional es adecuado para una cadena de mando formal como, por ejemplo, la del ejército.

❯ **Varios niveles** de arriba abajo

❯ **Menos empleados** reportan a cada director, lo que facilita una supervisión directa

❯ **Más espacio para hacer carrera** porque hay muchos niveles para ascender

CASO DE ESTUDIO

Reestructuración de los grandes fabricantes de coches de EE.UU.

La crisis de 2008 provocó que las tres grandes empresas americanas de automóviles (General Motors, Ford y Chrysler) replantearan su estructura organizativa. Su cuota de mercado había caído y las tres necesitaban eliminar empleos y encontrar formas de recortar la producción.

Las tres actuaron de manera similar para reorganizar la estructura de la empresa, suprimiendo algunas funciones directivas de nivel intermedio y poniendo más jefes de equipo en niveles inferiores de la organización para crear una jerarquía más horizontal y menos pesada en el nivel superior.

❯ **Antes de reestructurar** Treinta técnicos reportaban a un supervisor de producción.

❯ **Después de reestructurar** Setenta y cinco técnicos reportaban a un solo supervisor de producción, a través de dieciocho nuevos jefes de equipo.

25%
de disminución en los niveles jerárquicos entre directores de división y CEO en EE.UU., entre 1986 y 2003

Jerarquía plana

Este modelo es menos rígido y más flexible y es adecuado para empresas que apoyan la creatividad.

❯ **Menos niveles**, por lo que los niveles intermedios y bajos están más mezclados

❯ **Hay un gran número de empleados** que reportan a cada director, con lo que no es posible una supervisión muy cercana

❯ **Mayor libertad para los empleados**, lo que les permite tomar sus propias decisiones

CEO

Supervisores y jefes de equipo

CADENA DE MANDO

Empleados de base

Grupos de interés

Un miembro de un grupo de interés (o *stakeholder*) es cualquiera a quien le afecte la actuación de la empresa, mientras que los accionistas son quienes poseen una o más acciones de esta, lo que les hace copropietarios.

Cómo funciona

Dado que los accionistas tienen parte en la empresa, tienen derecho a votar sobre la gestión y a recibir parte de sus beneficios. Los accionistas son un grupo de interés, porque las actuaciones de la empresa tienen un impacto directo sobre el valor de las acciones que poseen: cuando la empresa va bien el valor de la acción sube y cuando el rendimiento es malo su valor cae.

Sin embargo, los grupos de interés pueden no ser accionistas, sino individuos o grupos que se interesan por lo que hace la empresa o cuya situación financiera depende de esta. Algunos grupos están interesados en una empresa principalmente por sus criterios medioambientales, sociales y de gobernanza, lo que suele conocerse como criterios ESG, por sus siglas en inglés.

Áreas de interés

Algunos grupos de interés solo se preocupan por los factores ambientales, sociales y de gobernanza, pero otros, como los accionistas y los proveedores, suelen estar más interesados en el rendimiento financiero de la empresa. La mayoría de estos grupos tienen al menos un interés en ambas áreas, pues una publicidad negativa puede hacer caer el precio de la acción.

Stakeholders con inquietudes ESG

Los *stakeholders* no se implican directamente, pero consideran que las empresas tienen la responsabilidad con las comunidades en que operan de respetar el medio ambiente, los derechos humanos y el bienestar animal.

770 millones de euros es la caída de valor medio **causada por** noticias negativas **sobre la** actuación de la empresa **en relación con** los derechos humanos

Organizaciones no gubernamentales

❯ Contribución al medio ambiente y a causas sociales
❯ Cumplimiento de la normativa

Comunidad

❯ Impacto en la población local
❯ Inquietud por el bienestar social amplio

Stakeholders con inquietudes económicas y ESG

Los *stakeholders* usan las ESG –incluidas en la información corporativa– para evaluar la conducta de la empresa y prever los rendimientos financieros futuros. Su preocupación va desde los beneficios a la ética.

Gobierno

> Pago de impuestos
> Cumplimiento de la normativa

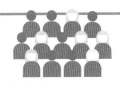

Accionistas

> Capacidad para el pago de dividendos
> Aumento del valor de las acciones

Clientes

> Calidad del producto
> Relación calidad-precio
> Servicio de atención al cliente

Sindicatos

> Trato a los trabajadores
> Salarios dignos, beneficios y condiciones laborales

Proveedores

> Capacidad de pagar las deudas
> Liquidez suficiente

Empleados

> Salario y beneficios
> Longevidad de la compañía
> Perspectivas de empleo

Acreedores

> Capacidad de devolver los préstamos
> Integridad de los gestores
> Fortaleza financiera

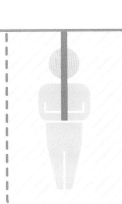

Stakeholders en acción

En comparación con otros *stakeholders*, los accionistas son los que tienen el mayor interés en la actuación financiera de la empresa. Estén o no concienciados social y ambientalmente, deben también interesarse por el rigor con que aquella toma su responsabilidad corporativa. Algunos casos han mostrado que la reacción de los grupos de interés puede hacer caer de manera significativa el precio de las acciones. Mediante las redes sociales no es difícil generar una ola de descontento que provoque la indignación de los consumidores y el nerviosismo de los inversores.

Cómo los *stakeholders* afectan el valor de las acciones

En abril de 2010, explotó en el golfo de México una plataforma de petróleo de British Petroleum (BP). BP intentó calmar a los grupos de interés, pero estos respondieron negativamente y empezaron una campaña en las redes sociales culpabilizando a la compañía. Sesenta y seis días después del vertido de petróleo el valor de las acciones de BP en la bolsa de Nueva York había caído un 52 por ciento.

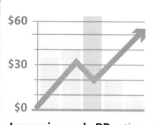

Las acciones de BP cotizan a
60,57 $
el 20 de abril de 2010.

Aparece la noticia de que el vertido es peor de lo que BP admite.

La campaña en las redes sociales se intensifica.

Las noticias informan sobre la reacción de los *stakeholders*.

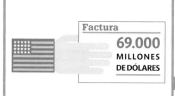

Factura
69.000
MILLONES
DE DÓLARES

El Gobierno de EE.UU. critica a BP y le envía una factura de 69.000 millones de dólares por los trabajos de limpieza.

La administración Obama advierte que podría tomar acciones legales para impedir que BP pague dividendos.

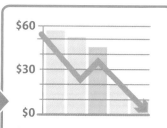

El precio de la acción cae un 7 por ciento en la bolsa de Londres.

75% de aumento en el número de empresas cotizadas* que informan sobre ESG

* en la base de datos de Bloomberg para el periodo 2008–2011

Explota la plataforma, y deja 11 trabajadores muertos y un enorme vertido de petróleo en aguas del golfo de México.

Los medios cubren la catástrofe.

BP inicia una campaña en Twitter en la que minimiza el impacto del vertido.

Stakeholders del vertido de BP

❯ Habitantes de las costas afectadas
❯ Pescadores locales
❯ Operarios de los trabajos de limpieza
❯ Activistas ambientales
❯ Empleados de BP
❯ Accionistas de BP

❯ Compradores de gasolina
❯ Turistas y negocios turísticos
❯ Medios de comunicación
❯ Gobiernos
❯ Público general

Los *stakeholders* usan las redes sociales para mostrar su enfado y criticar la falta de responsabilidad de BP. Los ecologistas denuncian el daño a la fauna. Algunos famosos ofrecen ayuda para la limpieza del vertido. Los *stakeholders* reclaman transparencia a BP.

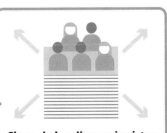

Cinco de los diez accionistas principales de BP venden acciones.

El 25 de junio, el precio de la acción ha bajado a menos de la mitad; se han negociado más de 34.000 acciones.

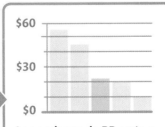

Las acciones de BP están a
23,91 $
el 25 de junio de 2010.

Cultura corporativa

Cada empresa tiene su particular ambiente de trabajo, que consciente o inconscientemente ha sido moldeado por las personalidades, valores y conductas de las personas que la dirigen y trabajan en ella.

Cómo funciona

La cultura organizativa es diferente en cada empresa y refleja sus valores, las costumbres del lugar de trabajo y la imagen que proyecta. También está ligada al tipo de trabajo que se hace. En una empresa cotizada que se juega mucho, el ritmo y la presión del trabajo hacen que el ambiente sea muy tenso, mientras que en una empresa que depende fuertemente de la creatividad el estado de ánimo será posiblemente más relajado. El tipo de incentivos que se ofrece a los directores y empleados también puede influir en el lugar de trabajo, y generar una cultura competitiva o colaborativa, o bien una mezcla de ambas.

Tipos de cultura corporativa

Los expertos en dirección de empresas han intentado explicar la cultura de las empresas. Charles Handy, profesor de la London Business School, las describe en cuatro tipos principales: de funciones, de poder, de trabajo y de personas.

Cultura de funciones

La empresa se apoya en funciones especializadas. Cada función es crucial y persistirá aunque la persona que la desempeñe deje la empresa. Son fundamentales los procesos y sistemas, como en la Administración pública.

Cultura de poder

Impulsada por un individuo con poder en el centro de la organización, de quien dependen las decisiones y éxitos de la empresa. Quienes están más próximos al centro tienen más influencia. Cultura típica de las empresas familiares.

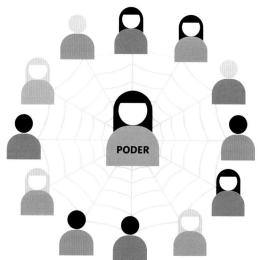

DECISIONES

DESCRIPCIÓN DEL PUESTO

PROCESOS

REGLAS

SISTEMAS

PODER

burocrática / controladora

QUÉ DEFINE LA CULTURA CORPORATIVA

Son muchos los factores que conforman una cultura. Para dar lugar a un cambio, los empleados necesitan inspirarse en distintas motivaciones, valores y modelos.

Tamaño de la organización
Grandes negocios o pequeñas empresas

Líderes
Su personalidad y comportamiento

Estructura
Jerarquía estricta o poder compartido entre mucha gente

Símbolos
Títulos, código indumentario, estética interior

Valores fundacionales
Incluye mitos sobre su origen e historias

Sistemas de control
Premios, incentivos, evaluación del desempeño

El **86**% de los **directivos mundiales** consideran que la **cultura corporativa** es un **elemento crucial para lograr el éxito**

Cultura de trabajo

Orientada a tareas, la motivación está en completar el proyecto. Depende del trabajo en equipo y el conocimiento individual, pero los resultados son más importantes que los objetivos personales. Típica de empresas tecnológicas.

Cultura de personas

El poder e influencia están compartidos entre personas que trabajan de manera semiautónoma y que tienen más importancia que la empresa, formada por personas con una preparación similar, como un despacho de arquitectos.

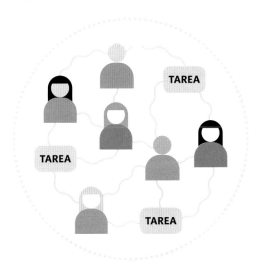

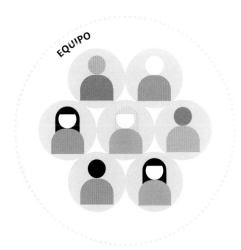

emprendedora / flexible

Estructura corporativa

La estructura de una empresa –la manera en la que se organiza– puede tener un gran impacto en la forma en que se desenvuelve. Son distintos los modelos de estructura corporativa que se usan en el mundo empresarial, pero la primera consideración es si el poder debe estar centralizado en la dirección, con las decisiones concentradas en unas pocas manos, o descentralizado, con más poder en manos del personal y mayor autonomía de decisión.

Elegir la estructura

La mayor parte de las startups tienen una estructura centralizada. Las estructuras más complejas son fruto de la evolución o se diseñan cuando la empresa crece, en función de su naturaleza y tamaño, la complejidad del trabajo, la necesidad de conocimiento experto y la distribución geográfica de las oficinas.

Centralizada

El poder se concentra en unas pocas personas, y existe una larga cadena de mando.

> Poder en la cúspide
> Rígida
> Convencional
> Inflexible
> Lenta respuesta al cambio

Funcional

Adecuada para un control estricto y relaciones formales, como en el ejército.
Ver pp. 68-69.

EL CEO COORDINA

Divisional

Adecuada para empresas con muchas oficinas o líneas de producto.
Ver pp. 70-71.

EL CEO COORDINA Y CADA DIVISIÓN ES RESPONSABLE DE DAR BENEFICIOS

Matricial

Buena para grandes corporaciones con proyectos complejos en varias ubicaciones.
Ver pp. 72-73.

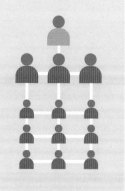

LOS DIRECTORES DIVISIONAL Y FUNCIONALES COORDINAN

El **78**% de los grupos alcanza más **deprisa** soluciones a tareas sencillas en estructuras centralizadas

El **100**% de los grupos alcanza más **deprisa** soluciones a tareas complejas en estructuras descentralizadas

ATENCIÓN

Cuándo hace falta un cambio

Entre los signos de que una estructura no funciona están el desánimo y la alta rotación del personal, la falta de desarrollo de nuevos productos y la repentina aceleración o desaceleración de los beneficios. Algunas herramientas para resolverlos son:

❯ **Reingeniería de procesos**
Analizar y rediseñar el flujo de trabajo de la empresa.

❯ **Cambios en la línea de reporte**
En la estructura típica, un superior supervisa objetivos y desempeño. Puede ser beneficioso pasar a un sistema en el que el directivo establece parte de los objetivos, pero no todos ellos.

En red

Adecuada para empresas creativas y tecnológicas en las que todos están online. *Ver pp. 74–75.*

EL NÚCLEO DE LA EMPRESA COLABORA CON UNA COMUNIDAD VIRTUAL

En equipos

Para empresas que se basan en la innovación y se centran en el cliente. *Ver pp. 76–77.*

PERSONAL AUTOCOORDINADO

Descentralizada

El poder se distribuye por la empresa y el personal toma sus propias decisiones.

❯ Poder compartido
❯ Orgánica
❯ Experimental
❯ Flexible
❯ Rápida respuesta al cambio

Estructura funcional

La forma clásica de organizar una empresa es dividiéndola en departamentos que correspondan a las funciones principales del negocio, cada uno de ellos con un director al frente.

Cómo funciona

La cadena de mando es simple y directa. La empresa se compone habitualmente de un director general o presidente que dirige un grupo de departamentos o divisiones especializados, que siguen sus directrices.

Cada departamento opera como una unidad independiente que tiene su propio presupuesto y reporta directamente al director general, quien se hace responsable del funcionamiento del conjunto de los departamentos. La estructura funcional es el sistema organizativo más común en las empresas.

Jerarquía departamental típica

Los departamentos operan de manera independiente, y sus directores reportan al director general o presidente, quien tiene la responsabilidad global. Los departamentos de marketing y ventas se ocupan habitualmente de gestionar las líneas de producto.

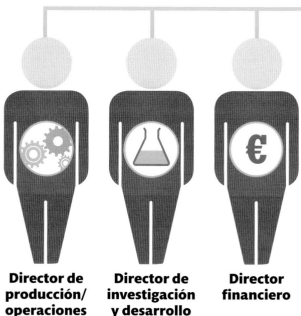

Director de producción/ operaciones

Director de investigación y desarrollo

Director financiero

! ATENCIÓN

Peligros de los compartimentos estancos

El riesgo de los compartimentos estancos es que cada departamento tiene una visión distinta y cerrada de su papel en el conjunto, y la información no siempre se comparte.

1 Ventas y marketing lanzan una oferta especial online de dos por uno.

2 Finanzas no lo sabe y solo procesa el pedido de un elemento.

3 Operaciones no lo sabe y envía a los clientes solo un elemento en lugar de dos.

4 Atención al cliente no lo sabe, y no está listo para las reclamaciones de los clientes.

Decidir qué hay que vender

El departamento de marketing es el más cercano al mercado y el más competente para analizar qué líneas de producto pueden funcionar mejor. El director de marketing y ventas puede sugerir, pues, nuevos productos.

PRODUCTO A

CEO

El **41**%
de las empresas
piensan que la
estructura de la
organización es una
barrera para mejorar
la experiencia del cliente

FUNCIONAL: PROS Y CONTRAS

Pros

- Permite la especialización y el conocimiento experto
- Permite el uso eficiente de los recursos y las economías de escala
- Ofrece un plan de carrera claro a los miembros de cada departamento
- Estructura sencilla y eficiente para fabricantes que producen un número limitado de productos

Contras

- Línea de comunicación formal que coarta la innovación y la creatividad
- Los departamentos no se coordinan eficazmente entre sí
- El tiempo de respuesta ante problemas y consultas entre los departamentos es lento
- Muchas de las decisiones terminan por consultarse a los superiores, lo que enlentece la organización

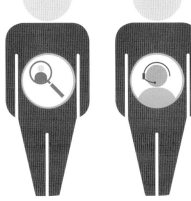

Director de marketing y ventas

Director de tecnología de la información

Director de recursos humanos

Director de atención al cliente

✓ DEBES SABER

- **Relación de línea** Cadena de mando descendente
- **Estructura de reporte** Quién reporta a quién
- **Compartimento estanco** Término peyorativo para definir un departamento que trabaja aislado, una estructura vertical y cerrada

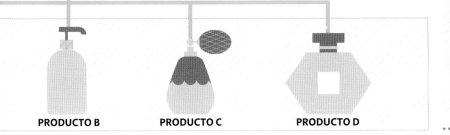

PRODUCTO B   PRODUCTO C   PRODUCTO D

Estructura divisional

Algunas empresas organizan su personal en divisiones dedicadas a productos o mercados específicos. Cada división es un equipo autosuficiente que se dota del personal que le resulta necesario.

Cómo funciona

Bajo la supervisión del director general, las distintas divisiones de la empresa trabajan en paralelo para diseñar, investigar, producir y vender un determinado producto o para atender a un cierto mercado. Cada división realiza sus funciones específicas, como operaciones y producción, ventas y marketing, o finanzas. La empresa puede organizar sus divisiones según el tipo de producto, las regiones en las que opera o los clientes a los que atiende. Las grandes empresas pueden adoptar estructuras híbridas: por producto y región, por ejemplo.

División geográfica

En el caso de empresas cuyos productos deben adaptarse a los mercados locales, una organización lógica es estructurarse en función de las regiones a que corresponden dichos mercados, distinguiendo, por ejemplo, entre el mercado doméstico y el internacional. Un ejemplo de éxito de esta estructura es el de Xerox (*ver el caso de estudio, a la derecha*).

Norteamérica
El mercado principal
de la empresa

DIVISIONAL: PROS Y CONTRAS

Pros

❯ Si una división fracasa, no perjudica al resto de la empresa

❯ Se responde con rapidez a los cambios del mercado

❯ Centrada en las necesidades de los clientes

❯ Los resultados de cada división pueden medirse claramente

Contras

❯ Duplicación de recursos: personal financiero propio en cada división

❯ Falta de intercambio de conocimientos entre divisiones

❯ Menos opciones de desarrollo profesional

❯ Alta competición entre divisiones

División por producto

Las empresas con distintos tipos de productos pueden optar por una estructura en la que cada división se ocupa de una categoría. La cadena de comida rápida McDonald's se ha organizado por productos.

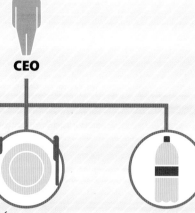

CEO

PRODUCTOS DE COMIDA RÁPIDA
Negocio principal

ARTÍCULOS PARA RESTAURANTES
Vajilla, cubiertos...

BEBIDAS
Bebidas de marca propia

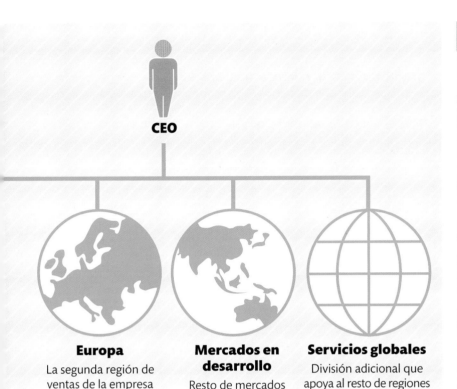

Europa
La segunda región de
ventas de la empresa

**Mercados en
desarrollo**
Resto de mercados

Servicios globales
División adicional que
apoya al resto de regiones

CASO DE ESTUDIO

Xerox, empresa dedicada a la
tecnología de impresión y servicios
se ha reestructurado varias veces a
fin de alinear el negocio con sus
principales mercados. En 1992,
realizó un importante cambio
estructural, y pasó de una estructura
funcional a una divisional, compuesta
por nueve divisiones, cada una de
ellas centrada en un tipo de cliente.
Ello le permitió concentrarse en sus
principales negocios: edición digital,
fotocopia en color e impresión.

Dividir la empresa por mercados
geográficos es otra estrategia que
Xerox ha aplicado con éxito. En 2006,
las divisiones se reorganizaron de
nuevo, geográficamente, para que
las decisiones se adoptaran cerca
de los clientes en cada mercado.

División por tipo de cliente

Las empresas con grupos de
clientes bien diferenciados pueden
organizarse en divisiones por
clientes. Es el caso de la entidad
financiera Bank of America Merrill
Lynch que se dirige a particulares,
pequeñas empresas y clientes
corporativos e institucionales.

CONSUMIDOR
Habitualmente,
el mercado original

EMPRESAS
Productos adaptados
o a mejor precio

INSTITUCIONAL
Suministro a gran
escala a un solo cliente

Un **7**%
aumentó
el precio de
las acciones
de Xerox
al anunciar
que pasaba de
una estructura
funcional a
una divisional

Estructura matricial

A diferencia de la jerarquía clásica por funciones o por divisiones, la organización matricial combina ambos enfoques. El personal trabaja en unidades a la vez funcionales y divisionales, y reporta a dos jefes.

Cómo funciona

Una empresa que usa un sistema matricial es frecuente que tenga al principio una estructura funcional. A medida que el negocio evoluciona, tiene sentido superponer una estructura divisional para afrontar los cambios: por ejemplo, si la empresa gestiona varios proyectos para un gran cliente o si se ha expandido globalmente y vende productos en distintas regiones. Puede que la matriz comenzara como algo temporal (para un proyecto) y ha terminado por ser permanente.

Las dos líneas de mando de la matriz crean una malla. El personal reporta verticalmente a un director funcional, como el director de marketing, y horizontalmente al director de proyecto de una determinada línea de negocio, marca, proyecto o región.

ORGANIZACIONES MATRICIALES

Las empresas siguientes suelen citarse como casos de éxito de implantación de una estructura matricial efectiva:

> **Procter & Gamble (P&G)** Para facilitar la innovación y responder mejor a las necesidades del mercado, la empresa de productos de consumo se segmentó en Bebé y familia, Belleza global, Salud y cuidado personal y Cuidado del hogar.

> **IBM** Necesita controlar un gran número de procesos globales, por lo que la matriz de la corporación de consultoría tecnológica se estructura verticalmente en divisiones como ventas y distribución, finanzas y marketing, y software; y horizontalmente por países y regiones.

> **Cisco** En 2001, la empresa tecnológica se reorganizó para crear comités que pudieran adoptar decisiones a través de distintas funciones y divisiones. La idea era estimular la generación de ideas en toda la organización y ser capaz de implementar rápidamente soluciones a los problemas.

> **Starbucks** La cadena de cafeterías está estructurada por producto en un eje de la matriz y por funciones en el otro para asegurarse que la calidad y la innovación responden, e incluso se anticipan, a las expectativas de los clientes.

Estructura matricial

En este ejemplo, una empresa petrolífera debe gestionar varios proyectos de refino. El supervisor se asegura de que la matriz funcione de manera eficiente.

Director de ingeniería

Supervisor de la matriz

Director de proyecto
Prospección en el Ártico

Equipo de perforación

Director de proyecto
Pozos de petróleo de Malasia

Equipo de extracción de petróleo

Director de proyecto
Campos de gas natural de Nueva Zelanda

Equipo de gas natural licuado

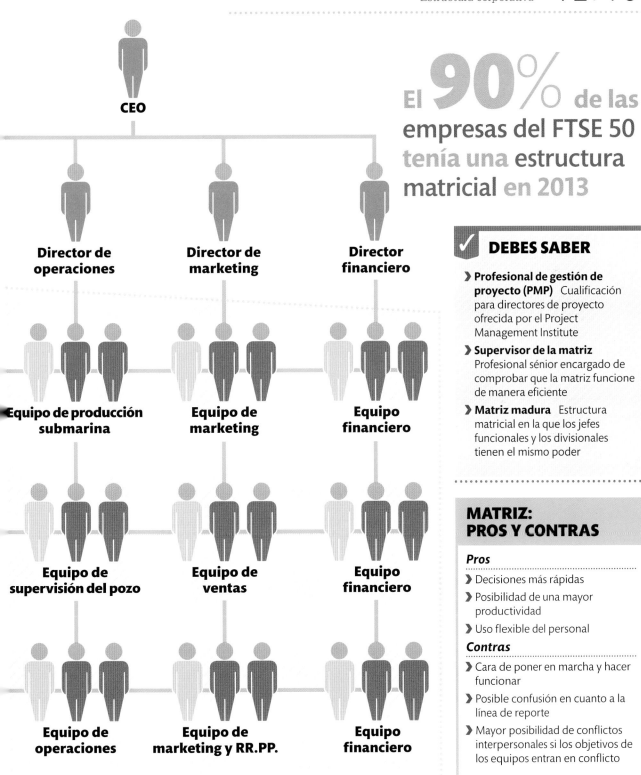

El **90**% de las empresas del FTSE 50 tenía una estructura matricial en 2013

CEO

Director de operaciones

Director de marketing

Director financiero

Equipo de producción submarina

Equipo de marketing

Equipo financiero

Equipo de supervisión del pozo

Equipo de ventas

Equipo financiero

Equipo de operaciones

Equipo de marketing y RR.PP.

Equipo financiero

✓ DEBES SABER

❯ **Profesional de gestión de proyecto (PMP)** Cualificación para directores de proyecto ofrecida por el Project Management Institute

❯ **Supervisor de la matriz** Profesional sénior encargado de comprobar que la matriz funcione de manera eficiente

❯ **Matriz madura** Estructura matricial en la que los jefes funcionales y los divisionales tienen el mismo poder

MATRIZ: PROS Y CONTRAS

Pros
❯ Decisiones más rápidas
❯ Posibilidad de una mayor productividad
❯ Uso flexible del personal

Contras
❯ Cara de poner en marcha y hacer funcionar
❯ Posible confusión en cuanto a la línea de reporte
❯ Mayor posibilidad de conflictos interpersonales si los objetivos de los equipos entran en conflicto

Estructura en red

Conocida también como organización virtual, la estructura en red se basa en una empresa que ha reducido al máximo sus efectivos y tiene conexiones digitales con otras empresas externas independientes.

Cómo funciona

La empresa central de la estructura ha prescindido de todo lo innecesario, se ha quedado solo con las funciones esenciales para el tipo de negocio al que se dedica (investigación y desarrollo, por ejemplo, en el caso de una empresa tecnológica). El resto de las funciones se externalizan; las distintas partes pueden estar diseminadas por todo el mundo y conectadas entre sí por internet. En conjunto aportan los servicios necesarios para que la red funcione como una sola entidad. Este tipo de empresa se basa en la idea de las redes sociales, y por ello se la conoce como empresa en red.

DEBES SABER

> **Empresa ágil** Término que describe una organización en red, en oposición a la tradicional burocracia

> **Descentralizada** Organización con un ámbito de control amplio y un flujo de ideas ascendente

La estructura en red en la práctica

Network Screen es una pequeña productora de cine con base en Los Ángeles, y opera desde un estudio en el que trabajan dos empleados: un productor y un asistente. Para cada proyecto, el productor conecta con talento externo en todo el mundo, y todos colaboran para crear la película final. El productor contrata y paga esos proveedores externos.

VARIACIÓN: ESTRUCTURA MODULAR

En una empresa con estructura modular, distintas partes de un producto se externalizan (son las funciones o los procesos, y no los productos, los que se externalizan en una estructura en red). Una estructura modular es adecuada para organizaciones que producen aparatos, ordenadores, coches... Toyota es un ejemplo de empresa con una estructura modular, pues coordina cientos de proveedores externos para producir sus vehículos terminados.

Pros

> Posibilidad de trabajar de manera continua, pues se dispone de instalaciones en todo el mundo

> Puede contratar a los mejores expertos, con independencia de dónde estén ubicados

> Bajos costes generales, pues la empresa cuenta con poco personal

> Ambiente flexible y muy creativo

Contras

> Extrema dependencia de la tecnología, pues los errores de red pueden detener el negocio

> Posibilidad de malentendidos, al haber poca comunicación personal

> Dificultad para coincidir con otros colaboradores en reuniones virtuales, debido a las distintas franjas horarias

El **27**% de las empresas en red reportan un mayor margen de beneficio que sus competidores

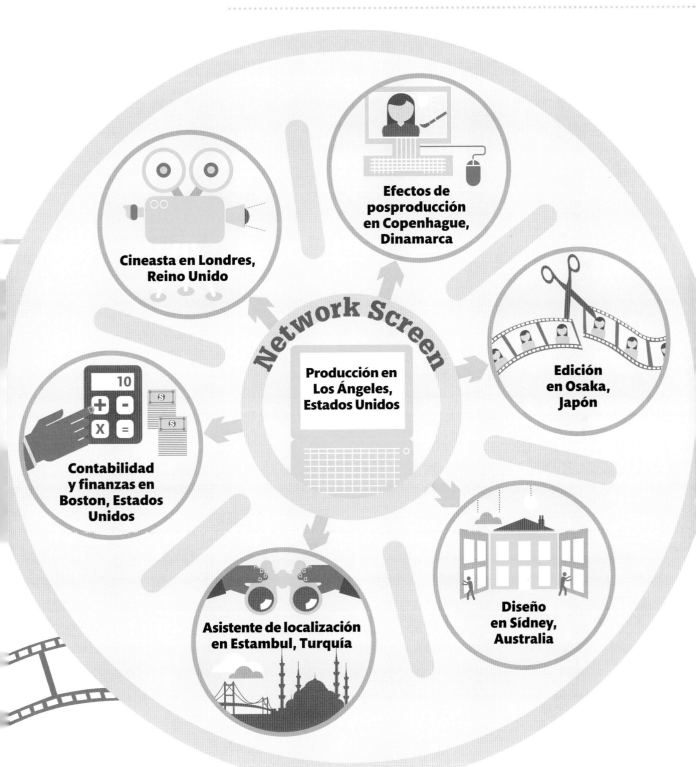

Network Screen

Producción en
Los Ángeles,
Estados Unidos

Cineasta en Londres,
Reino Unido

Efectos de
posproducción
en Copenhague,
Dinamarca

Edición
en Osaka,
Japón

Diseño
en Sídney,
Australia

Asistente de localización
en Estambul, Turquía

Contabilidad
y finanzas en
Boston, Estados
Unidos

Estructura basada en equipos

Como su nombre indica, la organización basada en equipos se compone solo de equipos. Directivos y personal de varios departamentos se unen para crear equipos para proyectos específicos, a corto o largo plazo.

Cómo funciona

En una organización basada en equipos, estos adoptan decisiones tras compartir ideas y llegar a un consenso entre sus miembros, sin que un directivo deba transmitir instrucciones de arriba abajo en la cadena de mando, como ocurriría en una estructura organizativa tradicional. La comunicación es mucho menos formal en este tipo de organizaciones, y a menudo tiene lugar a través de medios sociales, como blogs y foros, o mediante el uso de software de comunicación, como Groupware.

Un paso más allá de la estructura basada en equipos está la holocracia (ver cuadro, derecha), un tipo no convencional de organización en el que no hay directivos, y en la que incluso el CEO renuncia a parte de su poder y permite que los empleados se autogobiernen a través de reuniones de comités organizados por ellos mismos.

DEBES SABER

> **Cascada** Comunicacion descendente de la información y los objetivos en la empresa

> **Estructura lateral** Estructura descentralizada en la que los departamentos trabajan por un objetivo común

> **Parrilla plana** Estructura sin cadena de mando en la que sus miembros deciden seguir a líderes

Jerarquía basada en los equipos

Más allá del hecho de que estas organizaciones tienen también un director general, no cuentan con mucha más jerarquía que esta. Los líderes de equipo forman parte del equipo mismo más que estar por encima de él en la cadena de mando. En sus mejores versiones, este modelo potencia una cultura de confianza, y hace que las personas se sientan orgullosas de su trabajo y responsables de realizar las tareas y gestionar bien su presupuesto.

CEO

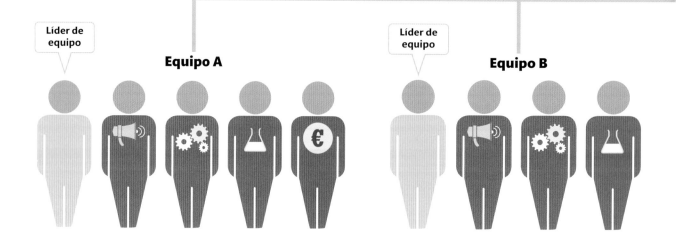

Líder de equipo

Equipo A

Líder de equipo

Equipo B

HOLOCRACIA: ROMPER LOS LÍMITES

El personal se agrupa en equipos que marcan sus propias funciones y objetivos y eligen a sus propios líderes. La idea es que si el poder y la responsabilidad se comparten, los empleados darán lo mejor de sí mismos. En 2014, Zappos, la tienda online de calzado con base en Las Vegas, adoptó este modelo para los 1.500 miembros de su plantilla. «Holocracia» es el término que acuñó la empresa que inventó este sistema de gestión, que sigue el mismo principio de una parrilla plana pero lleva la idea un poco más lejos, pues plantea una estructura de gestión completa con procesos claros para las operaciones interiores y la gobernanza.

JERARQUÍA TRADICIONAL

Decisiones: pasan de arriba abajo

HOLOCRACIA: UNA ESTRUCTURA DE EQUIPOS AUTODIRIGIDOS

Decisiones adoptadas en comité

200-300% más productividad en el productor de salchichas de EE.UU. Johnsonville Foods, entre 1982 y 1990, tras pasar a una estructura basada en equipos

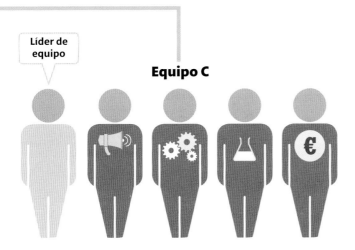

Líder de equipo

Equipo C

EQUIPOS: PROS Y CONTRAS

Pros

❯ Rapidez en la adopción de decisiones y en la respuesta a problemas y retos

❯ Menores costes generales, pues no hay una estructura de gestión pesada

❯ Comunicación franca, al no haber miedo a las reacciones de la dirección

Contras

❯ Si el personal no es profesional, las decisiones pueden ser incorrectas

❯ La limitación de comunicación entre equipos puede afectar los resultados empresariales

❯ Las decisiones por consenso son más difíciles de alcanzar

Recursos humanos

El departamento de recursos humanos (RR.HH.) es responsable de las políticas y procesos relativos a los empleados de una empresa. A fin de contribuir a que esta alcance sus objetivos, RR.HH. debe cerciorarse de que contrata a las personas adecuadas, con las habilidades necesarias, las trata con equidad y las apoya para que rindan al nivel requerido.

Marco de RR.HH.

El punto de partida para toda decisión empresarial son los objetivos de negocio. RR.HH. apoya la consecución de dichos objetivos asegurándose de que la estrategia de reclutamiento se ajusta al plan de negocio. Típicamente, el departamento de RR.HH. diseña una estrategia de personal que define para los empleados las competencias que mejor se ajustan a la organización. Ello es implementado entonces por una serie de áreas que van desde reclutamiento y selección hasta formación y desarrollo. Los profesionales de RR.HH. trabajan en estrecha colaboración con los directivos y los responsables de área para poner en práctica sistemas que apoyen los objetivos de la empresa.

Objetivos de la empresa

Son el motor de las decisiones de la empresa, y las políticas de RR.HH. les dan apoyo.

SELECCIÓN Y RETENCIÓN
Ver pp. 82–83.

PLANIFICACIÓN DE LA SUCESIÓN Y EL TALENTO
Ver pp. 82–83.

GESTIÓN DEL DESEMPEÑO
Ver pp. 84–85.

FORMACIÓN Y DESARROLLO
Ver pp. 82–83.

Valores y cultura
RR.HH. ayuda a establecer los principios, los comportamientos y la forma en que las tareas se realizan en la empresa.

Diseño de la organización
RR.HH. formula la estructura y las relaciones de reporte formal que dan forma a la empresa.

Personas y desempeño
RR.HH. es responsable del bienestar de los empleados y su contribución a los objetivos de la empresa.

3.200 millones
de personas figuraban como empleadas en el mundo en 2014

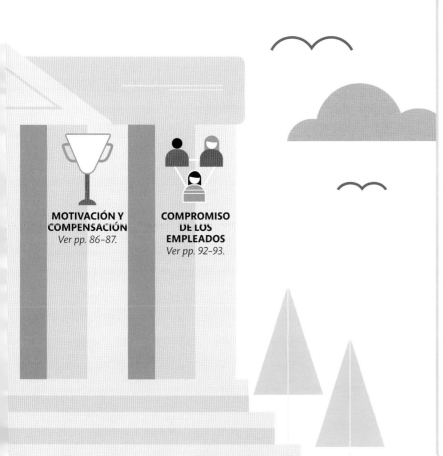

MOTIVACIÓN Y COMPENSACIÓN
Ver pp. 86-87.

COMPROMISO DE LOS EMPLEADOS
Ver pp. 92-93.

COMPETENCIAS ESENCIALES

Además de contratar y asegurarse de que los empleados rinden de manera adecuada, RR.HH. desempeña un importante papel para fomentar competencias esenciales de las personas de la organización.

Relaciones interpersonales

❯ Algunas personas son líderes natos, pero la mayoría de los líderes puede beneficiarse de una reflexión objetiva sobre el tipo de liderazgo que desean seguir. *Ver pp. 88-89.*

❯ Incluso en estructuras planas, los jefes de equipo necesitan habilidades específicas para guiar y dar apoyo a sus equipos. *Ver pp. 90-91.*

❯ Pese a la revolución tecnológica, las personas siguen siendo vitales para las organizaciones, y las capacidades y conocimientos son claves para el éxito. Por ello, RR.HH. tiene un papel crucial, como se observa en Google, que trata a su personal como un activo valioso y le ofrece muchos beneficios. *Ver pp. 92-93.*

Gestión de proyectos

❯ La gestión de proyectos es una competencia esencial para los directivos de cualquier nivel, tanto si manejan procesos del día a día como si están a cargo de proyectos especiales. *Ver pp. 94-95.*

Negociación

❯ La habilidad de negociar con éxito es esencial en cualquier posición, y conocer las estrategias y los estilos de negociación es clave para el éxito. *Ver pp. 96-97.*

El ciclo de los recursos humanos

Desde el momento en el que una empresa inicia el proceso de selección de un nuevo empleado hasta el día en que esa persona deja la compañía, transcurre un ciclo que es gestionado por el departamento de RR.HH.

Cómo funciona

Las personas son un coste significativo para cualquier empresa… y también un gran valor. Muchos directores generales hablan de ellas como su principal activo, y el mismo Henry Ford llegó a decir: «Podéis quitarme las fábricas y quemar mis edificios, pero dadme a mi gente y reconstruiré el negocio de nuevo». El departamento de RR.HH. se ocupa de que las personas adecuadas estén en los puestos adecuados a fin de que le empresa pueda cumplir con la estrategia y ser competitiva. La complejidad de la empresa influye en el ciclo de RR.HH., pero sus elementos principales son siempre los mismos.

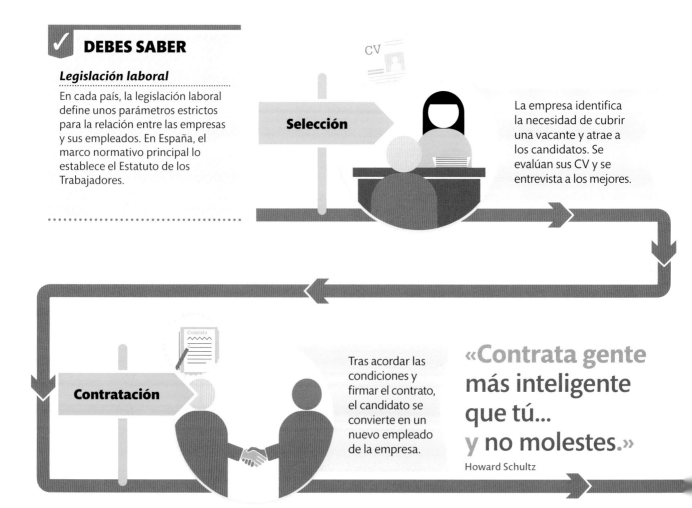

✓ DEBES SABER

Legislación laboral

En cada país, la legislación laboral define unos parámetros estrictos para la relación entre las empresas y sus empleados. En España, el marco normativo principal lo establece el Estatuto de los Trabajadores.

Selección

CV

La empresa identifica la necesidad de cubrir una vacante y atrae a los candidatos. Se evalúan sus CV y se entrevista a los mejores.

Contratación

Contrato

Tras acordar las condiciones y firmar el contrato, el candidato se convierte en un nuevo empleado de la empresa.

«Contrata gente más inteligente que tú… y no molestes.»

Howard Schultz

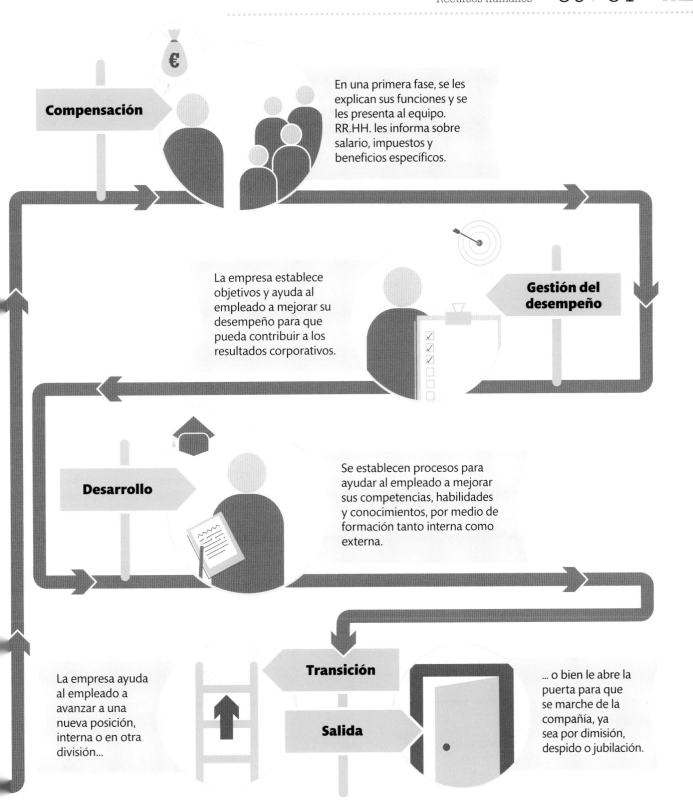

Compensación

En una primera fase, se les explican sus funciones y se les presenta al equipo. RR.HH. les informa sobre salario, impuestos y beneficios específicos.

La empresa establece objetivos y ayuda al empleado a mejorar su desempeño para que pueda contribuir a los resultados corporativos.

Gestión del desempeño

Desarrollo

Se establecen procesos para ayudar al empleado a mejorar sus competencias, habilidades y conocimientos, por medio de formación tanto interna como externa.

La empresa ayuda al empleado a avanzar a una nueva posición, interna o en otra división...

Transición

Salida

... o bien le abre la puerta para que se marche de la compañía, ya sea por dimisión, despido o jubilación.

Reclutamiento y selección

Situar a la persona adecuada en el puesto adecuado es crucial para el éxito de la organización. En esto consiste el proceso de reclutamiento y selección, que se está viendo transformado por las nuevas tecnologías.

Cómo funciona

La función de recursos humanos gestiona este proceso, en el que los responsables de línea están cada vez más implicados, pues las herramientas para ello están a menudo disponibles en la intranet corporativa.

El reclutamiento comienza cuando se identifica una vacante y se definen las características del puesto. Aspectos que hay que considerar son los objetivos del puesto, las tareas requeridas y los resultados que obtener, así como la ubicación del puesto en la estructura de la empresa. Esta es la base de la descripción del puesto de trabajo. A partir de ahí comienza la búsqueda, y la vacante se anuncia en la web de la propia empresa y de empresas de selección, los anuncios de empleo en la prensa o sitios web especializados. Actualmente, la recepción de candidaturas se hace prácticamente siempre de manera online, a menudo con un proceso automatizado que permite incluso realizar un primer filtrado de los candidatos según sus currículos.

MENOR ROTACIÓN

En época de recesión, los trabajadores tienden a quedarse en su puesto, por lo que suele haber menor movilidad. En el segundo trimestre de 2009 (plena recesión) se contrató a nueve millones de trabajadores en Estados Unidos, en comparación con los 12,8 millones del último trimestre de 2007 (prerrecesión), un descenso del 30 por ciento.

El 94% de las empresas de EE.UU. usó, o planeaba usar, las redes sociales para la selección de personal en 2013

✓ **Descripción del puesto de trabajo**
✓ Una descripción clara del puesto: título, objetivos,
✓ tareas, responsabilidades, alcance y posición en la estructura, así como las competencias requeridas. Se usa en el proceso de selección para que sirva de orientación tanto a candidatos como a entrevistadores.

Requisitos
Conjunto de los criterios de selección necesarios o deseados para el puesto, incluidas las habilidades y competencias así como la experiencia y la formación necesaria.

Búsqueda interna

Buscar entre los recursos internos en primer lugar ofrece oportunidades de carrera a los empleados actuales, lo que potencia su compromiso con la empresa.

Recomendación personal

Algunas empresas animan a sus empleados a que recomienden amigos para las vacantes.

Búsqueda externa

Cada vez más, las empresas usan las redes sociales, como Facebook o Twitter, y en especial las profesionales, como LinkedIn. Los candidatos externos aportan diversidad a la plantilla, pero cuestan más de atraer.

Candidaturas

El currículo (CV) es el documento básico para la selección, a menudo junto a una carta de motivación. Algunas empresas usan formularios online en su lugar.

✓ DEBES SABER

❯ **Tests psicotécnicos** Usados a veces como un filtro inicial, valoran atributos como la inteligencia, la aptitud o el tipo de personalidad, para lo que usan tests de razonamiento verbal y no verbal y cuestionarios de comportamiento

CONTRATO

Selección

Una vez que RR.HH. dispone de una primera selección, los candidatos son valorados con entrevistas individuales, dinámicas de grupo y tests psicotécnicos.

Nombramiento

La empresa puede solicitar referencias e incluso, según la legislación del país y el tipo de puesto de que se trate, pedir el examen médico del candidato. La oferta de empleo es un contrato legalmente vinculante que fija las condiciones pactadas.

Evaluación

Para que una empresa alcance sus objetivos, necesita disponer de un procedimiento para medir la contribución a los mismos de cada uno de sus empleados.

Cómo funciona

La forma en que se realizan las tareas es a veces incluso más importante que la tarea misma, pues las organizaciones reconocen la importancia de crear la cultura adecuada para permitir el buen desempeño de sus trabajadores. Para toda empresa, una evaluación efectiva del desempeño de sus empleados es algo estratégico que tiene por objetivo la máxima productividad de personas, equipos y la organización en su conjunto.

Ciclo tradicional de gestión del desempeño

La gestión del desempeño es un proceso continuo. Algunas empresas están dejando la gestión tradicional del desempeño para pasar al *crowdsourcing* como una manera de recoger, evaluar y compartir información sobre el desempeño de los empleados.

AMBOS GANAN

La evaluación del desempeño es positiva tanto para la empresa como para el trabajador.

Empresa
❯ Alinea los objetivos individuales con los de la empresa
❯ Ofrece un enfoque coherente y claro
❯ Permite la mejora continua
❯ Potencia las actitudes y relaciones positivas

Trabajador
❯ Entiende qué se espera de él
❯ Dispone de las herramientas adecuadas
❯ Permite identificar carencias y resolverlas
❯ Recibe información y puede dar su opinión

1 **Objetivos individuales**
Se fijan en línea con la estrategia de la empresa

❯ **Los objetivos** dirigen las tareas y las actividades
❯ **La cultura** permite que equipos y personas logren resultados
❯ **Las políticas de RR.HH.** dan parámetros claros

¡GANADOR!

5 **Recompensa**
Promociones y aumentos de salario con arreglo al desempeño

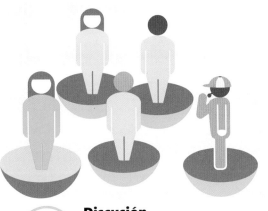

Discusión

2
Comunicación continua sobre los estándares de trabajo y actuación para mejorar las relaciones de trabajo

Coaching

3
Feedback sobre el desempeño que ayuda a las personas a ser más eficientes

Feedback 360°
Da una imagen panorámica con mejor información sobre las relaciones de trabajo

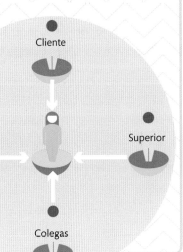

Cliente

Personal a cargo

Superior

Colegas

Evaluación

4
Feedback formal del responsable directo, en forma de un diálogo constructivo

FEEDBACK DE LOS COLEGAS

Motivación y compensación

Trabajamos por dinero, pero también nos motivan otras cosas, como hacer un buen trabajo o sentirnos valorados. Las compensaciones no económicas suelen ser más potentes que el salario y los beneficios.

Cómo funciona

En el pasado, paga y beneficios eran las herramientas de motivación principales para los empleados. Estos elementos se denominan extrínsecos porque son externos al trabajo en sí y son otros quienes controlan su importe, distribución y plazos. Actualmente se sabe que si bien los incentivos extrínsecos son muy importantes, los intrínsecos (psicológicos) son cruciales.

Comprender la motivación en el trabajo

Una plantilla feliz trabaja bien, y la satisfacción en el trabajo se deriva de factores muy sutiles tanto como de la paga en sí. Los empleados que disfrutan con su trabajo suelen quedarse, y así la satisfacción y la rotación van en sentidos contrarios.

Extrínseca

Políticas establecidas por la empresa:

Compensación económica

❯ Sueldo base
❯ Bonus
❯ Incentivos

Beneficios

❯ Seguridad social y planes de pensiones
❯ Vacaciones remuneradas
❯ Otros beneficios

Motivación individual

Los trabajadores obtienen beneficios psicológicos cuando su trabajo tiene sentido para ellos y lo hacen bien. Solo uno de cada ocho (unos 180 millones de empleados en 142 países estudiados) están comprometidos con su trabajo y hacen una contribución positiva a su empresa.

13%

es el porcentaje de empleados que tienen un compromiso pleno con su trabajo

POR QUÉ HACEMOS LAS COSAS

Solo esto crea motivación positiva

MOTIVACIÓN

+

EXTRÍNSECA
Te piden que hagas algo

Hazlo y tendrás un bonus

Quiero hacerlo y poder marcar la diferencia

INTRÍNSECA
Tú eliges hacer algo

Hazlo o tendrás problemas

No quiero hacerlo: no tiene sentido

−

DESMOTIVACIÓN

Potenciar la compensación intrínseca

Las empresas de éxito generan confianza y sus empleados sienten pasión por lo que hacen. Todos estos factores inciden en ello:

Sentido para la organización y la persona
❯ Visión clara para la organización
❯ Comprensión de cómo la persona encaja en los objetivos de la empresa
❯ Objetivos y expectativas claros para la persona

Reconocimiento
❯ Feedback continuado
❯ Compromiso creciente
❯ No hay compensación económica que supere al reconocimiento

Desarrollo profesional
❯ Progresión y promoción
❯ Mentorización y *coaching*
❯ Oportunidades de formación

Cultura
❯ Trabajo en equipo y actitudes coherentes
❯ Comunicación abierta
❯ Conocimiento e información compartidos

Intrínseca

Sentimientos que tiene la persona:

❯ **Sentido** Sensación de poder realizar algo de valor
❯ **Elección** Sentir el trabajo como algo propio de lo que ser responsable
❯ **Progreso** Sensación personal de avanzar en la buena dirección
❯ **Competencia** Orgullo y satisfacción por el trabajo realizado

MOTIVACIÓN CRECIENTE

Estrategia y estilos de liderazgo

El liderazgo vertical, en el que los directivos dan órdenes, no es siempre la mejor forma de obtener resultados. Los expertos han identificado diversos estilos de liderazgo.

Cómo funciona

Cada líder tiene su propio enfoque personal. Sin embargo, a lo largo de los años, los expertos han identificado algunos estilos de liderazgo que pueden usarse para lograr distintos resultados, en función del contexto. Muchos sistemas se basan en ideas del psicólogo Kurt Lewin, quien desarrolló sus teorías en los años treinta y estableció tres estilos básicos: autocrático, democrático y de no interferencia. En 2007, por ejemplo, los autores Eric Flamholtz e Yvonne Randle desarrollaron una matriz de liderazgo, basada en las teorías de Lewin, que indica cuál es el estilo más adecuado para cada situación, desde el autocrático (con un líder todopoderoso) al de consenso (decisiones adoptadas por acuerdo general). Los líderes que inspiran animan a las personas a creer que pueden lograr resultados más allá de sus expectativas.

«Los líderes excepcionales se apartan para potenciar la autoestima de su personal.»
Sam Walton

LIDERAZGO TRANSFORMADOR

Cada estilo de liderazgo se adecua a una determinada situación, pero el liderazgo transformador, en el que el líder y sus seguidores van alcanzando niveles superiores de integridad y motivación, fue identificado por el gurú James MacGregor Burns como el más efectivo. Otros estudiaron después este tipo de liderazgo, entre ellos el psicólogo Bernard Bass, quien identificó las cualidades que debe tener un líder transformador.

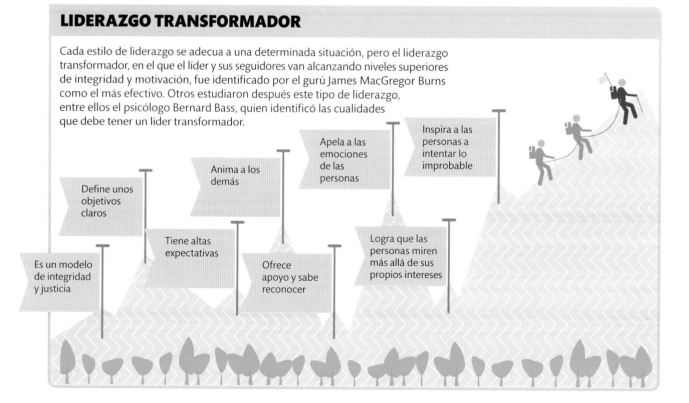

Inspira a las personas a intentar lo improbable

Apela a las emociones de las personas

Anima a los demás

Define unos objetivos claros

Tiene altas expectativas

Es un modelo de integridad y justicia

Ofrece apoyo y sabe reconocer

Logra que las personas miren más allá de sus propios intereses

Cuándo usar cada tipo de liderazgo

Un estudio de tres años con tres mil directivos permitió al psicólogo Daniel Goleman identificar seis distintos estilos de liderazgo. Cada uno de ellos tiene un impacto significativo en cómo las personas se sienten en relación con su trabajo. Los líderes más efectivos dominan varios estilos y saben usarlos en función de las circunstancias concretas.

	Estilo	Cuándo usarlo	Inconvenientes
Afiliativo	**«Las personas, antes que las tareas.»** Centrado en crear vínculos emocionales en el equipo y sentido de pertenencia en la empresa.	Se usa en épocas de estrés, cuando el equipo necesita recuperarse de una situación traumática, o cuando hay que recuperar la confianza.	El reconocimiento y el refuerzo pueden fomentar un desempeño mediocre y una falta de dirección.
Coaching	**«Prueba así.»** Ayuda a las personas a ver sus fortalezas y debilidades, ligándolas a sus aspiraciones profesionales y a la acción.	Se usa para ayudar a un miembro del equipo a crear fortalezas duraderas que les ayuden a ser más exitosos.	No es efectivo cuando la persona es desafiante o refractaria al cambio o al aprendizaje, o si el líder no tiene habilidad.
Dominante/ coercitivo	**«Haz lo que te digo.»** Pide cumplimiento inmediato, sin discusión ni negociación.	Debe usarse solo en momentos de crisis o para controlar a un empleado problemático, y solo como último recurso.	Debe usarse solo cuando es esencial, pues puede alienar a las personas, ahogar la inventiva y tensar el ambiente.
Democrático	**«¿Qué piensas tú?»** Espera crear el consenso a través de la participación.	Se usa cuando es necesario que el equipo se implique o sienta como propio el plan, la decisión o el objetivo.	No debe usarse en caso de crisis o si el equipo no cuenta con información suficiente para hacer propuestas útiles.
Marca el ritmo	**«Haz como yo, ahora.»** Espera y modela la excelencia creando retos y objetivos excitantes para el equipo.	Se usa solo cuando el equipo está realmente motivado y es competente, y cuando se requieren resultados rápidos.	Puede agobiar a algunos miembros del equipo y afectar su compromiso; puede ahogar la creatividad y la innovación.
Visionario/ autoritario	**«Sígueme.»** Moviliza el equipo hacia una visión y un fin comunes, y deja que cada miembro decida los medios para ello.	Se usa si el equipo necesita una nueva visión porque ha cambiado el contexto, o si no se necesitan instrucciones explícitas.	No es efectivo si el líder trabaja con un equipo de expertos o un grupo mejor informado.

Liderazgo para la gestión de equipos

Como los generales con sus tropas, los líderes empresariales deben obtener lo máximo de sus equipos. La clave está en asegurarse de que las personas trabajan juntas para lograr un objetivo común.

Cómo funciona

Desde estadistas como el ex primer ministro británico Winston Churchill al ex director general de General Electric, Jack Welch, los grandes líderes reconocen que para conseguir un objetivo a largo plazo no solo deben usar sus propias capacidades, sino también maximizar la fuerza combinada de otras personas. Tienen una pasión que arrastra a las personas; aprenden de los errores y saben cambiar de dirección para adaptarse a nuevas circunstancias. Se han dedicado muchos estudios a los rasgos y las estrategias de estos líderes.

Cómo los líderes inspiran a sus equipos

El académico Carl Larson y el experto en efectividad organizacional Frank LaFasto realizaron un estudio durante tres años con más de 75 equipos distintos. Identificaron seis características del liderazgo que dirigen a los equipos hacia los resultados óptimos.

«El liderazgo es el arte de conseguir que alguien haga algo que tú quieres porque él quiere hacerlo.»

Dwight D. Eisenhower

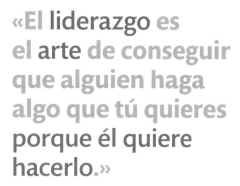

Se centran en el objetivo

❯ Definen los objetivos de forma clara e inspiradora

❯ Ayudan a los miembros a ver cómo contribuyen al objetivo

❯ No actúan de manera política

Fomentan la colaboración

❯ Permiten discusiones abiertas

❯ Piden y premian la colaboración

❯ Implican y comprometen a las personas

Generan confianza

❯ Acentúan lo positivo

❯ Muestran confianza asignando responsabilidades

❯ Dicen «Gracias»

FORMAR UN EQUIPO EFECTIVO

En su libro *Sabiduría de los equipos* (1995, edición original de 1993), Jon Katzenbach y Douglas Smith distinguen entre equipos y grupos de personas que trabajan juntas. Definen un equipo como «un pequeño número de personas con habilidades complementarias que están comprometidas en un propósito común, un conjunto de objetivos y un enfoque para los que se consideran responsables». Creen que los líderes que logran formar equipos de éxito tienden a:

❯ Seleccionar los miembros por sus capacidades, y no por su personalidad.

❯ Centrarse inicialmente en unas pocas tareas y objetivos inmediatos, para ayudar al equipo a sentirse unido.

❯ Establecer límites y normas de actuación.

❯ Estimular al equipo regularmente con nueva información, y animar a la discusión abierta y la resolución activa de problemas.

❯ Asegurarse de que el equipo pasa tiempo junto, tanto en el trabajo como fuera de él.

«No busques errores: busca soluciones.»

Henry Ford,
fundador de la Ford Motor Company

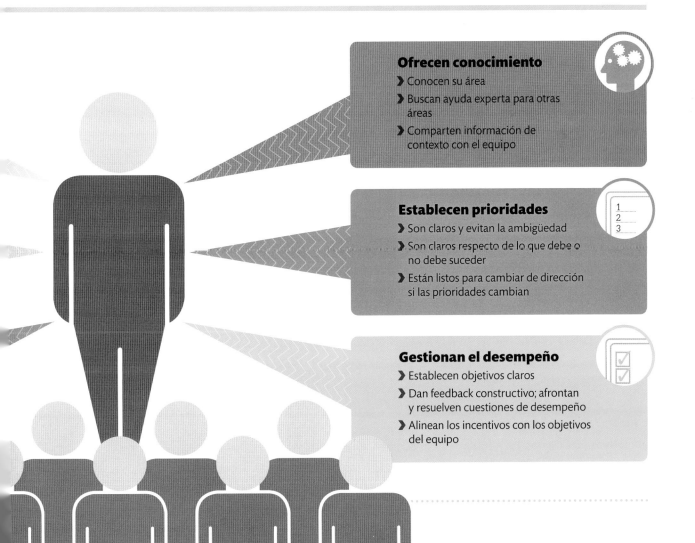

Ofrecen conocimiento

❯ Conocen su área
❯ Buscan ayuda experta para otras áreas
❯ Comparten información de contexto con el equipo

Establecen prioridades

❯ Son claros y evitan la ambigüedad
❯ Son claros respecto de lo que debe o no debe suceder
❯ Están listos para cambiar de dirección si las prioridades cambian

Gestionan el desempeño

❯ Establecen objetivos claros
❯ Dan feedback constructivo; afrontan y resuelven cuestiones de desempeño
❯ Alinean los incentivos con los objetivos del equipo

Comunicación y relación con los empleados

Las organizaciones de éxito valoran la importancia de contar con las ideas y la energía de las personas para lograr una ventaja competitiva, y se ocupan de lograr y mantener el compromiso de los empleados.

Cómo funciona

La relación y la comunicación con los empleados, ya estén dirigidas por RR.HH. o por un departamento específico, son cada vez más importantes en la empresa. Más que limitarse a confiar en la comunicación personal y en el boca a boca, las empresas de éxito usan herramientas específicas de comunicación para ayudar a sus miembros a conocer los objetivos comunes y su propia contribución a los resultados. Los directivos no envían ya mensajes unidireccionales sino que se apoyan en una serie de medios interactivos, como la videoconferencia. Personas y equipos pueden usar una intranet empresarial para compartir conocimientos e ideas, y también otros mecanismos más formales.

El arte de la comunicación

En este ejemplo, una empresa establece foros semanales a los que se invita a participar a los empleados para facilitar la comunicación y generar confianza. A fin de fortalecer el conocimiento y la implicación de los empleados, se usan distintos sistemas, desde mensajes hasta webinarios. Los directivos se centran más en la colaboración que simplemente en comunicar información.

FOROS DE EMPLEADOS

Muy a menudo, la comunicación con los empleados se ha centrado en una relación estructurada de tipo industrial, gestionada por RR.HH. Actualmente, la relación con los empleados se basa más en la confianza y la necesidad de construir relaciones sólidas. Muchas empresas crean para ello consejos de trabajo o foros de empleados.

Los foros de empleados:

❯ Permiten a representantes de distintas áreas de la empresa compartir y generar ideas para mejorar el funcionamiento de los procesos

❯ Fomentan la discusión sobre la visión, los cambios necesarios y los planes de negocio

❯ Reconocen el valor de los empleados

Compromiso

Implicación y participación

Concienciación y comprensión

GRADO DE COMPROMISO

TIEMPO

CONTACTO
Se envía un mensaje con un breve vídeo a todos los empleados para informar de la puesta en marcha de un foro

CASO DE ESTUDIO

John Lewis

La cadena de grandes almacenes británica John Lewis es conocida porque cada uno de los empleados es socio de la empresa. Dispone de una serie de políticas de comunicación con los empleados:

❯ **Revista** A través de la revista semanal, los empleados pueden escribir cartas a la dirección, que publica las respuestas para que todos puedan leerlas.

❯ **Consejo de socios** Se reúne dos veces cada año y lo forman ochenta socios electos. El presidente y los consejeros reportan al consejo, que puede destituir al presidente.

❯ **Foros** Elegidos por los empleados de cada establecimiento los foros colaboran con la dirección para decidir aspectos de la gestión y seleccionar las entidades benéficas con las que se contribuye.

200 millones de libras fue el importe pagado en bonus para el personal por John Lewis en 2013

REFORZAR E INTERNALIZAR
Actualizaciones personales muestran a los empleados el papel de los foros

ESTABLECER PRÁCTICA
En una salida de toda la empresa se ilustra cómo los foros han modificado las prácticas de trabajo

ESTIMULAR UNA PERCEPCIÓN POSITIVA
Un seminario inspiracional ilustra los beneficios de los nuevos consejos

ADOPTAR Y COMPARTIR
Los empleados asisten a los foros y a continuación comparten sus opiniones en Twitter, con lo que se sienten implicados en la iniciativa

FACILITAR LA COMPRENSIÓN
La intranet corporativa explica cómo funcionarán los foros de empleados

CREACIÓN DE CONCIENCIA
El propósito del foro de empleados se explica en una videoconferencia a toda la empresa

Gestión de proyectos

Más allá de las actividades del día a día, la empresa puede acometer proyectos para afrontar una necesidad específica. Los proyectos deben estar bien gestionados para cumplir plazos, presupuestos y objetivos.

Cómo funciona

La gestión de proyectos se ocupa de que estos progresen desde el principio hasta el final, y requiere unos conocimientos, experiencia y habilidades distintos a los de las operaciones habituales de la empresa, pues los objetivos marcados deben lograrse con unas determinadas limitaciones, como tiempo, calidad y presupuesto. Un equipo de proyecto puede incluir personas de organizaciones y disciplinas diversas que estén en lugares distintos. La óptima gestión del proyecto incluye no solo la supervisión de las personas que trabajan para lograr un objetivo, sino también la gestión de riesgos, calendarios, relaciones, aportaciones individuales y de grupo o recursos.

La gestión efectiva de proyectos se considera cada vez más una competencia estratégica para cualquier empresa (ver p. 85), pues permite la introducción de nuevos productos, nuevos métodos o nueva tecnología.

Fases en la gestión de un proyecto

Existen muchos sistemas de gestión de proyectos, que definen las etapas clave de formas distintas, pero todos ellos se basan en los mismos cinco elementos principales.

Inicio
❯ Plan del proyecto, que incluye caso de estudio, objetivos, alcance, presupuesto, entregables y calendario
❯ Roles y responsabilidades
❯ Asignación de recursos

Planificación
❯ Plan de trabajo detallado
❯ Análisis de procesos críticos
❯ Riesgos

Ejecución
❯ Coordinación de personas y recursos
❯ Control de calidad
❯ Comunicación al equipo y los *stakeholders*

OBSTÁCULOS: CÓMO SUPERARLOS

Cualquier proyecto tiene retos que superar. Estos son algunos de los más comunes, junto con la forma en que se puede lograr superarlos y llevar adelante el proyecto.

Obstáculo	Gestión del proyecto	Opciones
El proyecto no cumple las fechas, o va muy justo de tiempo	❯ Hacer un cronograma de los trabajos y los procesos críticos ❯ Revisar el trabajo pendiente e identificar riesgos, barreras y estrategias alternativas	❯ Negociar el alcance, presupuesto y recursos del proyecto ❯ Informar a otros equipos y ver si pueden hacerse otros cambios
 **Visión poco definida, o falta de claridad**	❯ Revisar el plan del proyecto y consultar la visión y los objetivos definidos en él ❯ Implicar al equipo para que comprenda los objetivos y se evite el estancamiento	❯ Pedir aclaración al espónsor y/o a la dirección
El alcance del proyecto cambia sobre la marcha	❯ Gestionar las peticiones de cambios respecto del plan y los objetivos del proyecto	❯ Comunicarse para identificar por qué el cambio es importante y cómo puede incorporarse, o buscar una alternativa

Seguimiento y control

❯ Medición de trabajos y progresos
❯ Gestión y limitación del riesgo
❯ Gestión del personal

Cierre

❯ Finalización de actividades
❯ Comunicación
❯ Aprendizaje: revisión del proyecto

El **97%** de los **directivos*** consideran que la gestión de proyectos es crucial para el éxito

*encuestados en 34 países

Estrategia negociadora

Las habilidades de negociación son vitales cuando dos o más partes tienen puntos de vista distintos y cada una presiona a favor de sus intereses. La solución ideal es un compromiso que resuelva el conflicto.

Cómo funciona

La negociación es el proceso para lograr una solución mutuamente aceptable. Antes de iniciar cualquier discusión, las partes deben preocuparse de entender los intereses de los demás y decidir una estrategia, pues de lo contrario puede terminarse en un callejón sin salida, con malas sensaciones e incluso con la pérdida de un negocio. Ser capaz de negociar es vital para construir una relación empresarial sólida, ofrecer soluciones sostenibles y evitar conflictos futuros.

Alcanzar un acuerdo

Toda estrategia, desde una negociación salarial entre un sindicato y una empresa hasta la negociación entre un cliente y un proveedor, depende de la relación entre ambas partes. Una buena negociación debe dejar a las dos partes satisfechas con el resultado de la discusión y listas para nuevos negocios.

Preparar y planificar

❯ Establecer objetivos y resultados ideales (y valorar también los de la otra parte).

❯ Listar y valorar los eventuales problemas, y pensar en posibles concesiones.

❯ Considerar la agenda ideal y el lugar de reunión. Ensayar.

Definir las reglas básicas

❯ Acordar los aspectos básicos: lugar, disposición de la sala, agenda, calendario, número de negociadores.

❯ Fijar normas, como la ausencia de móviles, orden de intervenciones, descansos previstos.

❯ Acordar cómo se presenta y recoge la información.

Proponer, aclarar y justificar

❯ Asegurarse de que ambas partes disponen de las mismas oportunidades de presentar su posición.

❯ Aclarar cualquier punto de desacuerdo.

❯ Centrar la discusión en entender más que en resolver.

Negociar para resolver los problemas

❯ Ofrecer propuestas alternativas y concesiones.

❯ Discutir qué es aceptable para cada parte.

❯ Intentar buscar soluciones en las que ambas partes ganen.

El **65**% de la **comunicación personal tiene lugar mediante signos** no verbales

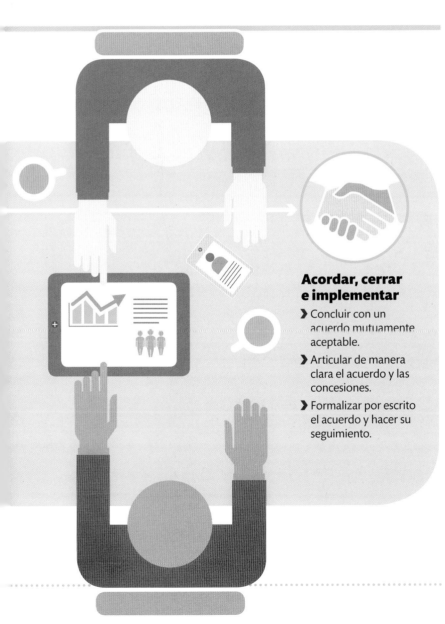

Acordar, cerrar e implementar

> Concluir con un acuerdo mutuamente aceptable.

> Articular de manera clara el acuerdo y las concesiones.

> Formalizar por escrito el acuerdo y hacer su seguimiento.

CULTURAS Y LENGUAJE CORPORAL

En negociaciones internacionales puede ser difícil interpretar el lenguaje corporal, pues los signos pueden tener otros significados.

Contacto visual Los chinos lo evitan en señal de respeto, mientras que en Occidente se suele ver su falta como un signo de falsedad.

Expresiones faciales En Occidente se acepta fruncir el ceño o usar alguna palabra más coloquial, pero no gritar. En Japón se puede sonreír o reír, pero no fruncir el ceño ni gritar.

Movimientos de cabeza En algunos lugares del mundo, como por ejemplo en Bulgaria, los gestos para asentir o negar con la cabeza son los opuestos a los habituales.

Gestos Las culturas occidentales extienden la mano hacia una persona para indicar «Ven aquí». Para los chinos este gesto resulta ofensivo.

Postura En EE.UU. el comportamiento informal está bien visto, y uno puede sentarse en una postura encorvada, por ejemplo. En otros países, como Alemania esta actitud está mal considerada. En Japón se valora la formalidad, y en particular estar quieto y bien sentado.

CÓMO FUNCIONAN LAS

FINANZAS

Información financiera ❯ Contabilidad financiera
Contabilidad de gestión ❯ Medición del desempeño
Financiación y capital

Información financiera

Encontramos información financiera por todas partes: la cuenta de un restaurante lo es, así como los recibos de compra o los extractos bancarios. En la empresa, sin embargo, la información financiera se refiere a la documentación en la que se recogen la actividad económica y los resultados de la compañía a lo largo del año. Preparada por los contables, da a los inversores, accionistas, autoridades y otros grupos de interés un instrumento para valorar la rentabilidad de la empresa.

Tipos de informes financieros

Los informes financieros pueden presentar distintas formas y contener una gran cantidad de información sobre las finanzas, los resultados, los empleados o el cumplimiento de la legislación local e internacional. El más importante es la memoria anual, que muestra la gestión de la empresa durante el último año. Una gran cantidad de leyes, normativa y directrices gubernamentales marcan la información que debe incluir la memoria.

EL CICLO CONTABLE

Prácticamente todos los contables siguen los ocho pasos del ciclo contable. El ciclo permite estandarizar procesos y asegurar que los trabajos contables se hacen correctamente, de igual manera y en el mismo orden para cada actividad. *Ver pp. 102-103.*

La memoria anual

Los estados financieros se incluyen normalmente en la memoria anual de la empresa, y presentan el conjunto de sus actividades financieras de forma estandarizada, a fin de que puedan interpretarse de manera rápida y clara. Pueden presentar diversas apariencias, y ser capaz de descifrarlos es una habilidad básica para cualquier contable o directivo, pues les permite comprender cómo funciona una empresa y por qué.

50.000

millones de dólares fue la cantidad ocultada en forma de créditos contabilizados como ventas por Lehman Brothers en 2008

TIPOS DE CONTABILIDAD

Pueden distinguirse siete tipos de contabilidad:

> Financiera   Preparada por contables; usada por inversores, acreedores y directivos. *Ver pp. 110–129.*

> De gestión   La usan los directivos para seguir el flujo de caja y el presupuesto, y para estimar ventas. *Ver pp. 130–143.*

> Pública   Las finanzas estatales son usadas por el sector público para una contabilidad de carácter no comercial.

> Fiscal   Fija reglas precisas que empresas y personas deben seguir para preparar y presentar sus declaraciones de impuestos.

> Forense   Se usa para dirimir disputas y conflictos, y en la investigación del fraude. *Ver pp. 152–153.*

> De proyecto   Se ocupa de un proyecto en concreto, y es útil para el responsable de gestionarlo.

> Social   Muestra la contribución de una empresa en relación con su comunidad o el medio ambiente.

Estados financieros

> ¿Qué es la memoria anual?   Resumen anual de los resultados de la empresa, así como su contabilidad. *Ver pp. 104–105.*

> ¿Qué son los estados?   El principal es el financiero; otros incluyen sostenibilidad, salarios de directivos y donaciones caritativas. *Ver pp. 106–107.*

> ¿Quién lee los estados?   Son relevantes para los bancos, accionistas, gobiernos, auditores, personal y medios. *Ver pp. 108–109.*

> ¿Qué son las notas?   Los estados incluyen anotaciones más detalladas. *Ver pp. 104–109.*

> ¿Qué son las reglas?   Principios contables que regulan los informes financieros. *Ver pp. 112–113.*

> ¿Cuáles son los estados financieros principales?   La cuenta de pérdidas y ganancias, el balance y el informe de flujo de efectivo contienen los datos clave. *Ver pp. 114–121.*

El ciclo contable

El ciclo contable es un proceso paso a paso que se usa para registrar, organizar y clasificar las transacciones financieras de una empresa. Ayuda a mantener uniforme la contabilidad y eliminar los errores.

Cómo funciona

El ciclo funciona como una ayuda para organizar el flujo de trabajo en una cadena cíclica de pasos pensada para reflejar la manera en que los activos, el dinero y las deudas entran y salen de la empresa. Se desarrolla en ocho pasos, que siguen siempre el mismo orden, y se reinicia de nuevo al terminar. El ciclo puede durar cualquier periodo de tiempo –lo que se conoce como ejercicio contable–, aunque lo normal es que dure un mes, un trimestre o un año. Las cuentas que se ocupan de facturación y gastos se ponen a cero al final de cada ejercicio, mientras que aquellas que muestran los activos, los pasivos y el capital se arrastran de un año al siguiente.

Ciclo de ocho pasos

Los procesos que se muestran aquí se repiten para cada periodo contable. Todas las empresas pasan por distintas fases, que se ven reflejadas en el ciclo contable. Los estados financieros, que se preparan hacia el final de cada ejercicio, ayudan a ver cómo ha funcionado la empresa en ese periodo de tiempo.

Transacciones

Cualquier tipo de transacción financiera, desde comprar o vender un activo a cancelar una deuda, da inicio al ciclo contable.

nuevo ciclo

TENEDURÍA DE LIBROS Y CONTABILIDAD

> **Controles internos** Son la manera de desarrollar, medir y controlar los recursos de la empresa. Ayudan a prevenir el fraude y evaluar los activos.

> **Sistema de partida doble** Es el procedimiento de registrar dos veces las transacciones, en el debe y en el haber. Si la empresa compra una silla de 100 €, la cuenta de débito aumenta en 100 € y la de crédito disminuye en 100 €.

> **Deudas incobrables** Son las cantidades pendientes de cobro que probablemente no podrán cobrarse y entonces se amortizan, con lo que pasan a ser un gasto.

6.000
15.000
21.000

Cierre de libros

Se hace una entrada de cierre, con lo que se cierra el diario. El ciclo recomienza.

Estados financieros

Los balances corregidos se usan para preparar los estados financieros de la empresa.

DEBES SABER

> **Débitos** Gastos: dividendos, activos y pérdidas. En la contabilidad de partida doble, aparecen a la izquierda

> **Haberes** Ganancias: cobros, facturación, acciones de los propietarios y pasivos. En la contabilidad de partida doble aparecen a la derecha

> **Cuadro de cuentas** Lista con los nombres de todas las cuentas usadas por la empresa para organizar los registros contables

> **Pista de auditoría** Historia completa de una transacción, que permite a los auditores seguirla desde el inicio y observar cualquier ajuste realizado

Entradas en los libros

Los contables analizan la transacción para anotarla en el libro diario, que puede ser físico o, más frecuentemente, electrónico.

Asiento

Las entradas de los libros se pasan al libro mayor, un gran libro o una hoja de cálculo que incluye todas las cuentas de la empresa.

Balance de comprobación

Al final del periodo contable, normalmente un año, un trimestre o un mes, se prepara una lista de todas las cuentas de la empresa.

Un **13%** más de contables serán necesarios en EE.UU. en 2022

~~	+	−
10,000		
	55	230
21,000		

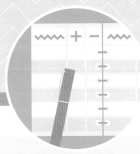

Ajuste de asientos del diario

Una vez cuadradas las cuentas, cualquier ajuste se anota en el libro diario al final del periodo.

Hoja de cálculo

A veces, los cálculos del balance de comprobación y los libros no cuadran bien (*Ver pp. 116-117*). En tal caso hay que hacer correcciones en la hoja de cálculo.

Estados financieros

El registro formal de la actividad financiera de una empresa se hace con sus cuentas o estados financieros. La legislación requiere información precisa, y los directores y auditores son responsables de su contenido.

Cómo funciona

Los estados financieros resumen las actividades de la empresa de manera clara y sucinta, con detalles sobre el desarrollo del negocio y los cambios de su situación financiera. Están destinados a una gran variedad de personas, así que deben ser detallados a la vez que comprensibles para el público general. Las cuentas se presentan juntas en una memoria anual, muy detallada y con notas explicativas. Los requerimientos legales pueden variar, pero las cuentas deben ser exactas.

Qué incluye la memoria anual

La página de contenidos es como la de un libro y muestra dónde encontrar los tres documentos principales –el balance, el informe de flujo de efectivo, o de *cash-flow*, y la cuenta de pérdidas y ganancias–, así como información más genérica como temas de personal u opiniones de *stakeholders*. Es una oportunidad para causar buena impresión a socios y acreedores y cumplir con las obligaciones legales de información.

Introducción del presidente

Es habitual que el presidente escriba una introducción en la que destaque los aspectos positivos y justifique los negativos de la memoria anual, para la información de los accionistas y *stakeholders*.

Medio ambiente

Estas páginas contienen buena parte de la información de la empresa sobre sus protocolos medioambientales, muchos de ellos específicos de su sector. *Ver pp. 122-123.*

Clientes y comunidad

Esta sección detalla la labor social de la empresa, y en particular su implicación con la comunidad. Los distintos tipos de empresas se centran en valores diversos.

Empleados

Una sección sobre empleados detalla áreas sobre formación y desarrollo del personal, salud y seguridad y los principales datos sobre el grado de satisfacción de los empleados.

Finanzas

Un breve resumen de las áreas principales de las finanzas de la empresa: resultados globales, facturación, costes operativos, inversiones de capital, amortizaciones, intereses, impuestos y dividendos.
Ver pp. 114-121.

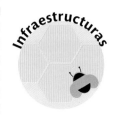

Infraestructuras

Las páginas de infraestructuras de la memoria anual son un buen lugar para hablar con mayor detalle de los activos fijos de la empresa y exponer por qué esta es una inversión atractiva para los inversores.

CUENTAS CONSOLIDADAS

En una era de globalización, las grandes corporaciones se componen habitualmente de distintas compañías. Las empresas que son propiedad de una compañía matriz se denominan filiales. Estas mantienen sus propias cuentas, pero la empresa matriz publica además unas cuentas consolidadas que muestran las operaciones del conjunto de empresas. En función de la legislación del país, sin embargo, cuando una empresa tiene una participación minoritaria en otra, las cuentas de esta última no se incluyen en las cuentas consolidadas de la empresa matriz.

✓ DEBES SABER

- **Filial** Empresa controlada por otra, habitualmente un holding
- **Holding** Compañía establecida para comprar acciones de otras empresas y controlarlas
- **Globalización** Proceso por el que las empresas desarrollan una presencia multinacional de tan gran dimensión que trasciende las fronteras internacionales y el control de los gobiernos

Indicadores de resultados

Los indicadores de resultados son comunes en cada sector. Miden áreas como la satisfacción de los clientes y la calidad de los productos y servicios que la empresa ofrece.

Informe del consejo

En este informe, los miembros del consejo de administración ofrecen su opinión profesional sobre la actividad de la empresa en el último año.

Impacto ambiental

Esta sección da cifras del impacto ambiental de la empresa, a menudo según lo que estipula la normativa del sector, como nivel de emisiones de CO_2.

Informe de auditoría

Auditores independientes comprueban la corrección de las cuentas de la empresa. Ello ayuda a eliminar errores y a detectar posibles fraudes.

Consejo de administración

Las secciones del consejo de administración, el informe de gobernanza y la declaración de responsabilidades de los consejeros indican quién dirige la empresa, muestra sus credenciales y funciones e informa sobre su retribución.

Notas a las cuentas

Las notas a las cuentas forman parte de los estados financieros. Ofrecen información detallada sobre las cifras de las páginas precedentes y dan una interpretación de las mismas.

Deconstruir los estados financieros

La cuenta de pérdidas y ganancias muestra la facturación, los costes y los gastos –cuánto dinero gana la empresa– en un ejercicio. El balance expone el valor de la empresa en el momento de su publicación, y es relevante para los inversores, pues presenta los activos y los pasivos, y la participación de los accionistas en la propiedad de la empresa –todo ello útil para valorar la salud de la firma–. El estado de flujos de efectivo presenta el movimiento del dinero en la empresa, su liquidez. Además de estos tres documentos, la memoria anual contiene un gran número de datos sobre la compañía, muy útiles para todos los grupos de interés.

TRIBUTACIÓN

El porcentaje de los impuestos que las empresas deben satisfacer varía en los distintos países, pero los conceptos de tributación son similares:

❭ **Los impuestos directos** se deducen directamente de los beneficios o la facturación de la empresa, e incluyen impuestos, impuestos de sucesión e impuestos sobre ventas o sobre compra de propiedades y otros activos.

❭ **Los impuestos indirectos** se pagan sobre bienes o servicios, como el IVA. Los impuestos indirectos tienen a veces por objetivo reducir el consumo de productos nocivos, lo que afecta a las empresas tabacaleras y de productos alcohólicos.

❭ **Los impuestos «verdes»** son cada vez más comunes, y suelen ser indirectos. Se usan para incrementar el precio de productos y servicios perjudiciales para el medio ambiente, como los viajes aéreos, los vertederos o carburantes y reducir su consumo.

❭ **El impuesto de sociedades** se aplica solo a las empresas, y no a los autónomos ni a las sociedades civiles. Consiste en un porcentaje del beneficio total de la empresa.

Caso de estudio: el detalle

Los estados financieros forman parte de la memoria anual, que incluye casos de estudio, perfiles de clientes, proveedores, empleados y consejeros y estadísticas. Las notas pueden ocupar 20 páginas o más, y contienen cuadros y textos que explican la información financiera. Los ejemplos siguientes se han extraído de la memoria anual de 2013 de la empresa británica Wessex Water.

Inversión sostenible

Las inversiones de Wessex Water en sostenibilidad incluyen gastos legalmente obligatorios y otros de carácter discrecional.

		2013 M£	2012 M£
	CLIENTES Y COMUNIDADES	55	38
	MEDIO AMBIENTE	30	25
	EMPLEADOS	49	46
	INFRAESTRUCTURA	139	116
	TOTAL	273	225

Finanzas

Esta sección contiene las cifras principales de las finanzas de la empresa, como el beneficio, los impuestos pagados, los activos de que dispone, el pasivo y los dividendos pagados, así como explicaciones detalladas de estas cifras.

DEBES SABER

⟩ **Monopolio** Situación en la que hay un solo proveedor de un determinado producto o servicio; sin control gubernamental, una empresa con un monopolio podría aumentar los precios y reducir la calidad, al no tener los consumidores otras alternativas

⟩ **Oligopolio** Sector en el que hay muy pocos proveedores; la competencia no es tan intensa como en el mercado libre, y el Gobierno suele imponer normas para asegurar la calidad y los precios justos

⟩ **Remuneración** Dinero pagado por un trabajo o un servicio; puede incluir bonus u opciones sobre acciones

CONSEJO EJECUTIVO

Una gran cantidad de datos personales sobre los consejeros de las empresas cotizadas están a disposición del público, pues es obligación legal comunicarlos:

⟩ Nombre de los consejeros ejecutivos

⟩ Nombre de los consejeros no ejecutivos, y si son independientes o accionistas

⟩ Accionariado

⟩ Datos de asistencia al consejo

⟩ Plazo de validez del nombramiento

⟩ Remuneración, con bonus, opciones sobre acciones, planes de pensiones...

⟩ Plazo de aviso

⟩ Indemnización fijada por cese

⟩ Conflictos de intereses potenciales

Donaciones benéficas

Las empresas exponen sus acciones filantrópicas en la memoria anual, donde detallan cuánto han donado y qué impacto ha tenido su ayuda. Pueden apoyar a entidades relacionadas con su ámbito de actuación o dejar que los empleados decidan.

96%
Índice de satisfacción de los clientes de Wessex Water

Satisfacción del cliente

En conjunto, esta sección muestra que la empresa trabaja para mejorar el servicio y la atención a los clientes. En sectores de monopolio y oligopolio, el nivel de satisfacción de los clientes es muy importante, pues los gobiernos establecen a menudo objetivos ambiciosos. La memoria anual de Wessex Water muestra un índice de satisfacción de los clientes del 96 por ciento.

Usuarios de los estados financieros

Los diversos estados financieros que incluye la memoria anual son una gran fuente de información para cualquier persona que sepa interpretarlos. Ofrecen los principales datos sobre beneficios, explicaciones de los consejeros sobre aspectos diversos, datos financieros detallados e información sobre las operaciones y las políticas de la empresa. Por ello, los estados financieros son útiles para un amplio abanico de grupos de interés, desde empleados, clientes o accionistas hasta inversores potenciales, gobiernos, periodistas, agencias de calificación, bancos y público en general.

Quién lee qué

Cada grupo de interés se interesa por apartados distintos de la memoria anual. Los clientes de un proveedor de servicios, por ejemplo, se fijarán en la sección dedicada a clientes y comunidad, mientras que potenciales prestamistas se interesarán por los estados financieros.

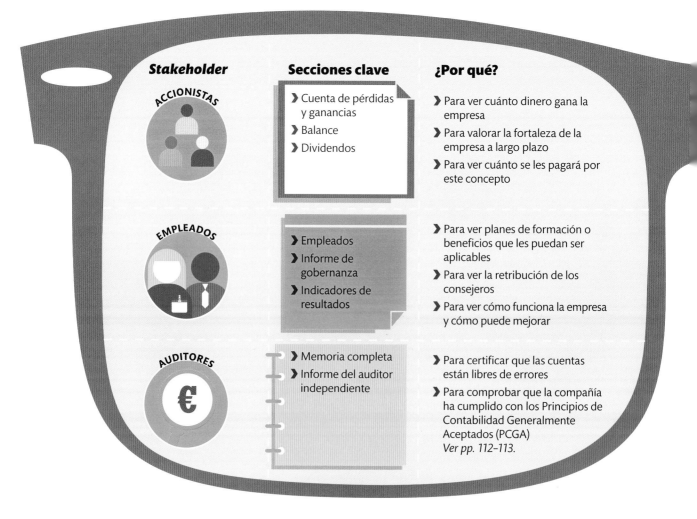

Stakeholder | **Secciones clave** | **¿Por qué?**

ACCIONISTAS
> Cuenta de pérdidas y ganancias
> Balance
> Dividendos

> Para ver cuánto dinero gana la empresa
> Para valorar la fortaleza de la empresa a largo plazo
> Para ver cuánto se les pagará por este concepto

EMPLEADOS
> Empleados
> Informe de gobernanza
> Indicadores de resultados

> Para ver planes de formación o beneficios que les puedan ser aplicables
> Para ver la retribución de los consejeros
> Para ver cómo funciona la empresa y cómo puede mejorar

AUDITORES
> Memoria completa
> Informe del auditor independiente

> Para certificar que las cuentas están libres de errores
> Para comprobar que la compañía ha cumplido con los Principios de Contabilidad Generalmente Aceptados (PCGA)
Ver pp. 112–113.

ESTADÍSTICAS EXPLICADAS

La memoria anual incluye a menudo estadísticas llamativas. Estos ejemplos son de la empresa británica Wessex Water:

6% de beneficio sobre capital tras impuestos

❯ Este porcentaje se calcula dividiendo los ingresos después de impuestos por el importe de la inversión. Es útil para mostrar a los accionistas el tipo de beneficios que pueden esperar de su inversión.

64% de apalancamiento

❯ En la mayor parte de sectores, el apalancamiento es la deuda de la empresa comparada con su valoración. En el sector del agua, se compara la deuda neta de la empresa con el valor de su capital regulatorio (valor del negocio que logra beneficio sobre inversión). El apalancamiento se expresa en porcentaje. *Ver pp. 174–175.*

Calificación A3/A-/BBB+

❯ La calificación crediticia estima la capacidad de una persona, empresa o Gobierno para devolver un préstamo. A3 y A- están en la franja inferior de una capacidad alta de afrontar los compromisos, mientras que BBB+ está en la franja superior de una capacidad adecuada.

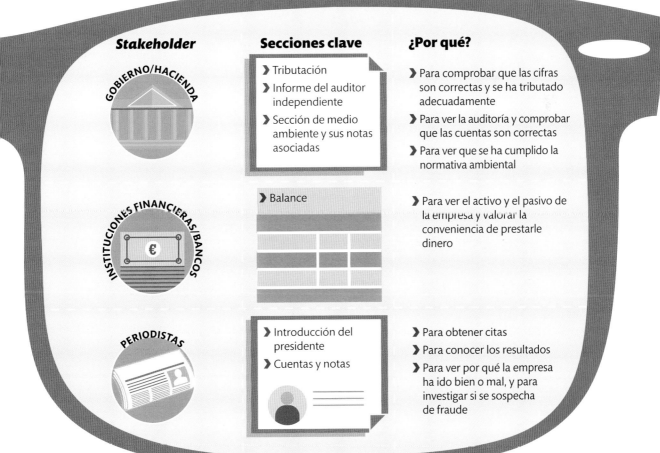

Stakeholder

GOBIERNO/HACIENDA

Secciones clave

❯ Tributación
❯ Informe del auditor independiente
❯ Sección de medio ambiente y sus notas asociadas

¿Por qué?

❯ Para comprobar que las cifras son correctas y se ha tributado adecuadamente
❯ Para ver la auditoría y comprobar que las cuentas son correctas
❯ Para ver que se ha cumplido la normativa ambiental

INSTITUCIONES FINANCIERAS/BANCOS

€

❯ Balance

❯ Para ver el activo y el pasivo de la empresa y valorar la conveniencia de prestarle dinero

PERIODISTAS

❯ Introducción del presidente
❯ Cuentas y notas

❯ Para obtener citas
❯ Para conocer los resultados
❯ Para ver por qué la empresa ha ido bien o mal, y para investigar si se sospecha de fraude

Contabilidad financiera

Las cuentas de una empresa clasifican, cuantifican y registran sus transacciones. Son extremadamente útiles para las personas que están fuera de la compañía, como los acreedores o potenciales inversores, así como para quienes adoptan decisiones de inversión. Por tal motivo, las cuentas deben ser concisas y prever claramente el calendario y la probabilidad de futuros flujos de caja, de manera que quienes siguen la empresa puedan decidir si han de invertir, prestar o hacer negocios con ella.

Elementos clave

La cuenta de pérdidas y ganancias, el balance y el informe de flujo de efectivo son los informes financieros más importantes de la memoria anual, además de las notas. Para entender estos documentos, es necesario conocer los principios contables, la depreciación, la amortización y el agotamiento. Los contables también deben comprender los requisitos legales que estos informes deben satisfacer y cómo las leyes ambientales afectan la empresa y sus cuentas.

Estándares contables

Los PCGA (principios contables estándares) normalizan la práctica en el mundo para lograr precisión y prevenir el fraude. *Ver pp. 112–113.*

> ❯ Los estándares Internacionales simplifican la contabilidad.

> ❯ Las empresas deben cumplir normas ambientales. *Ver pp. 122–123.*

Cuenta de pérdidas y ganancias

Indica cuánto gana la empresa, y es muy útil para inversores y grupos de interés. *Ver pp. 114–115.*

> ❯ Muestra ingresos y ganancias menos gastos y pérdidas o costes operativos.

> ❯ Informa a la empresa de si es necesaria una alerta de beneficios.

Balance

Muestra el valor que tiene la empresa en un determinado momento, y es una buena indicación de su salud a largo plazo. *Ver pp. 116–119.*

> ❯ Compara los activos de la empresa con su capital y su pasivo.

> ❯ Detalla los diferentes tipos de activos, incluidos los activos fijos y los corrientes.

74.000

millones de dólares fue el valor total de las pérdidas de los accionistas en el escándalo contable de Enron en 2001

AUDITORÍA

Las cuentas de las empresas cotizadas son revisadas por contables externos que comprueban que sean precisas y claras. Se trata de un requerimiento legal en la mayoría de países, para lograr la confianza de los mercados y la transparencia de las finanzas corporativas. Una empresa, además, puede tener sus propios procesos de auditoría interna, con lo que se comprueban sus cuentas antes de que estas pasen al auditor externo independiente.

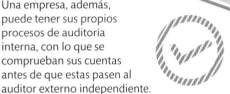

Informe de flujo de efectivo

Indica la liquidez de la empresa mediante el flujo de efectivo (dinero o inversiones a corto) que entra y sale de la empresa. *Ver pp. 120-121.*

❯ Muestra si la empresa es sostenible por sí misma, puede crecer y pagar deudas.

❯ Distingue entre el flujo operativo, el de inversión y el financiero.

Contabilidad ambiental

Trata de las múltiples normas ambientales que las empresas deben cumplir para mitigar el impacto de sus actividades. *Ver pp. 122-123.*

❯ Muestra las credenciales «verdes».

❯ Demuestra el cumplimiento de los criterios ambientales, sociales y de gobernanza.

Depreciación

Calcula la disminución en el tiempo del valor de los activos fijos tangibles a fin de repartir el coste durante su vida económica. *Ver pp. 124-127.*

❯ Se puede calcular usando distintos métodos.

❯ Los activos fijos tangibles incluyen edificios, plantas y maquinaria.

Amortización y agotamiento

Calcula la disminución en el tiempo de activos intangibles, préstamos y recursos naturales. *Ver pp. 128-129.*

❯ Activos intangibles incluyen patentes, marcas registradas, logos y *copyright*.

❯ Los recursos naturales incluyen minerales y bosques.

Normas internacionales de contabilidad

Con la globalización, las normas internacionales de contabilidad, los supuestos y los principios que permiten compartir datos contables a través de las fronteras son esenciales para preparar los estados financieros.

	SUPUESTO DE ENTIDAD ECONÓMICA	SUPUESTO DE UNIDAD MONETARIA	SUPUESTO DE EMPRESA EN FUNCIONAMIENTO	SUPUESTO DE PERIODOS CONTABLES	PRINCIPIO DE REVELACIÓN SUFICIENTE
Norma	Las transacciones de empresas propiedad de un grupo o persona se mantienen separadas de las transacciones hechas por otras empresas propiedad de ese grupo o persona.	La actividad económica internacional se expresa en términos monetarios, y se asume que todas las unidades son constantes y cuantificables y no están afectadas por la inflación o la deflación.	Las actividades financieras de una empresa continuarán indefinidamente.	Las distintas operaciones de una empresa se pueden dividir en periodos de tiempo arbitrarios.	Toda la información, pasada, presente o futura, que pudiera afectar el desempeño financiero de la empresa debe ser revelada, lo que suele hacerse en las notas de los estados financieros.
Ejemplo	Si un grupo es propietario de dos empresas, una que fabrica televisores y otra que vende teléfonos móviles, los estados financieros de cada empresa se mantienen separados.	La manufactura actual de raquetas de tenis se compara en términos financieros con la de hace 30 años sin tener en cuenta la inflación.	Las reservas de petróleo no se agotarán; el oro de una mina durará siempre; un fabricante de juguetes no cerrará nunca.	Las ventas de cepillos de dientes se pueden medir diaria, mensual, trimestralmente... cuando en realidad son continuas o están sujetas a variaciones impredecibles.	Si un importador de cocos sabe que un huracán ha dañado la cosecha de cocos del año siguiente, debe mencionarlo en sus estados financieros.
Propósito	Ayuda al grupo de empresas y a los inversores a comparar los estados financieros de cada empresa con los de su competencia.	Muestra el máximo posible de la empresa en los estados financieros, pues todo cuanto es propiedad de la empresa puede cuantificarse.	Ofrece un modelo para que las empresas consideren sus operaciones a largo plazo.	Hace más fácil el reporte financiero.	Proporciona información completa a los accionistas y a los potenciales inversores.
Pros y contras	✓ Muy beneficioso. ✗ Las empresas del mismo grupo que operan en distintos países deben demostrar que aplican precios de mercado en los cargos intragrupo.	✗ Por ejemplo, es difícil medir el valor monetario del trabajador más rápido de la planta de producción de raquetas. ✗ Es difícil comparar en el tiempo a causa de la inflación/deflación.	✗ No es aplicable a empresas que se encuentran en proceso de liquidación, pues asume que cualquier activo mantiene su valor original.	✓ A mayor frecuencia de medición de la actividad más fácil es identificar tendencias. ✗ Medir la actividad con frecuencia suele llevar más trabajo, y es más fácil cometer errores.	✗ Se pueden «enterrar» en las notas datos que disuadirían a los inversores o harían bajar el precio de las acciones. ✗ No todos los países tienen medios para descubrir esta práctica.

Normas contables

Cómo funcionan

Las Normas Internacionales de Información Financiera (NIIF, o IFRS en inglés) son el estándar más común de la contabilidad, y se usan en más de 110 países. Se introdujeron originalmente para armonizar la contabilidad en Europa, y con el tiempo se han extendido al resto del mundo. Las NIIF no deben confundirse con las Normas Internacionales de Contabilidad (NIC), vigentes entre 1973 y 2001, a las que sustituyeron. Los Principios de Contabilidad Generalmente Aceptados (PCGA), en cambio, son reglas específicas de cada país para el registro y la rendición de cuentas. Difieren, por tanto, de una jurisdicción a otra.

PRINCIPIO DE COSTE HISTÓRICO	PRINCIPIO DE CONGRUENCIA	PRINCIPIO DE DEVENGO	PRINCIPIO DE PRUDENCIA	PRINCIPIO DE MATERIALIDAD
En general, los activos y los pasivos deben valorarse al precio de adquisición (en países con una alta inflación o hiperinflación, se aplican otros principios, como el del valor razonable).	El periodo de tiempo en el que se registran los datos de gastos e ingresos debe coincidir.	En general, los ingresos deben registrarse en el momento en que: a) se entregan los bienes o los servicios; b) los activos pueden convertirse en efectivo; c) son debidos, y no cuando se reciben.	Si hay varias alternativas para registrar un elemento los contables deben elegir registrar el importe del ingreso o del aumento de activos más bajo.	Los contables pueden tomar la decisión profesional de no aplicar alguno de los otros principios.
Si una empresa compró una fábrica hace 50 años por 100.000 €, ese será el valor que deba consignarse hoy, incluso si el valor actual de mercado es muy superior.	Una tienda mide los costes en que ha incurrido y los ingresos obtenidos en el mismo periodo de tiempo, pues cuando las ventas son altas los costes suelen serlo también, pues necesita más *stock*.	Un fabricante de juguetes recibe un pedido para 500 juguetes en julio, los entrega en septiembre y cobra en diciembre. El ingreso se registra en septiembre, cuando se entregan los bienes.	Si la empresa se ve envuelta en un juicio, puede prever las pérdidas potenciales, más que las ganancias potenciales, en las notas de sus estados financieros.	Una refinería compra una pizarra por 100 € que podría durar 10 años. Según el principio de congruencia, debería repercutirla a razón de 10 € por año, pero el contable registra el total de una sola vez.
Asegura la uniformidad y evita la sobrevaloración de los activos, que fue una de las causas del Crac de 1929 en Wall Street.	Evita escalas de tiempo distintas, que podrían mostrar una imagen errática y distorsionada de los resultados financieros (por ejemplo, con ingresos altos en un periodo y costes altos en otro).	Corresponde al periodo de tiempo en el que se realiza el trabajo por el que se recibe el pago, como con el principio de congruencia.	Evita que las empresas sobrevaloren los ingresos que pueden tener en el futuro, lo que tendría el riesgo de presentar deudas si aquellos no se materializan.	Ahorra tiempo en transacciones pequeñas, casi insignificantes, cuando no hay riesgo de que se apliquen de forma fraudulenta o equívoca.
✖ Los activos, en especial los de tipo inmobiliario, adquiridos hace mucho tiempo muestran siempre un valor inferior al valor real que tienen en la actualidad.	✔ Ayuda a presentar las cuentas de manera que sean representativas.	✖ Los ingresos no siempre se reciben. ✔ Si hay dudas sobre la capacidad de pago del comprador, la empresa puede hacer una provisión por saldos de dudoso cobro.	✖ Requiere un cierto grado de objetividad por parte de los contables: en caso contrario, los informes financieros podrían llegar a resultar engañosos.	✔ Ahorra tiempo en contabilidad. ✔ Hace más fácil de leer la información; por ejemplo las cifras pueden redondearse al siguiente euro, millar o incluso millón.

Cuenta de pérdidas y ganancias

La cuenta de pérdidas y ganancias es un informe financiero que muestra todos los ingresos, costes y gastos que se han producido en la empresa durante un ejercicio.

Cómo funciona

El propósito de la cuenta de pérdidas y ganancias es mostrar la rentabilidad de una empresa durante un determinado periodo. Junto con el informe de flujo de efectivo y el balance, es el documento más importante de los estados financieros, pues muestra a los inversores cuán rentable es la empresa. La cuenta muestra habitualmente los ingresos y ganancias menos los gastos y las pérdidas derivadas de las actividades de la empresa y de la venta y la compra de activos. Por ley, las sociedades mercantiles deben presentar cuentas anuales; no así los autónomos ni las sociedades civiles.

Cómo leer una cuenta de pérdidas y ganancias

La cuenta de pérdidas y ganancias ilustra el desempeño financiero de una empresa en un mes, trimestre o año concretos. Sus datos básicos son las cifras de ingresos y de resultado operativo. Si los resultados van a ser inferiores a los esperados, la empresa puede lanzar un *profit warning* (un aviso de que los resultados no se alcanzarán) antes de publicarla.

Caso de estudio: cuenta de pérdidas y ganancias

Esta cuenta está tomada de la memoria anual de 2013 de Wessex Water, una empresa de suministros británica, y muestra que está consiguiendo buenos beneficios.

	Año 2013 M£	Año 2012 M£
Facturación	**492,1**	**467,5**
Costes operativos	(268,1)	(248,5)
Resultado operativo	**224,0**	**219,0**
Intereses a pagar y cargos similares	(86,9)	(81,7)
Intereses a cobrar	2,9	1,2
Otros costes financieros	(1,5)	(1,0)
Resultado en actividades ordinarias antes de impuestos	**138,5**	**137,5**
Impuestos sobre resultados en las actividades ordinarias	(30,6)	(44,3)
Resultado atribuible a los accionistas	**107,9**	**93,2**

Cantidad de dinero obtenida por la empresa durante un cierto tiempo; en este caso, hubo un aumento del 5,3 % en la facturación del año

Beneficio obtenido de las operaciones principales de la empresa tras deducir los gastos pero antes de pagar impuestos; no incluye los ingresos procedentes de inversiones

Beneficio antes de impuestos, una vez imputados todos los gastos a excepción de pagos extraordinarios

Proporción de los beneficios que pueden pagarse a los accionistas de la empresa en forma de dividendos

Las cifras entre paréntesis representan números negativos.

GASTOS TÍPICOS

Nómina
Salarios pagados al personal, trabajadores temporales y mano de obra indirecta

Suministros
Agua, electricidad y gas; servicios postales; transporte

Seguros
Seguros de activos fijos y seguros de responsabilidad personal para los empleados

Teléfono e internet
Coste de teléfono, conexión a internet y dispositivos móviles usados por los empleados

Publicidad
Comercialización y marketing de la empresa y de sus productos

Material de oficina
Bolígrafos, papel, archivadores, impresoras, mobiliarios, iluminación

Honorarios legales y profesionales
Honorarios correspondientes a contables y asesores legales

Intereses de préstamos
Intereses pagados por capital recibido en préstamo, que se imputa como un gasto

Impuestos
Varían según la legislación, e incluyen impuestos sobre las nóminas e impuesto de sociedades

Celebraciones
Costes legítimos de celebraciones empresariales, sujetos a ciertos criterios

Caso de estudio: costes operativos
Esta tabla desglosa con mayor detalle los costes operativos de la empresa. Es importante leer las notas relativas a la depreciación y a los costes y ganancias extraordinarios.

Costes de personal, incluidos el salario base, pensiones, horas extras, formación y bajas de maternidad

Pérdida gradual en el valor de un activo, a consecuencia de factores como el desgaste o las condiciones del mercado

Disminución de valor en el tiempo de activos intangibles o préstamos

Pérdida/ganancia al vender activos fijos

Costes de alquiler de edificios y maquinaria

Investigación y desarrollo realizada para mejorar la fiabilidad y efectividad de los servicios

Remuneración de los consejeros, incluidos el salario base y beneficios, pensiones, coche y seguros médicos, opciones sobre acciones y bonus

	Año 2013 M£	Año 2012 M£
Costes de personal	**51,7**	**45,3**
Materiales y consumibles	29,1	26,7
Otros costes operativos	67,6	63,8
Depreciación	**120,3**	**114.0**
Amortización de subvenciones y contribuciones	(0,8)	(0,8)
Pérdida/(ganancia) en enajenación de activos fijos	**0,2**	**(0,5)**
	268,1	**248,5**
Alquileres de instalaciones y maquinaria	**1,5**	**1,2**
Investigación y desarrollo	**0,1**	**0,1**
Remuneración de los consejeros	**2,1**	**1,8**
Honorarios pagados al auditor	0,2	0,2

Las cifras entre paréntesis representan números negativos.

El balance

El balance es el documento que muestra el valor de una empresa en un momento determinado. Su propósito principal es mostrar el activo, el pasivo y el patrimonio, más que los resultados.

Cómo funciona

El balance muestra básicamente lo que la empresa tiene y lo que debe, y qué parte de ello está invertida. Se basa en la fórmula contable, llamada también ecuación de balance, que está en la base de la contabilidad de partida doble. Esta muestra la relación entre activo, pasivo y patrimonio: lo que la empresa tiene (activos), se ha adquirido o bien a través de préstamos (pasivo) o mediante inversión (capital o patrimonio). La ecuación se equilibra siempre, pues todo aquello propiedad de la empresa se ha comprado con fondos de los propietarios o con dinero prestado.

DEBES SABER

❯ **Ingresos diferidos** Ingresos que una empresa recibirá por bienes o servicios que aún no ha entregado o prestado. Hasta que no se haya recibido el ingreso, este se registra en el balance como un pasivo

La ecuación de balance

Como su nombre indica, el balance debe estar siempre equilibrado. Todo lo que la empresa tiene (sus activos) debe compensarse con el capital equivalente (o valor accionarial) y pasivos (deuda).

La empresa no tiene pasivos

Una nueva empresa, por ejemplo, puede tener activos por valor de **1.000 €**. No tiene pasivos, así que su capital equivale a sus activos, es decir, el importe que los accionistas han invertido en ella. Si usamos la fórmula contable, la ecuación se vería así:

ACTIVO 1.000 € = PASIVO 0 € + CAPITAL 1.000 €

La empresa incurre en pasivos por valor de 400 €

Tras gastar **400 €** en, por ejemplo, un rótulo luminoso para el escaparate, el propietario incurre en un pasivo por valor de **400 €**, con lo que la fórmula cambia. Sin embargo, como el rótulo tiene un valor de **400 €** y al propietario le quedan **600 €**, la ecuación continúa equilibrada, como ocurre siempre.

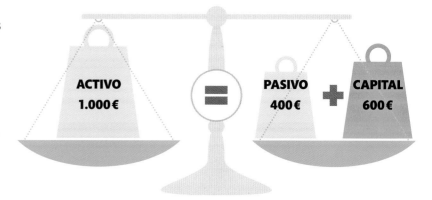

ACTIVO 1.000 € = PASIVO 400 € + CAPITAL 600 €

Caso de estudio: el balance

Este ejemplo, tomado de Wessex Water, empresa británica de suministros, muestra en la práctica cómo funciona el balance.

Los **activos fijos** (o activos no corrientes) no son fácilmente convertibles en dinero y suelen durar más de un año. Son tangibles, como los terrenos, o intangibles, como un logotipo

Los **activos corrientes** son activos que duran un año o menos y pueden ser fácilmente convertidos en dinero. El dinero, equivalentes del dinero y los *stocks* son los más habituales

Los **acreedores** son personas u organizaciones a los que la empresa debe dinero. Aquí, el dinero debe pagarse en el ejercicio en curso

Los **activos corrientes netos** son los activos corrientes tras deducir el importe a pagar a los acreedores en un año

El **total de activos menos pasivos corrientes** es la suma de los activos fijos y corrientes netos menos el pasivo que vence en el ejercicio

El **pasivo que vence** en más de un año corresponde a los importes debidos a acreedores, que se deduce del total de activos fijos y corrientes netos

Los **activos netos** son lo que queda una vez deducidos los pasivos de los activos fijos y corrientes netos

Los **fondos de los accionistas** son el capital restante, que se puede reinvertir en la empresa o pagarse como dividendo anual

ACTIVOS, PASIVOS Y PATRIMONIO	Año 2013 M£	Año 2012 M£
Activos fijos		
Activos tangibles	**2.167,1**	**2.069,2**
Inversiones	–	–
Activos corrientes		
Stock y trabajo en proceso	7,0	6,3
Deudores	162,6	153,9
Efectivo en caja y en cuentas bancarias	181,0	211,0
	350,6	371,2
Acreedores - importes que vencen en el plazo de un año	(198,8)	(171,7)
Activos corrientes netos	**151,8**	**199,5**
Total de activos menos pasivos corrientes	**2.318,9**	**2.268,7**
Acreedores – importes que vencen más tarde que en un año	(1.891,5)	(1.811,9)
Provisiones por pasivos y cargos	(114,9)	(115,3)
Obligaciones por beneficios de jubilación	(93,1)	(83,0)
Ingresos diferidos	(17,2)	(17,9)
Activos netos	**202,2**	**240,6**
Capital y reservas		
Acciones suscritas pero aún no hechas efectivas	81,3	81,3
Cuenta de pérdidas y ganancias	120,9	159,3
Fondos de los accionistas	**202,2**	**240,6**

SÍMBOLOS PARA DÉBITOS Y CRÉDITOS
Los contables usan diferentes términos y símbolos para indicar los débitos y los créditos. Algunos usan «Dr» para débitos y «Cr» para créditos, y otros usan «+» para débitos y «−» para créditos. En este balance, los paréntesis indican los créditos (números negativos).

Entender las notas

El balance es indicativo de la salud de una empresa, y es importante que los inversores sepan cómo analizarlo. Puede leerse de dos maneras: «de un vistazo», como en la página anterior, en el que la información se encuentra resumida, o en profundidad, con datos más detallados sobre cada elemento.

Incluidas tras el resumen, las notas detalladas al balance explican el funcionamiento financiero específico de la empresa. Muestran exactamente dónde se ha ganado o perdido dinero, en cifras y a menudo mediante comentarios escritos relativos a elementos que pueden afectar a la compañía, como pleitos, contratación de personal o disponibilidad de recursos.

Notas al balance

Los inversores pueden querer saber más sobre las cifras del resumen, por lo que notas adicionales y tablas dan un desglose detallado de las cifras.

Caso de estudio: activos tangibles fijos

Esta tabla presenta detalles de los activos tangibles fijos de Wessex Water (los activos a largo plazo son difíciles de convertir en efectivo).

Los **activos tangible fijos** incluyen terrenos y maquinaria

Las **adiciones** son nuevos activos tangibles fijos que la empresa ha adquirido

Las **disposiciones** son cualquier activo tangible fijo que la empresa ha vendido en este ejercicio

El **valor total** de los activos fijos de la empresa se indica por categorías y en total

La **depreciación** es la disminución de valor de los activos con el tiempo

El **valor** de depreciación de activos se indica por categoría y en total

El **valor contable neto** de un activo es su coste inicial menos la depreciación hasta la fecha

El **valor combinado** de los activos fijos de la empresa, por categorías y en total, se indica también

	PROPIEDAD DE TERRENOS Y EDIFICIOS	ACTIVOS DE INFRAESTRUCTURA	PLANTA, MÁQUINAS Y VEHÍCULOS	OTROS ACTIVOS
	M£	M£	M£	M£
Coste				
A 1 de abril de 2012	676,3	1.229,7	1.204,6	105,0
Adiciones	9,5	67,8	49,1	2,3
Transferencias por encargos	13,7	11,2	42,2	2,8
Disposiciones	(0,2)	–	(13,1)	(0,5)
Premios y subvenciones	–	(5,0)	–	–
A 31 de marzo de 2013	**699,3**	**1.303,7**	**1.282,8**	**109,6**
Depreciación				
A 1 de abril de 2012	211,3	435,5	558,8	34,0
Cargo del ejercicio	13,7	43,2	56,8	6,6
Disposiciones	(0,1)	–	(11,5)	(0,5)
A 31 de marzo de 2013	**224,9**	**478,7**	**604,1**	**40,1**
Valor contable neto				
A 31 de marzo de 2013	**474,4**	**825,0**	**678,7**	**69,5**
A 1 de abril de 2012	465,0	794,2	645,8	71,0

Caso de estudio: deudores

Los deudores son personas o entidades que deben dinero a la empresa. Wessex Water tiene cuatro tipos de deudores.

Personas o entidades que venden activos a crédito a terceros; el pago se recibe en fecha posterior

Prepago de servicios que se recibirán en el futuro por los que la empresa ha satisfecho ya cantidades, **ingresos devengados** que se espera recibir en el futuro

	2013 M£	2012 M£
● Deudores comerciales	48,9	48,1
Deuda de empresas del grupo	31,8	35,0
● Prepagos e ingresos devengados	70,3	62,1
Otros deudores	11,6	8,7
	162,6	**153,9**

Caso de estudio: acreedores

Los acreedores son personas o entidades a los que la empresa debe dinero.

Dinero debido al banco

Personas o entidades a las que se debe dinero por el suministro de materias primas o componentes

Dinero debido a empresas propiedad del mismo grupo

Pago a los accionistas

Impuestos y beneficios de los empleados

Notas relativas a los acreedores

	2013 M£	2012 M£
● Sobregiro bancario	21,8	18,6
Préstamos intraempresas	-	1,3
Obligaciones por *leasings* financieros	7,0	6,3
● Acreedores comerciales	4,3	3,1
● Importes debidos a empresas filiales	18,9	14,2
● Importes debidos a otras empresas del grupo	0,6	0,6
● Importes debidos a una empresa asociada	0,7	0,2
● Dividendos	23,3	21,7
Otros acreedores	2,4	2,0
Impuesto de sociedades	16,7	9,2
● Impuestos y seguridad social	1,9	1,7
Devengos e ingresos diferidos	101,2	92,8
	198,8	**171,7**

● El préstamo intraempresa se debía a la compañía del grupo SC Technology GmbH y ha sido ya satisfecho.

PAGOS EN CUENTA Y ACTIVOS EN PROCESO DE CONSTRUCCIÓN M£	TOTAL M£
93,2	3.308,8
96,2	224,9
(69,9)	–
–	(13,8)
–	(5,0)
119,5	**3.514,9**
–	1.239,6
–	120,3
–	(12,1)
–	**1.347,8**
119,5	**2.167,1**
93,2	2.069,2

Estado de flujo de efectivo

El informe de flujo de efectivo muestra el movimiento de dinero durante el último ejercicio. Es importante porque presenta la liquidez de la empresa, es decir, si entra más dinero del que sale de ella.

Cómo leer un informe de flujo de efectivo

El informe de flujo de efectivo responde a la pregunta clave sobre si una empresa recauda suficiente dinero para sostenerse y disponer de un excedente que le permita crecer en el futuro, pagar las deudas que pueda tener y dar dividendos. Las cifras entre paréntesis son negativas.

Caso de estudio: informe de flujo de efectivo

Analizando el informe de esta empresa de suministro de agua, que incluye una comparación con el año anterior, sus responsables pueden tomar decisiones.

Del **resultado antes de impuestos**, se deducen los ingresos no efectivos y los gastos para obtener el flujo neto de efectivo de la actividad operativa

El **rendimiento sobre la inversión** en este caso es el total de intereses recibidos menos el total de los pagados, incluidos los de arrendamientos financieros

Impuestos es la suma de impuestos pagados y devoluciones recibidas

Los **gastos de capital** e inversión financiera son aquí la suma de la venta de activos tangibles y costes asociados, subvenciones e ingresos diferidos

Los **dividendos** son los importes pagados a los accionistas anualmente

Esta es la suma de las cifras anteriores

La **financiación** indica cuánto dinero ha ganado o perdido de préstamos, arrendamientos financieros y bonos

Esta es la diferencia respecto de las cifras del ejercicio anterior, y el total de las dos cifras de las líneas previas

Una empresa de suministro se puede permitir operar con más deuda que empresas con una base menos estable

	Ejercicio a 31/03/2013 M£	Ejercicio a 31/03/2012 M£
Flujo de efectivo neto de las actividades de explotación	334,6	303,2
Rendimiento sobre la inversión y coste de las finanzas	(80,0)	(79,2)
Impuestos	(21,8)	(31,5)
Gastos de capital e inversión financiera	(215,4)	(149,7)
Dividendos pagados	(129,6)	(129,4)
Salida de efectivo antes de inversiones financieras	(112,2)	(86,6)
Financiación	79,0	222,2
(Disminución)/aumento de efectivo	(33,2)	135,6
Conciliación de movimiento de efectivo con movimiento de deuda neta		
(Disminución)/aumento de dinero en efectivo	(33,2)	135,6
Movimiento en préstamos y arrendamientos	(79,0)	(222,2)
Movimiento de la deuda neta	**(112,2)**	**(86,6)**
Deuda neta inicial	**(1.626,1)**	**(1.539,5)**
Deuda neta final	**(1.738,3)**	**(1.626,1)**

Cómo funciona

El informe de flujo de efectivo suele ser más útil para los inversores para valorar la salud de una empresa que el resto de estados financieros, pues muestra cómo se desarrolla la actividad principal. Así, la cuenta de pérdidas y ganancias es menos clara, al incluir datos que no son de efectivo, como la depreciación; y el balance se ocupa más de activos que de liquidez.

Tres tipos de flujo de efectivo

El efectivo se refiere al dinero en sí y también a equivalentes de dinero, como cuentas bancarias, descubiertos bancarios o inversiones de alta liquidez a corto plazo que presentan bajo riesgo de cambio de valor. No incluye intereses, depreciación ni deudas incobrables.

Flujo de efectivo de las actividades de explotación

El grueso del flujo de efectivo viene habitualmente de las actividades de explotación (u operaciones), y se calcula con una fórmula. En cambio en el capital circulante (activos corrientes menos pasivos corrientes) puede ser una cifra negativa.

$$\left(\text{FACTURACIÓN} - \text{COSTE DE VENTAS} \right) - \text{IMPUESTOS} + \text{DEPRECIACIÓN} + \text{CAMBIOS EN EL CAPITAL CIRCULANTE} = \text{FLUJO DE EFECTIVO DE ACTIVIDADES DE EXPLOTACIÓN}$$

El flujo de efectivo de las actividades de explotación en la práctica

En este ejemplo, una empresa de zumos vende zumo de naranja por valor de 100 € tras gastar 20 € en naranjas. Paga impuestos del 25 % de su beneficio de 80 €. Su máquina de zumo tiene un gasto de depreciación de 20 € en el ejercicio (un ajuste positivo de la previsión inicial). No hay cambio en el capital circulante (activos a corto para cubrir deudas a corto).

Flujo de efectivo de actividades de inversión

La compra/venta de activos o inversión están en esta categoría. Suele ser salida de efectivo (negativa) a causa de más compra que venta, pero puede ser positiva si hay ventas significativas.

Flujo de efectivo de actividades financieras

Compra o venta de acciones, o pago de deuda o dividendos. El dinero de ventas se llama simplemente flujo de efectivo, y el dedicado a las compras, salidas de efectivo.

Flujo de efectivo total

La suma de los tres tipos de flujo de efectivo da el total. Al separarlos, puede valorarse bien la salud de las actividades de explotación propias de la empresa, pues finanzas e inversiones guardan poca relación con el día a día de las operaciones.

Contabilidad medioambiental

La normativa medioambiental obliga a las empresas a considerar el impacto de sus actividades y a adoptar la responsabilidad social corporativa (RSC) para afrontar el cambio climático y la opinión pública.

Cómo funciona

Hay en el mundo un sinfín de normas sobre medio ambiente que afectan de formas diversas a las empresas que operan en los distintos países. Algunas áreas protegidas por la normativa medioambiental son la atmósfera, el agua, el medio marino, la conservación de la naturaleza, la seguridad nuclear o la contaminación acústica. Las normas internacionales deben ratificarse en cada país antes de entrar en vigor. Un ejemplo del esfuerzo global para reducir la emisión de gases de efecto invernadero es el mercado de emisiones, en el que las empresas deben adquirir un permiso por cada tonelada de CO_2 que emiten por encima de cierto nivel. En cambio, las compañías que emiten por debajo de lo permitido pueden vender sus cuotas a otras empresas.

Credenciales medioambientales

La mayoría de empresas incluyen una sección de contabilidad medioambiental en sus estados financieros. Algunos aspectos los requiere la normativa, pero esta sección da una oportunidad de mostrar las credenciales medioambientales de la empresa a los grupos de interés.

Sociales
> **Programas y prácticas** que evalúan y gestionan el impacto de las operaciones en las comunidades
> **Multas y sanciones** por incumplimiento de la normativa

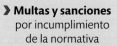

Responsabilidad de producto
> **Etapas del ciclo de vida** de productos y servicios en los que se evalúa el impacto en la salud y la seguridad para mejorarlas
> **Cumplimiento de las leyes**, estándares y códigos voluntarios relativos a las comunicaciones de marketing

CASO DE ESTUDIO

Limpieza de los ríos

La destacada trayectoria de Wessex Water en relación con la lucha contra la contaminación se menciona varias veces en su memoria anual, incluso en la introducción del presidente. Ello muestra que la empresa considera que actuar con conciencia medioambiental es importante para sus inversores. La empresa ilustra distintas áreas en las que ha colaborado con terceros en pro del medio ambiente:

> Colaboración con la entidad Surfers Against Sewage, que trabaja por mantener limpios los mares
> Colaboración con grupos de presión y organizaciones para reducir contaminantes y su impacto en los hábitats, a fin de aumentar el número de plantas acuáticas, invertebrados y peces en los ríos locales
> Mejora de la calidad de las aguas de las playas de la región, en cumplimiento de la normativa

EMISIONES DE GASES DE EFECTO INVERNADERO

En algunos países, las empresas están obligadas por ley a ofrecer detalles de sus emisiones de gases de efecto invernadero. Esto suele presentarse en una tabla en la sección de contabilidad medioambiental de la memoria anual. Incluye las emisiones directas y las indirectas –por la empresa o terceros– derivadas del consumo de gasolina, gasóleo y otros combustibles, de óxidos nitroso y sulfuroso, de metano y de otras sustancias que afectan la capa de ozono. En esta tabla, de la empresa de aguas Wessex Water, las emisiones se indican en miles de toneladas de CO_2 equivalente.

Origen de las emisiones	Uso de carburante	Suministro eléctrico	Terceros	Total 2012-2013	Total 2011-2012
Gasolina, gasóleo, otros	6	0	4	10	8
Electricidad	0	115	0	115	107
Transporte	9	0	1	10	11
Metano	17	0	2	19	20
Óxido nitroso	10	0	7	17	19
Renovables	0	(3)	0	(3)	(4)
TOTAL (emisión neta)	42	112	14	168	161

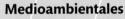

Económicas
❯ **Implicaciones financieras**, riesgos y oportunidades para las actividades de la empresa a causa del cambio climático
❯ **Asistencia financiera** recibida del Gobierno

Derechos humanos
❯ **Acuerdos de inversión** que incluyen cláusulas de derechos humanos o que implican un seguimiento en materia de derechos humanos
❯ **Proveedores y contratistas** que se han sometido a seguimiento en materia de derechos humanos; acciones adoptadas ante incidencias

Prácticas laborales
❯ **Plantilla** por tipo de empleo, contrato y región
❯ **Media de horas de formación** por año, por empleado y por categoría
❯ **Ratio del salario base** entre hombres y mujeres por categorías

Medioambientales
❯ **Consumo energético** directo e indirecto
❯ **Desechos** y métodos de tratamiento
❯ **Captación de agua** por origen; vertido por destino y calidad
❯ **Multas y sanciones** por incumplimiento de la normativa

Depreciación

Cuando una empresa compra un activo, su coste se deduce de los ingresos a efectos contables y fiscales. Con la depreciación, se puede repartir el coste en el tiempo, calculando su disminución progresiva de valor.

Cómo funciona

Si una empresa compra activos de larga duración, como vehículos, maquinaria o equipamiento, que le sirven para generar ingresos, el gasto puede imputarse como coste contra los ingresos obtenidos. Pero no todos los ingresos se generarán en el ejercicio de la compra, y además, con el tiempo, dicho activo irá perdiendo valor hasta quedar obsoleto o inútil.

Los contables hacen dos cosas para convertir ese valor menguante en una ventaja fiscal. En primer lugar, analizan cuánto valor pierde el activo en un periodo de tiempo, típicamente un año. En segundo lugar, deducen esa pérdida de valor de los ingresos obtenidos en ese periodo, con lo que la depreciación se convierte en una deducción de los ingresos tributables.

Hay distintas formas de calcular la depreciación. El método que las empresas usan depende del tipo de negocio, tipo de activo, normas fiscales o preferencias personales. En España, la ley del impuesto de sociedades incluye una tabla de amortización que indica el coeficiente lineal máximo de amortización y el número máximo de años en que puede aplicarse.

DEBES SABER

❯ **Activos fijos tangibles** Elementos que permiten a una empresa operar pero que no entran en la venta y que duran un año o más admiten que se aplique depreciación

❯ **Vida útil/económica** Tiempo en el que un activo es adecuado para su propósito y tiene valor monetario

❯ **Valor residual** Valor de un activo una vez terminada su vida útil, que suele fijar la autoridad fiscal

❯ **Valor contable** El valor de un activo en cualquier momento entre su compra y su obsolescencia

Cálculo de la depreciación

El método de la línea recta es la forma más sencilla de calcular la depreciación y puede aplicarse a la mayor parte de activos: se reparte la pérdida de valor de manera paulatina durante la vida útil del activo. El valor residual se deduce del de compra y el importe restante se distribuye en partes iguales en el tiempo.

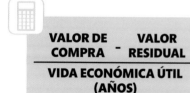

$$\frac{\text{VALOR DE COMPRA} - \text{VALOR RESIDUAL}}{\text{VIDA ECONÓMICA ÚTIL (AÑOS)}} = \text{DEPRECIACIÓN ANUAL (€)}$$

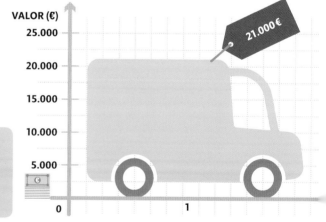

VALOR (€)

25.000

20.000

15.000

10.000

5.000

21.000 €

0   1

Ejemplo

Una empresa de jardinería compra una nueva furgoneta por 25.000 €. Hacienda marca su valor residual en 5.000 € tras cinco años de uso.

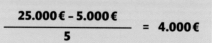

$$\frac{25.000\,€ - 5.000\,€}{5} = 4.000\,€$$

Año 1 Tras un año, el valor de la furgoneta se ha depreciado en 4.000 € (el valor de compra menos el valor residual, dividido por su vida económica útil). Su valor es ahora de 21.000 €.

VIDA TÍPICA DE LOS ACTIVOS FIJOS

Las autoridades fiscales a menudo especifican la vida típica útil (económica) de determinados activos. Ello ayuda a estandarizar la depreciación y eliminar la incertidumbre sobre el valor y tiempo en los que un activo puede depreciarse.

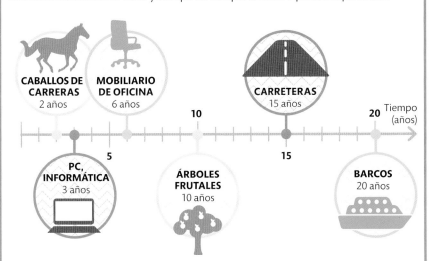

CABALLOS DE CARRERAS
2 años

MOBILIARIO DE OFICINA
6 años

CARRETERAS
15 años

Tiempo (años)

PC, INFORMÁTICA
3 años

ÁRBOLES FRUTALES
10 años

BARCOS
20 años

El **60%** es el valor que pierde un coche pasados tres años

17.000 €

13.000 €

9.000 €

5.000 €

TIEMPO (AÑOS)

Año 2 Tras el segundo año, el valor se ha depreciado en otros 4.000 €. La furgoneta perderá un importe idéntico de su valor cada año durante los próximos tres de su vida económica útil.

Año 3 Al final del tercer año, la furgoneta se ha depreciado en otros 4.000 €, y su valor contable es de 13.000 €, aunque su valor real puede ser más o menos.

Año 4 La furgoneta se ha depreciado en otros 4.000 € hasta 9.000 € tras cuatro años de vida.

Año 5 Al final del quinto año, la furgoneta está valorada solo en 5.000 €, su valor residual.

Aplicar la depreciación

Al calcular la depreciación, hay algunos factores que deben considerarse. Por ejemplo, la empresa debe poder predecir el número de años que durará un activo. Afortunadamente, las autoridades fiscales de muchos países publican indicaciones para contables y empresas con la estimación de la vida económica útil de muchos de los activos empresariales frecuentes.

Las empresas pueden también valorar cuál de los diversos métodos de cálculo de la depreciación deben usar para un determinado activo. Cada método aplica una pauta distinta, y los hay más adecuados

para ciertos tipos de activos. Por ejemplo, los métodos «acelerados» que prevén una rápida depreciación al inicio de la vida del activo son más apropiados para la tecnología, mientras que los métodos de «actividad», que relacionan la depreciación con el número efectivo de horas de uso o de unidades producidas son más aptos para transporte y líneas de producción.

También aquí, las autoridades fiscales de la mayoría de países ofrecen pautas sobre qué método usar. Si bien es técnicamente posible para una empresa emplear dos métodos diferentes a efectos contables y fiscales, esta es una práctica que es mejor evitar.

ATENCIÓN

Mal uso de la depreciación

❯ **El método incorrecto** La empresa debe usar un método permisible para un tipo de activo

❯ **Depreciación acelerada** Un método acelerado dará beneficios fiscales si el activo se vende pronto por más que su valor contable

❯ **Alargar la vida útil** No puede aplicarse la depreciación cuando ha terminado la vida útil del activo

❯ **Ignorar la depreciación** Si una empresa no aplica la depreciación, debe reportar ganancia en ventas, pese a la pérdida de deducciones

Otros métodos de depreciación

Hay muchos métodos diferentes de calcular la depreciación. Algunos de ellos se ven beneficiados por ciertos regímenes fiscales, mientras que otros se aplican a algunos sectores y tipos de activos en razón de sus pautas de pérdida de valor.

Doble cuota sobre el valor contable

Este método se usa para tener una depreciación mayor los primeros años después de la compra, lo que resulta útil en activos que pierden la mayor parte de su valor muy pronto. Reduce el ingreso neto de la empresa en los primeros años de vida del activo pero genera ahorros fiscales iniciales.

$$\left(\frac{\text{VALOR DE COMPRA} - \text{VALOR RESIDUAL}}{\text{VIDA ECONÓMICA ÚTIL (AÑOS)}}\right) \times 2 = \text{DEPRECIACIÓN ANUAL (\%)}$$

Cuándo usarlo Este método acelerado puede usarse en activos que pierden pronto valor, como un ordenador o un vehículo de reparto.

Suma de los dígitos de los años

Se divide la vida útil restante por la suma de los dígitos de los años de la vida útil, lo que da un porcentaje del valor de depreciación, que se aplica a la diferencia entre el valor de compra y el residual. Si la vida útil del activo son 5 años, la suma de dígitos de los años es 15 (5 + 4 + 3 + 2 + 1). El año 1, pierde un 33 % (5 ÷ 15); el año 2, un 27 % (4 ÷ 15); y así sucesivamente.

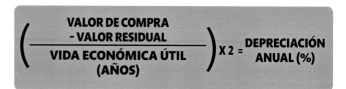

$$(\text{VALOR DE COMPRA} - \text{VALOR RESIDUAL}) \times \left(\frac{\text{VIDA ÚTIL RESTANTE}}{\text{SUMA DE DÍGITOS DE AÑOS}}\right) = \text{DEPRECIACIÓN ANUAL (\%)}$$

Cuándo usarlo Se trata de otro método acelerado, que puede usarse también para vehículos, que pierden su valor al principio.

LA DEPRECIACIÓN EN EL BALANCE

Las cuentas deben enumerar todos los activos que tiene la empresa, incluidos los activos fijos como las propiedades y la maquinaria. La depreciación acumulada de estos activos en el conjunto del ejercicio se deduce de su valor a principio de ejercicio para obtener el total a fin de ejercicio. Sin una cifra de depreciación, las cuentas podrían dar una imagen falsa de las finanzas de la empresa. Los activos aparecerían según su valor de coste original, que podría muy bien superar su valor real.

Los **activos fijos** se muestran separados de los corrientes

La **depreciación** de los activos fijos se deduce

Los **activos totales** se calculan una vez deducida la depreciación

Puede compararse el total con el del año anterior

NOMBRE DE LA EMPRESA		BALANCE
Activos	**€**	**€**
Activos corrientes:	**2013**	**2014**
Efectivo	17.467,00	8.023,00
Inversiones	4.853,00	3.367,00
Inventario	1.056,00	2.138,00
Cuentas a cobrar	2.165,00	3.600,00
Gastos pagados anticipadamente	3.000,00	3.000,00
Otros	860,00	976,00
Total de activos corrientes	**29.401,00**	**21.104,00**
Activos fijos:	**2013**	**2014**
Propiedades y equipamiento	64.553,00	58.219,00
Mejoras en instalaciones alquiladas	4.780,00	2.679,00
Capital y otras inversiones	3.789,00	4.587,00
Menos depreciación acumulada	5.625,00	4.171,00
Total de activos fijos	**67.497,00**	**61.314,00**
Otros activos:	**2013**	**2014**
Fondo de comercio	1.577,00	1.650,00
Total de otros activos	**1.577,00**	**1.650,00**
Total de activos	**98.475,00**	**84.068,00**

Unidades producidas

Cuando una empresa usa un activo para producir un número cuantificable de unidades, como por ejemplo las páginas impresas por una fotocopiadora, puede aplicar la depreciación por este método, que calcula la depreciación sobre el número de unidades que el activo produce en un año.

$$(\text{VALOR DE COMPRA} - \text{VALOR RESIDUAL}) \times \left(\frac{\text{UNIDADES PRODUCIDAS/AÑO}}{\text{PRODUCCIÓN TOTAL}} \right) = \begin{array}{c}\text{DEPRECIACIÓN} \\ \text{(POR UNIDAD)}\end{array}$$

Cuándo usarlo Este método suele usarse en fábricas para calcular la depreciación de máquinas que producen por unidades.

Horas de servicio

Con este método, la disminución de valor se mide con arreglo al número real de horas de uso del activo. Para ello, la empresa mide las horas anuales de uso como un porcentaje de las totales de la vida del activo. Es especialmente útil para el sector del transporte.

$$(\text{VALOR DE COMPRA} - \text{VALOR RESIDUAL}) \times \left(\frac{\text{HORAS DE USO POR AÑO}}{\text{HORAS TOTALES}} \right) = \begin{array}{c}\text{DEPRECIACIÓN} \\ \text{(POR HORA)}\end{array}$$

Cuándo usarlo Este método se puede usar para hacer coincidir las horas de vuelo de un avión con los ingresos generados por su uso.

Amortización y agotamiento

La amortización y el agotamiento son conceptos bastante similares a la depreciación que se utilizan para mostrar cómo se usan los activos intangibles y los recursos naturales respectivamente.

Cómo funcionan

La amortización muestra cómo el coste de adquisición de un activo intangible, como los derechos de autor, se reparten en un periodo de tiempo, habitualmente su vida útil. Se incluye como una reducción del valor del activo intangible en el balance y como un gasto en el estado de ingresos. En préstamos, la amortización indica el pago de deuda a lo largo del tiempo. El agotamiento muestra la extinción de recursos naturales como minas de carbón, bosques, o gas natural.

Cómo se calcula la amortización

Hay dos tipos de amortización, uno para repartir el coste de un activo intangible, y el otro para la devolución de un préstamo. Ambos se calculan de manera similar, pero las cuotas de un préstamo se calculan como porcentaje.

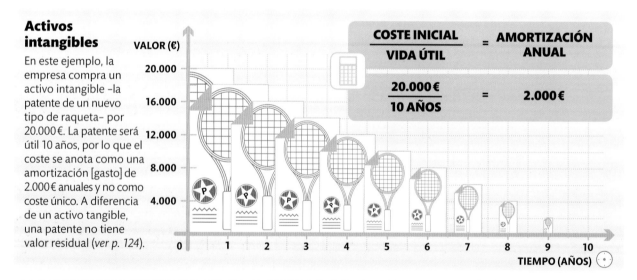

Activos intangibles

En este ejemplo, la empresa compra un activo intangible –la patente de un nuevo tipo de raqueta– por 20.000 €. La patente será útil 10 años, por lo que el coste se anota como una amortización [gasto] de 2.000 € anuales y no como coste único. A diferencia de un activo tangible, una patente no tiene valor residual (ver p. 124).

$$\frac{\text{COSTE INICIAL}}{\text{VIDA ÚTIL}} = \text{AMORTIZACIÓN ANUAL}$$

$$\frac{20.000\,€}{10\ \text{AÑOS}} = 2.000\,€$$

VALOR (€): 20.000, 16.000, 12.000, 8.000, 4.000

TIEMPO (AÑOS): 0, 1, 2, 3, 4, 5, 6, 7, 8, 9, 10

Porcentaje de un préstamo

Si la empresa tiene suscrito un préstamo del que quedan 150.000 € por devolver, y devuelve 3.000 € cada año, se han amortizado 3.000 € del préstamo. También puede decirse que se ha amortizado un 2 % del préstamo, pues llevará 50 años devolverlo a este ritmo.

$$\frac{\text{COSTE DEL PRÉSTAMO}}{\text{DEVOLUCION ANUAL}} = \frac{\text{AÑOS DE DEVOLUCIÓN}}{100} = \%$$

$$\frac{150.000}{3.000} = \frac{50}{100} = 2\%$$

FONDO DE COMERCIO

El fondo de comercio es un activo intangible que se basa en la reputación de la empresa, la fidelidad de clientes y proveedores, la marca o su prestigio público. El fondo de comercio entra en juego cuando una empresa compra otra por un importe superior al de su valor contable (activos totales menos pasivo total). Así, si la Empresa A compra la Empresa B por 10 millones de euros pero la suma total de activos menos pasivo es de 9 millones de euros, su fondo de comercio se valora en 1 millón. Según las Normas Internacionales de Información Financiera, desde 2001 el fondo de comercio no se amortiza, por lo que no aparece como amortización en los estados financieros. Sin embargo, si su valor se reduce (por ejemplo por publicidad negativa) puede registrarse como un deterioro.

✓ DEBES SABER

❯ **Activos intangibles** Activos no físicos, como patentes, marcas o derechos de autor; su valoración es a veces subjetiva

❯ **Patente** Licencia otorgada por un Gobierno o autoridad que da a su propietario derechos exclusivos para fabricar o tener la propiedad de una invención

Cómo se calcula el agotamiento

Como la amortización, el agotamiento se calcula con el método de la línea recta (*ver pp. 124–125*) salvo que haya alguna razón específica para usar otro método.

En este ejemplo, una empresa maderera compra un bosque con unos 60.000 árboles por 10 millones de euros. El valor residual es de 1,5 millones, pero la empresa gasta 500.000€ para construir caminos para el transporte de troncos, así que queda en un millón. La empresa tala 6.000 árboles por ejercicio.

$$\frac{\text{COSTE} - \text{VALOR RESIDUAL}}{\text{TOTAL UNIDADES}} \times \frac{\text{UNIDADES}}{\text{EXTRAÍDAS}} = \frac{\text{GASTO DE}}{\text{AGOTAMIENTO}}$$

$$\frac{10.000.000 - 1.000.000}{60.000} \times 6.000 = 900.000€$$

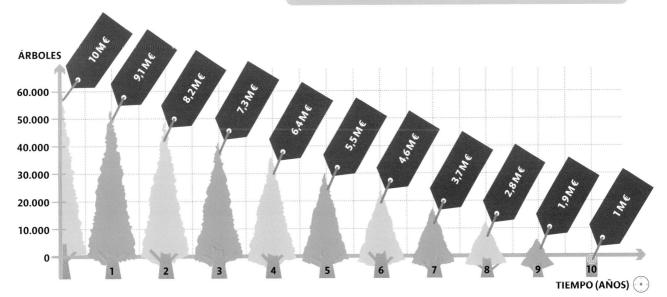

Contabilidad de gestión

Para que los directivos de una empresa puedan prever pérdidas o ganancias, planificar el flujo de efectivo y fijar objetivos adecuados, gastos e ingresos deben desglosarse de manera detallada. A diferencia de la contabilidad financiera, que es principalmente para usuarios externos, como inversores, bancos o administraciones, la contabilidad de gestión (o de costes) se usa en la empresa para estimar facturación y gastos, con lo que permite decidir sobre el mejor uso de los recursos disponibles.

Presupuestos departamentales

Cada directivo estima los fondos que necesitará su departamento para operar. *Ver pp. 136-137.*

Pedidos, u órdenes de compra

Los pedidos indican al departamento de finanzas cuánto dinero debe reservar para los pagos.

Partes de horas

El personal contratado por horas o días cumplimenta un parte de horas, lo que permite calcular el coste de personal. *Ver pp. 140-141.*

Facturas

Las facturas enviadas por los proveedores y contratistas se comprueban con los pedidos y se pagan. *Ver pp. 134-135.*

Recepción de mercancías

Se registra la recepción de mercancías, con indicación de los bienes o servicios recibidos y su cantidad.

El proceso de la contabilidad de gestión

Se prepara una planificación contable para el año financiero (o año fiscal), también conocido como ejercicio contable, y que abarca los siguientes 12 meses. Las fechas de inicio y final del ejercicio varían en función de los países y las empresas.

Directivos

Los directivos preparan presupuestos y documentan los costes a fin de poder seguir el funcionamiento de la empresa, y hacen previsiones a corto y medio plazo. La información que reúnen permite conocer las implicaciones financieras de los proyectos en curso.

Todos los datos se envían al departamento de finanzas

El **80**%
de los contables
y profesionales
financieros **trabajan**
en una empresa o
una organización

PRINCIPIOS DE CONTABILIDAD DE COSTES

El Chartered Institute of Management Accounting (CIMA) en el Reino Unido y el American Institute of Certified Public Accountants (AICPA), con miembros en 177 países, han establecido unos principios globales de contabilidad de gestión, o de costes (GMAP, por sus siglas en inglés).

> **La comunicación ofrece datos influyentes** Facilita la adopción de buenas decisiones a través de la discusión.

> **La información es relevante** Brinda los mejores datos.

> **Se genera confianza** Se protegen los activos financieros y no financieros, la reputación y el valor de la organización.

> **Se analiza el impacto en el valor** Se desarrollan modelos que permiten valorar los resultados de distintos escenarios.

Informe de costes de producción
Muestra todos los costes que se pueden cargar a un determinado departamento. *Ver pp. 140-143.*

Informes presupuestarios
Permiten ver a los directivos si se cumplen los presupuestos y analizar el funcionamiento de la empresa. *Ver pp. 136-137.*

Informe de flujo de efectivo
Muestra la capacidad de la empresa para atender sus obligaciones financieras y generar efectivo en el futuro. *Ver pp. 120-121.*

Balance
El balance estima el valor de los activos y el inventario, para que la dirección pueda reducirlos en caso necesario. *Ver pp. 116-117.*

Cuenta de pérdidas y ganancias
La cuenta de pérdidas y ganancias indica cuánto ha ganado o perdido la empresa en un cierto periodo. *Ver pp. 114-115.*

Los directivos reciben un análisis financiero.

Departamento de finanzas
El departamento de finanzas (o contables externos, si la empresa ha externalizado el servicio) recibe la información de costes de los directivos y prepara informes que permitirán a la dirección adoptar decisiones para el siguiente ejercicio.

Flujo de efectivo

El dinero que entra y sale de una empresa es el flujo de efectivo. Las entradas corresponden a financiación, operaciones e inversión, mientras que las salidas son gastos, compras de inventario y costes de capital.

Facturación por ventas

Dinero de bienes y servicios vendidos

- ❯ Facturación generada por las operaciones principales
- ❯ A diferencia de los préstamos o el capital, no debe devolverse
- ❯ La empresa debe lograr convertir facturación en efectivo (cobrar) para mantener el flujo de efectivo
- ❯ Se conoce como flujo de efectivo de las actividades operativas

Capital

Inversiones y aportaciones

- ❯ Fuente principal de entradas de efectivo en las startups
- ❯ Inyección adicional de fondos tras el lanzamiento o en etapas clave para el crecimiento de la empresa
- ❯ Ingresos por salida a bolsa y por la emisión de acciones
- ❯ También conocido como flujo de efectivo de las actividades de inversión

ENTRADA

ENTRADA

SALIDA

Efectivo en mano

«El líquido entra, el líquido sale... pero hay que evitar que el depósito se vacíe.»

Salarios y retribuciones

Pagos a empleados

- ❯ Dinero pagado a empleados que están directamente relacionados con la creación de productos o la provisión de servicios
- ❯ Salarios pagados al personal mensual o semanalmente (con base en una remuneración anual)
- ❯ Retribuciones pagadas a contratistas por horas, días o semanas trabajadas

Gastos generales

Pago de facturas

- ❯ Costes operativos diarios
- ❯ Coste de alquiler de instalaciones comerciales; facturas de suministro: agua, gas, electricidad, teléfono e internet; material de oficina...
- ❯ Salarios y retribuciones de empleados no directamente relacionados con la creación de productos o la provisión de servicios (personal indirecto)

Pago de préstamos

Costes de la deuda y beneficios de los accionistas

- ❯ Intereses de préstamos a largo plazo para la compra de activos, y a corto para capital circulante
- ❯ Pago de préstamos de capital
- ❯ Comisiones pagadas a empresas de factoring
- ❯ Pago en efectivo a los accionistas, por la recompra de acciones o mediante dividendos

Cómo funciona

El flujo de efectivo es el movimiento de dinero que entra y sale de una empresa en un determinado periodo. Entra por la venta de bienes y servicios, préstamos, inversiones de capital y otras fuentes. Sale por pagos a los trabajadores, alquileres y suministros e intereses de préstamos. El tiempo es fundamental: disponer de dinero para pagar las facturas hace solvente a la empresa.

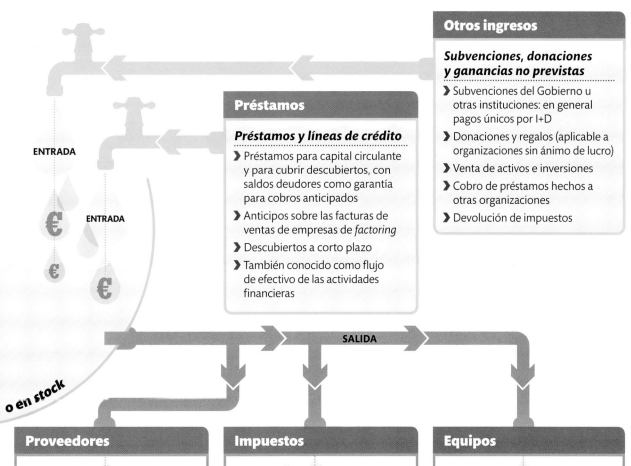

ENTRADA

ENTRADA

o en stock

Otros ingresos

Subvenciones, donaciones y ganancias no previstas

❯ Subvenciones del Gobierno u otras instituciones: en general pagos únicos por I+D
❯ Donaciones y regalos (aplicable a organizaciones sin ánimo de lucro)
❯ Venta de activos e inversiones
❯ Cobro de préstamos hechos a otras organizaciones
❯ Devolución de impuestos

Préstamos

Préstamos y líneas de crédito

❯ Préstamos para capital circulante y para cubrir descubiertos, con saldos deudores como garantía para cobros anticipados
❯ Anticipos sobre las facturas de ventas de empresas de *factoring*
❯ Descubiertos a corto plazo
❯ También conocido como flujo de efectivo de las actividades financieras

SALIDA

Proveedores

Pago de materiales y servicios

❯ Coste de materias primas para la producción de los productos
❯ Coste del *stock*, importado o local
❯ Honorarios por servicios, como consultoría o publicidad, para generación de ingresos
❯ Pagos a contratistas relacionados en la creación de bienes y servicios

Impuestos

Pagos tributarios

❯ Impuesto de sociedades, en función de la cuenta anual de resultados
❯ Pagos del impuesto sobre la renta y seguros sociales sobre las nóminas de los empleados
❯ Impuestos derivados de las ventas de productos y servicios
❯ Varían entre países, en función de la legislación tributaria

Equipos

Compra de activos fijos

❯ Coste de edificios y equipos, como ordenadores y teléfonos, mobiliario de oficina, vehículos, plantas de producción y maquinaria
❯ Deducción por depreciación (*ver pp. 124–127*)

Gestión del flujo de efectivo

El manejo del flujo de efectivo determina la supervivencia de cualquier empresa. Igual de importante es la capacidad de convertir los ingresos en efectivo, lo que se conoce como liquidez. Con independencia de lo rentable que sea una empresa, puede resultar insolvente y no ser capaz de pagar a tiempo las facturas. Las nuevas empresas pueden ser víctimas de su propio éxito y quebrar a causa de una «insolvencia por exceso de venta» si, por ejemplo, gastan demasiado en su expansión antes de que lleguen ingresos suficientes y se quedan sin dinero para pagar sus deudas y compromisos. Para gestionar el flujo de efectivo, es clave prever las entradas y salidas de este. Un calendario de pagos de los clientes y de cuándo hay que pagar nóminas, facturas, proveedores, deudas y otros costes, puede ayudar a evitar los descubiertos. Si el flujo de efectivo se gestiona mal, tal vez haya que pagar antes de cobrar, y se produzca una falta de recursos. Ciertas empresas, como los supermercados, reciben los *stocks* a crédito pero sus clientes les pagan en efectivo, con lo que cuentan con un excedente de efectivo.

ALERTA

5 problemas frecuentes

❭ **Retraso en el cobro** de facturas
❭ **Plazos de cobro** de las facturas de venta de 60 o 120 días, cuando el plazo de pago es de 30 días
❭ **Disminución de venta** por cambio de coyuntura, la competencia, o envejecimiento del producto
❭ **Precios demasiado bajos** al principio, por querer competir
❭ **Excesivo gasto** en nóminas y gastos generales; compra de activos en lugar de contratación

Flujo de efectivo positivo y negativo

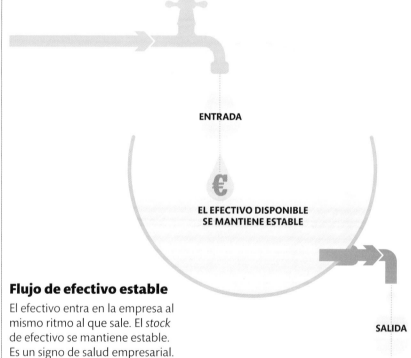

Flujo de efectivo positivo

El efectivo que entra en la empresa es mayor que el que sale. El efectivo almacenado –stock– aumenta. Una empresa en esta situación progresa.

Flujo de efectivo estable

El efectivo entra en la empresa al mismo ritmo al que sale. El *stock* de efectivo se mantiene estable. Es un signo de salud empresarial.

DEBES SABER

> **Factoring** Transacción en la que una empresa cede sus facturas a un tercero (factor), que se ocupa del cobro a cambio de una comisión

> **Cuentas a pagar** Pagos que una empresa debe hacer a terceros

> **Cuentas a cobrar** Pagos que una empresa debe recibir

> **Tabla de antigüedad de cuentas** Tabla que muestra las cuentas a pagar y a cobrar según vencimientos

> **Desfase de tesorería** Intervalo entre pagos hechos y recibidos

Conversión de efectivo

Las empresas de éxito convierten sus productos o servicios en entradas de efectivo antes de que venzan sus facturas. Para hacer más eficiente esta conversión, se pueden acelerar:

> Los pedidos de compra de los clientes

> La gestión y el envío de los pedidos

> La facturación a los clientes

> El plazo de recepción de las cuentas a cobrar

> Pagos y depósitos

El 80%
de las empresas que se lanzan en el mundo fracasan por una deficiente gestión del flujo de efectivo

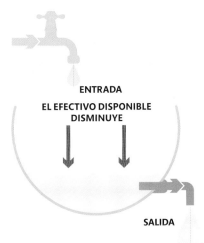

ENTRADA
EL EFECTIVO DISPONIBLE DISMINUYE

SALIDA

Flujo de efectivo negativo

Entra una cantidad menor de efectivo en la empresa de la que sale. Con el tiempo, el *stock* de efectivo disminuye y la empresa puede verse ante dificultades financieras.

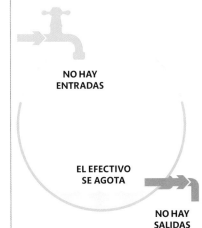

NO HAY ENTRADAS

EL EFECTIVO SE AGOTA

NO HAY SALIDAS

Quiebra

Si el efectivo que sale de la empresa continúa superando al que entra, el nivel de efectivo bajará tanto que la empresa terminará por ser insolvente, sin activos para seguir operando.

GESTIONAR EL FLUJO

Gestionar el excedente

> **Trasladar el exceso de efectivo** a una cuenta de depósito en la que genere intereses, o invertirlo.

> **Usarlo para actualizar** equipos y mejorar la eficiencia productiva.

> **Expandir el negocio** contratando personal, desarrollando productos o comprando otras empresas.

> **Pagar acreedores** antes para mejorar la calificación crediticia, o cancelar deuda antes de que venza.

Gestionar el déficit

> **Aumentar venta** bajando precios, o aumentar beneficio subiéndolos.

> **Emitir facturas** pronto y seguir el pago a su vencimiento.

> **Pedir más crédito** a proveedores.

> **Ofrecer descuento** en las ventas a cambio de un pago más rápido.

> **Usar línea de crédito** o crédito a corto plazo para gastos urgentes.

> **Planificar** el flujo de efectivo para anticipar futuros problemas.

# Presupuestos

Definir el presupuesto de una empresa incluye planificar los gastos e ingresos del ejercicio. Esto suele desglosarse por meses a fin de poder comparar las cifras presupuestadas con las reales.

Cómo funciona

Todas las empresas necesitan presupuestar los ingresos y costes operativos que se prevén para el ejercicio. A diferencia del presupuesto de inversión, en el que la dirección asigna qué se gastará en cada proyecto o activo, el presupuesto de ingresos y gastos se centra en las previsiones de entradas y salidas mensuales a lo largo del siguiente ejercicio. Los contables recogen los presupuestos operativos de los directores de los distintos departamentos, junto a las previsiones de flujo de efectivo, para preparar un presupuesto general. Este puede incluir cifras de las necesidades de financiación que tendrá la empresa a lo largo del ejercicio. A medida que este transcurre, se hace un seguimiento diario, semanal o mensual de las cifras reales, a fin de identificar cualquier desviación sobre el presupuesto original y adoptar las medidas oportunas.

Definir y controlar los presupuestos

La definición del presupuesto es un proceso que tiene lugar entre los responsables de los departamentos, la dirección y el departamento financiero de la empresa a fin de establecer el coste de cada departamento o proyecto.

Un **1%** de las empresas del mundo acertó en su estimación presupuestaria, entre 2004 y 2007

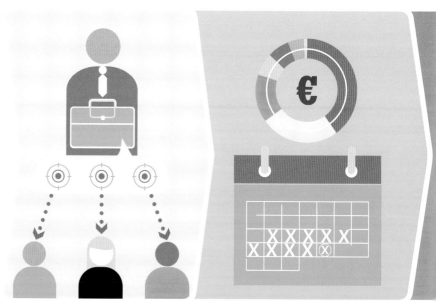

Consulta

La dirección marca los objetivos de la empresa a los directores de los departamentos. Cada director es entonces responsable de gestionar el presupuesto de su departamento a fin de conseguir los objetivos definidos para el siguiente ejercicio.

Preparación del presupuesto

El presupuesto suele basarse en el ejercicio, pero se desglosa en periodos más cortos. Cada departamento envía el suyo a la dirección para que esta lo apruebe. Puede incluir áreas como costes operativos (salarios y suministros) y administración (gastos de oficina).

INCREMENTAL O DE BASE CERO

Hay dos enfoques principales para fijar el presupuesto:

Presupuesto incremental

El presupuesto para el ejercicio siguiente se basa en el del año anterior, teniendo en cuenta cambios como la inflación, que podría tener un impacto en los nuevos cálculos. El inconveniente de este enfoque es que las imprecisiones anteriores se pueden trasladar al nuevo presupuesto.

Presupuesto de base cero

El presupuesto para el ejercicio siguiente se hace de nuevo, sin referencia a ejercicios anteriores. Ello implica que cada elemento que se incorpora al presupuesto es revisado con detalle y debe ser justificado por los directivos de los departamentos. Este método facilita ver el coste total de los cambios planteados.

✓ DEBES SABER

> **Sistema de planificación, programación y presupuestación (SPPP)** Sistema de presupuestación que suelen usar muchas organizaciones públicas, como hospitales o ayuntamientos

> **Transferencia** Importe que se ahorra en un epígrafe de gasto y se transfiere a otro para cubrir un sobrecoste

> **Holgura presupuestaria** Subestimar deliberadamente los ingresos o sobrestimar los costes en un presupuesto

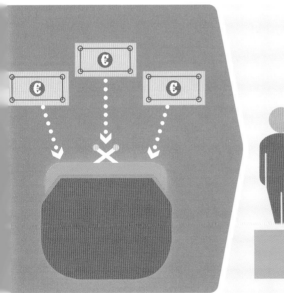

Presupuesto general

Una vez aprobados, los presupuestos de los distintos departamentos se combinan para formar el presupuesto general del ejercicio, que incluye las previsiones de la cuenta de pérdidas y ganancias, del balance y del informe de flujo de efectivo, y que tiene normalmente un desglose mensual.

Medición del desempeño

Al final de cada mes (o de los periodos que establezca el presupuesto), las cifras reales se comparan con las proyecciones del presupuesto original. Las variaciones se examinan con atención para valorar cuán significativa es su desviación respecto de lo previsto en el presupuesto original.

Toma de decisiones

En caso necesario, el presupuesto puede revisarse para incorporar gastos inesperados y continuados o ahorros que no se habían previsto. Si los ingresos son inferiores a los planificados pueden adoptarse medidas de corrección para alcanzar los objetivos fijados.

Activivos e inventario

Los activos de una empresa se dividen en dos categorías: activos fijos (o de largo plazo) y activos corrientes (o de corto plazo). Los activos corrientes consisten en efectivo en el banco e inventario.

Cómo funciona

Los activos fijos son elementos que permiten operar a la empresa. Suelen ser propiedades de largo plazo y no son fáciles de convertir en efectivo. Los activos fijos pueden ser a su vez tangibles o intangibles: los activos tangibles son objetos materiales, mientras que los activos intangibles no tienen forma física.

Los activos corrientes tienen una duración más corta y se usan para operar. El tipo principal para generar ingresos es el de los activos corrientes, cuyo elemento clave es el inventario. Este puede consistir en productos terminados listos para la venta o bien en las materias primas que se usan para producir los productos.

Los activos y el inventario en la práctica

El fragmento del balance que se ve a continuación muestra los activos corrientes de un establecimiento de Súper Deporte, SA, una empresa de ropa y artículos deportivos. Estos activos incluyen dinero en el banco e inventario en poder de la empresa. El inventario consiste en este caso en todos los productos que están en la tienda listos para la venta.

Súper Deporte, SA
31 de mayo

Activos	€
Dinero en el banco	12.000
Inventario	22.000
Activos totales	**34.000**

Súper Deporte, SA
15 de junio

Activos	€
Dinero en el banco	54.000
Inventario	0
Activos totales	**54.000**

Balance a 31 de mayo

La sección de «Activos» del balance muestra que la empresa tiene en este momento inventario (o productos) por valor de 22.000 €, así como 12.000 € de efectivo en el banco.

Balance a 15 de junio

Dos semanas después, la empresa ha vendido todo su inventario por 42.000 €, recibiendo al contado el pago correspondiente. Ello significa que los activos totales han aumentado en 20.000 € –el beneficio logrado con la venta del inventario– y ha incrementado el importe de dinero en el banco en 42.000 €.

TIPOS DE INVENTARIO

El inventario puede incluir tres tipos de elementos, según el tipo de negocio: materias primas, productos en proceso y productos terminados. *Ver pp. 316–317.*

Materias primas

Materiales y componentes para usar en la fabricación de un producto. Así, una fábrica de chocolate tendrá:

❯ **Ingredientes** en forma de azúcar, cacao, manteca de cacao, aditivos, aromas y tal vez leche o frutos secos

❯ **Papel de aluminio, plástico y cartón** para el embalaje

Trabajo en proceso

Materiales y componentes que han comenzado su transformación en productos; se denominan también «productos sin terminar». Por ejemplo, un diseñador gráfico tendrá:

❯ **Maquetas y diseños** que están en desarrollo y esperan ser aprobados por el cliente

Productos terminados

El *stock* de los productos terminados, o listos para vender a los clientes. Una librería, por ejemplo, tendrá:

❯ **Libros de tapa dura y rústica** de varios géneros y formatos, que le han suministrado distintos editores

❯ **Artículos de regalo** como tarjetas de felicitación y blocs de notas

Tipos de activos fijos

Súper Deporte, SA, tiene distintos activos fijos tangibles e intangibles. En contraste con los tangibles, el valor de los activos fijos intangibles puede ser difícil de determinar.

Activos fijos tangibles

TERRENOS Y PROPIEDADES	MOBILIARIO	EQUIPOS INFORMÁTICOS	VEHÍCULOS	HERRAMIENTAS Y MÁQUINAS
Tiendas y sede corporativa	Expositores de tienda y muebles de oficina	Ordenadores para las tareas administrativas	Camiones y vehículos corporativos	Almacén y equipos de distribución

Activos fijos intangibles

PROPIEDAD INTELECTUAL	NOMBRES COMERCIALES	MARCAS	SOFTWARE	COPYRIGHT Y ROYALTIES
Marcas y diseños, innovación creativa	Palabras y símbolos protegidos legalmente	Marcas propias, populares y premium	Portal de internet para la venta online	Ingresos procedentes de acuerdos de licencia

Costes

Los costes son los gastos directos o indirectos en los que se incurre para realizar las actividades que producen ingresos, como la producción de bienes o la provisión de un servicio.

Cómo funciona

Hay dos formas de clasificar los costes: como variables, que aumentan a medida que se venden más productos o servicios, y fijos, que se mantienen constantes; o bien como directos e indirectos, que contribuyen directa o indirectamente al funcionamiento general de la empresa y que pueden variar según el nivel de producción o mantenerse fijos. Son tres los tipos de costes principales. El primero es el coste de personal, que puede considerarse como coste directo o de estructura o como variable o fijo. El segundo es el de las materias primas usadas en la producción y los materiales utilizados en las empresas de servicios, que son costes variables. El tercero son los gastos, que son el resto de costes en los que se incurre en el transcurso de las actividades de la empresa.

Costes variables

El chef encarga los ingredientes que necesitará cada día. Para las noches en que prevé mucha afluencia de comensales, el coste del pedido será alto; para las noches que se prevén tranquilas, será más bajo.

GRAN PEDIDO DE COMIDA

Costes fijos y costes variables

Una forma de analizar los costes es dividirlos en dos categorías: costes fijos, que no cambian con el nivel de actividad de la empresa, y costes variables, que sí varían con ella. Esto ayuda a los contables a determinar cómo los cambios en las actividades del negocio (por ejemplo reduciendo o aumentando la producción) afectarán a los costes. En realidad, algunos costes fijos aumentarán también cuando la actividad de la empresa alcance un determinado nivel. Se trata de los conocidos como costes fijos escalonados.

Costes fijos

COSTE DE ALQUILER Y SEGUROS

SERVICIO DE LAVANDERÍA

PERSONAL

LIMPIEZA

Un restaurante alquila instalaciones para servir 40 cenas. Los costes fijos serán los mismos tanto si el restaurante sirve 30 como 40 cenas en una noche.

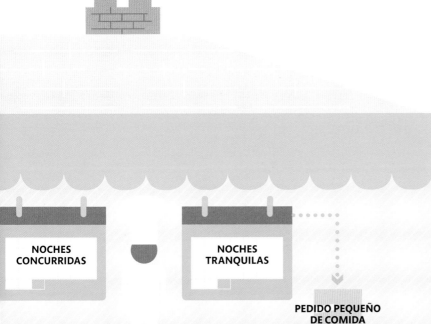

NOCHES CONCURRIDAS

NOCHES TRANQUILAS

PEDIDO PEQUEÑO DE COMIDA

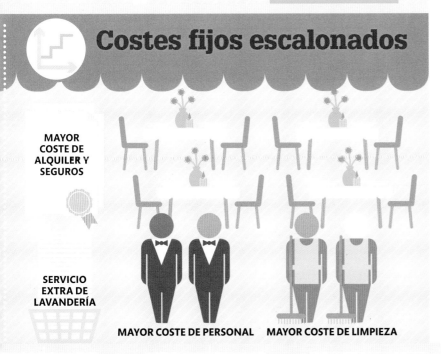

Costes fijos escalonados

MAYOR COSTE DE ALQUILER Y SEGUROS

SERVICIO EXTRA DE LAVANDERÍA

MAYOR COSTE DE PERSONAL   **MAYOR COSTE DE LIMPIEZA**

El **40%** de los empresarios afirman que las nóminas son su gasto más elevado

El restaurante tiene éxito, así que el propietario alquila el local contiguo para poder servir otras 40 cenas por noche. Los costes que estaban fijos en un cierto nivel se han doblado.

Cálculo de costes y fijación de precios

Conocer el coste completo de cada producto que la empresa vende es una información vital, pues ayuda a fijar el precio adecuado y da indicación sobre el desempeño de la empresa.

Cómo funciona

Tanto los costes directos como los indirectos contribuyen al coste del producto, ya se trate de un bien manufacturado o de un servicio que se presta. A fin de calcular su coste, cada producto se trata como una unidad de producción. Los costes directos e indirectos derivados de crear esa unidad se evalúan y se suman para obtener la cifra del coste total.

DEBES SABER

❯ **Coste por absorción** Asignación de los costes de producción al producto

❯ **Coste diferencial** Diferencia entre el coste de dos opciones

❯ **Coste incremental (marginal)** Cambio en el coste total cuando se produce una unidad adicional

❯ **Factor multiplicador** El precio del producto se basa en los costes directos e indirectos, más un porcentaje añadido o multiplicado por un determinado factor

El **38**% es el promedio de los costes empresariales de EE.UU. que corresponde a costes indirectos

Precio a partir del coste

Los costes directos pueden medirse en función de cómo se usan las materias primas y el personal para producir cada unidad. Los costes indirectos (gastos generales, u *overheads*) son más difíciles de evaluar, pero deben incluirse también para poder calcular el coste total de cada producto. En términos generales, el precio se calcula sumando los costes de producción directos e indirectos con un margen de beneficio que dé el precio de venta apropiado.

Costes directos

❯ Materias primas
❯ Trabajo directo
❯ Gastos directos
❯ Todo lo usado exclusivamente para crear un producto o servicio para la venta

Costes indirectos repercutidos

❯ Gastos generales de producción y servicio
❯ Gastos generales administrativos y de gestión
❯ Gastos generales de ventas y distribución

OTROS MÉTODOS DE CÁLCULO DE COSTES

Existen distintas formas de calcular los precios en función de los costes, según el sector, el tipo y la dimensión de la empresa, y el método de producción.

COSTE DE ENCARGO
Se usa para un pedido que se produce según las especificaciones del cliente (una imprenta que produce un folleto para un cliente)

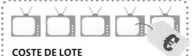

COSTE DE LOTE
Se usa cuando se hace un lote de productos idénticos: por ejemplo, una empresa de productos electrónicos que fabrica televisores

COSTE DE CONTRATA
Se usa para grandes proyectos únicos, a menudo tras un concurso de adjudicación (cuando una empresa se presenta a una licitación) y llevados a cabo en terrenos del cliente. Por ejemplo, una constructora que edifica casas en una nueva urbanización

COSTE DE PROCESO
Se usa para un trabajo en marcha y continuo, que a menudo implica diversos procesos de fabricación, lo que hace difícil aislar el coste unitario: por ejemplo, una refinería que procesa crudo y obtiene gasóleo

COSTE DE SERVICIO
Se usa cuando el producto en venta es un servicio estándar que se ofrece a los clientes. Por ejemplo, un salón de belleza que ofrece un servicio exprés de manicura y pedicura en un determinado periodo de tiempo y por un precio fijo

Margen de beneficio

❯ Debe ser suficiente para generar ganancias para la empresa

❯ Debe estar en línea con cómo se ha comercializado el producto

❯ Debe comunicarse de manera realista para que los clientes compren

CASA DE LUJO EN VENTA

Precio de venta

❯ Bajo: a fin de ganar cuota de mercado, o de igualar a la competencia

❯ Basado en el coste: recuperar los costes directos e indirectos más el margen de beneficio que el mercado acepte

❯ Basado en el servicio: flexible, pues no hay costes de fabricación ni distribución

Medición del desempeño

En una empresa existen dos tipos de desempeño: el financiero y el no financiero. Para evaluar el desempeño financiero, la empresa calcula ratios financieros. Para evaluar otras áreas del negocio, examina sus indicadores clave de desempeño (KPI), que ayudan a la dirección y al personal a evaluar el desempeño y cómo este puede mejorarse. Los KPI permiten también a los externos interesados, como inversores, prestamistas o analistas, decidir si deben invertir en la empresa.

Categorías financieras y no financieras

Cualquier empresa que publica un informe financiero está obligada a indicar las cifras clave de los ingresos que ha generado y de los gastos en los que ha incurrido en el curso de sus actividades. Estas cifras pueden compararse con el uso de los denominados ratios financieros. Sin embargo, los ratios financieros por sí solos pueden no ofrecer una visión precisa de las perspectivas futuras de la empresa. Los ratios no financieros, o indicadores clave de desempeño, no miden el desempeño financiero, sino que revelan otros aspectos importantes que tienen impacto en la rentabilidad de la empresa, como la fidelidad de sus clientes y su productividad en investigación y desarrollo (I+D).

Seguimiento y previsión

Las mediciones financiera y no financiera se pueden usar para prever el desempeño de la empresa y detectar el fraude. *Ver pp. 150–153.*

Empresa

ANÁLISIS DE TENDENCIAS MEDIANTE DATOS DE DESEMPEÑO

La comparación de ratios financieros o KPI en el tiempo entre empresas de un mismo sector se usa a menudo para evaluar el desempeño.
El ratio corriente se calcula dividiendo los activos corrientes por el pasivo corriente: a un ratio más alto, mayor es la liquidez de la empresa.

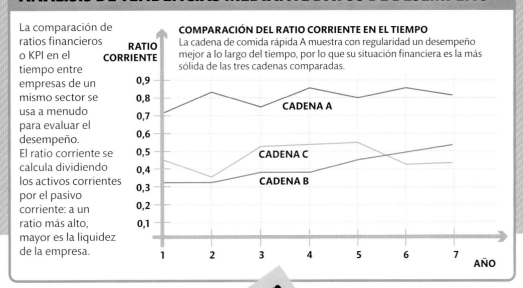

COMPARACIÓN DEL RATIO CORRIENTE EN EL TIEMPO
La cadena de comida rápida A muestra con regularidad un desempeño mejor a lo largo del tiempo, por lo que su situación financiera es la más sólida de las tres cadenas comparadas.

RATIO CORRIENTE

CADENA A
CADENA C
CADENA B

AÑO

Medición financiera

Medición no financiera

Ratios financieros

❯ Usados por los inversores y prestamistas para conocer la salud financiera de una organización

❯ Conjunto de ratios estándares usados por el sector financiero

❯ Cálculo a partir de cifras ofrecidas por los estados financieros

Ver pp. 148-149.

Indicadores clave del desempeño

❯ Usados internamente y por los inversores, pues aparecen en los documentos financieros

❯ Pueden calcularse diariamente o incluso con una mayor frecuencia para uso interno

❯ Pueden fijarse distintos KPI que reflejen los retos futuros

❯ Únicos para cada empresa

Ver pp. 146-147.

VISTA PANORÁMICA

Algunas empresas de servicios profesionales, como la multinacional PwC, realizan estudios trimestrales en los que entrevistan a ejecutivos para conocer su grado de optimismo sobre su sector y el conjunto de la economía. Estas encuestas ayudan a las empresas a medir objetivamente su desempeño.

El **69%** de las empresas multinacionales ligan la medición del desempeño a los resultados

Indicadores clave de desempeño (KPI)

Los indicadores clave de desempeño (o KPI, por sus siglas en inglés) se basan en los objetivos empresariales y varían en función de la empresa y del sector. Los KPI se incluyen normalmente en la memoria anual.

Cómo funcionan

Los KPI son mediciones no financieras del desempeño empresarial: no tienen valor monetario, pero contribuyen a la rentabilidad de la compañía. Cualquier departamento puede adoptar KPI para evaluar su desempeño. Un KPI de un departamento de cuentas podría ser el porcentaje de cuentas cuyo plazo ha vencido, pues ayuda a determinar la eficiencia del departamento. Este sería un indicador *lag*, que brinda información histórica sobre un dato medible sobre el que no es fácil influir. Las empresas buscan también indicadores *lead*, que identifican la acción que hay que seguir y se centran en inputs y son por tanto fáciles de cambiar. Un KPI *lead* de un departamento de cuentas sería el porcentaje de pedidos anticipados.

KPI corporativos

Los KPI se suelen organizar como tableros en un ordenador para que sea fácil consultarlos con frecuencia. Aquí tienes ejemplos de KPI específicos de distintos departamentos. Con estos datos, se puede evaluar el desempeño del departamento y adoptar medidas si se está por debajo de lo esperado.

Cuentas

Número de pedidos obtenidos; ratio de errores en los informes financieros (mide la calidad de los informes); tiempo medio del flujo de trabajo; número de pagos duplicados

Marketing y ventas

Tasa de recomendación (cuántos clientes recomendarían la empresa); ratio de retención de clientes; valor global del cliente (importe total de dinero generado por un cliente)

Atención al cliente

Número de quejas de clientes; satisfacción de los clientes (medida en el tiempo); tiempo medio de respuesta de los mensajes; número de productos vendidos en comparación con el total de llamadas comerciales realizadas

El **31%** de las empresas usa un tablero informático para ver la evolución de los KPI

CUADRO DE MANDO INTEGRAL

Este sistema estratégico da una forma distinta de evaluar el desempeño de una empresa. Lo propusieron Robert Kaplan y David Norton en los años noventa en la Harvard Business School, y según la *Harvard Business Review* es una de las ideas empresariales más influyentes de los últimos 75 años, pues se estima que la mitad de las grandes empresas de Europa, Estados Unidos y Asia lo usan. El Cuadro de Mando Integral consiste en cuatro maneras de ver el desempeño de la empresa:

> **Formación y crecimiento**
> Formación del personal y cultura corporativa

> **Perspectiva de procesos**
> Evaluación del desempeño en las actividades del día a día

> **Perspectiva del cliente**
> Satisfacción del cliente

> **Perspectiva financiera**
> Datos financieros tradicionales

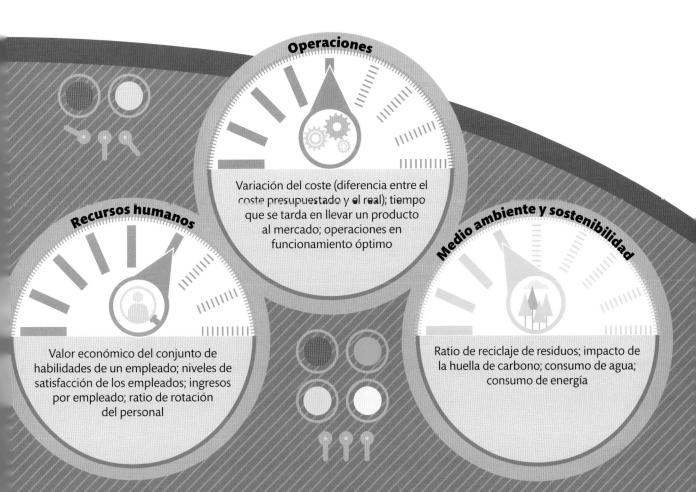

Operaciones

Variación del coste (diferencia entre el coste presupuestado y el real); tiempo que se tarda en llevar un producto al mercado; operaciones en funcionamiento óptimo

Recursos humanos

Valor económico del conjunto de habilidades de un empleado; niveles de satisfacción de los empleados; ingresos por empleado; ratio de rotación del personal

Medio ambiente y sostenibilidad

Ratio de reciclaje de residuos; impacto de la huella de carbono; consumo de agua; consumo de energía

Ratios financieros

Prestamistas, inversores, analistas, directivos y otras personas interesadas calculan ratios financieros para descifrar lo que los estados financieros dicen realmente sobre la situación de la empresa.

Cómo funcionan

Los ratios financieros se usan para evaluar la situación financiera de una empresa e identificar aquellas áreas que puedan ser problemáticas y puedan afectar sus perspectivas futuras. El proceso implica comparar dos elementos relacionados de los estados financieros, como la venta neta con el valor neto o los ingresos netos con la venta neta, y usar esos ratios para medir el desempeño relativo de la empresa. Existe una gran variedad de ratios para elegir según sea el propósito: por ejemplo, cuando se trata de medir la capacidad de la empresa de ofrecer un buen retorno a los accionistas, su capacidad de gestionar la deuda o la eficiencia con la que opera. Los ratios también pueden usarse para poder comparar una empresa con su competencia o bien para comparar parámetros específicos de la misma empresa a fin de determinar si los resultados financieros son lo bastante sólidos.

Principales ratios financieros

Estos son algunos de los ratios más usados para la evaluación de empresas. Son más útiles si se comparan con otros y si se tiene en cuenta la coyuntura económica. Los ratios son indicados para analizar empresas establecidas, generalmente cotizadas, mientras que las cifras de las startups y las pymes no permiten por lo general un análisis que ofrezca indicaciones lo bastante fiables.

Ratios de rentabilidad

Se usan para ver lo efectiva que es la empresa para generar beneficios. Un ejemplo es el ratio de margen de resultado operativo. Un valor alto es bueno, pues indica que una alta proporción de las ventas netas se convierte en resultados de explotación (beneficios menos costes).

$$\text{RENTABILIDAD DE LAS VENTAS} = \frac{\text{RESULTADOS DE EXPLOTACIÓN}}{\text{VENTAS NETAS}}$$

Otros ratios de rentabilidad

❯ **Ratio de rentabilidad de los recursos propios (ROE)** Se mide como ingreso neto menos dividendos / capital propio. A mayor valor, más alta es la rentabilidad, a menos que la empresa recurra demasiado a los préstamos.

❯ **Ratio EBITDA a ventas** Se mide como EBITDA (beneficios antes de intereses, impuestos, depreciación y amortización) / ventas netas. Evalúa la rentabilidad de las operaciones principales. A mayor margen, mayores beneficios.

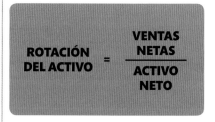

Ratios de eficiencia

Muestran el nivel de eficiencia de la empresa en el uso de sus activos y recursos para maximizar los resultados. Un ejemplo es el ratio de rotación del activo, que indica la capacidad de generar ventas con el uso de los activos. Otros ratios pueden examinar la rapidez con que la empresa tramita sus facturas.

$$\text{ROTACIÓN DEL ACTIVO} = \frac{\text{VENTAS NETAS}}{\text{ACTIVO NETO}}$$

Otros ratios de eficiencia

❯ **Ratio de rotación de cuentas por cobrar** Se mide como las ventas a crédito / promedio de cuentas por cobrar. Muestra la eficiencia con la que una empresa convierte las ventas en efectivo. A valor más alto, mayor frecuencia de recepción de dinero.

❯ **Ratio de rotación de inventarios** Se mide como coste de las ventas / inventario promedio. Muestra la eficiencia para gestionar el nivel de inventario. Un valor bajo indica poca venta.

ALERTA

Atención, inversores

El análisis de ratios debe hacerse en el tiempo –al menos cuatro años– para entender cómo ha alcanzado la empresa su situación actual, y no solo cuál es la situación en sí. Por ejemplo, si la deuda ha aumentado mucho podría ser por la expansión a nuevas áreas de potenciales beneficios o para mitigar los daños de una mala decisión anterior.

Un 10-14% es el mínimo rendimiento de la inversión (ROI) requerido para financiar el crecimiento futuro de una empresa

Ratios de liquidez

Este grupo de ratios muestra si una empresa tiene suficiente efectivo (o activos equivalentes) para cumplir con los pagos de su deuda. Un ejemplo es el ratio de liquidez, o de circulante (que es también una medida de eficiencia), que indica si la empresa tiene bastantes activos a corto plazo para cubrir las deudas a corto plazo.

$$\text{RATIO DE LIQUIDEZ GENERAL} = \frac{\text{ACTIVO CORRIENTE}}{\text{PASIVO CORRIENTE}}$$

Otros ratios de liquidez

❯ **Ratio de efectivo (o liquidez estricta)** Se mide como efectivo (y equivalentes) / pasivo corriente. Muestra cómo el pasivo a corto plazo de la empresa permite pagar las deudas. Un valor alto se considera favorable.

❯ **Ratio de prueba ácida** Se mide como activo corriente menos inventario / pasivo corriente. Muestra cuán deprisa la empresa puede devolver la deuda a corto plazo con el efectivo de caja. A mayor valor, mayor facilidad de pago.

Ratios de solvencia

Mientras los ratios de liquidez se fijan en la capacidad de afrontar los pagos de deuda a corto plazo, los ratios de solvencia indican la capacidad de la empresa de seguir disponiendo de suficiente efectivo o activos corrientes para pagar sus deudas a largo plazo. Un ejemplo es el ratio de apalancamiento.

$$\text{RATIO DE APALANCA-MIENTO} = \frac{\text{PASIVO TOTAL}}{\text{CAPITAL PROPIO}}$$

Otros ratios de solvencia

❯ **Cuota de capital propio** Se mide como capital propio / activos totales. Indica la posición de solvencia a largo plazo de la empresa. Un valor alto es favorable, y uno bajo es signo de alto riesgo para los acreedores.

❯ **Ratio de endeudamiento** Se mide como pasivo total / activo total. Indica el porcentaje de los activos de la empresa que están financiados con deuda. Un valor bajo se considera favorable.

Ratios de valoración de inversiones

Los inversores usan estos ratios para evaluar el rendimiento esperable si compran acciones de la empresa. Un ejemplo es el ratio de pago de dividendos. Indica la capacidad de los beneficios para pagar los dividendos. Las empresas más maduras suelen tener un ratio más alto.

$$\text{RATIO DE PAGO DE DIVIDENDOS} = \frac{\text{DIVIDENDO ANUAL POR ACCIÓN}}{\text{BENEFICIOS POR ACCIÓN}}$$

Otros ratios sobre inversiones

❯ **Ratio de margen neto** Se mide como beneficio después de impuestos / ventas. Es un indicador de rentabilidad de la empresa, y es útil para compararla con sus competidores. A mayor valor, más rentable es la empresa.

❯ **PER (*price to earnings ratio*)** Se mide como valor de mercado (precio) de la acción / beneficios por acción. Indica el valor de las acciones de la empresa. Un valor alto indica un buen potencial de crecimiento.

Previsiones

Predecir el desempeño futuro de la empresa es necesario para estimar las ventas, los ingresos, los costes y la rentabilidad, a fin de obtener inversiones y mantener alto el nivel de confianza en la empresa.

Cómo funcionan

La previsión del éxito o el fracaso se basa en datos históricos –estados financieros, ratios financieros y KPI– que reflejan las operaciones de la empresa y pueden seguirse a lo largo del tiempo. Estos datos dan señales tempranas de alerta ante problemas potenciales. Para empresas pequeñas y startups, unas previsiones precisas son fundamentales para la obtención de

El método Z-score

A la vista de que los ratios financieros tradicionales, como el ratio coste-beneficio, daban una imagen parcial del desempeño financiero, Altman ideó una fórmula a partir de cuatro o cinco ratios clave para obtener una puntuación Z (o Z-score). Este método se ha mostrado efectivo en un 90 % para predecir la quiebra de una empresa en un año, y en un 80 % en dos años.

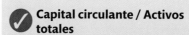

✔ Capital circulante / Activos totales
Medida de liquidez: a mayor capital circulante en la empresa, mayor capacidad de pagar las facturas.

✔ Valor en bolsa de la empresa / valor contable del pasivo total
Medida de la confianza del mercado en la empresa: un ratio inferior a uno indica que la empresa se valora menos que lo que tiene: es insolvente.

✔ Beneficios retenidos / activos totales
Medida del apalancamiento: un valor alto indica que los beneficios financian el crecimiento; uno bajo, que este se financia con deuda.

Éxito corporativo

Las empresas bien gestionadas, con un equilibrio entre activo y pasivo, y entre beneficios y deuda inspiran confianza a los inversores.

✔ Beneficios antes de intereses e impuestos / activos totales
Medida de la rentabilidad de los activos: evalúa los ingresos operativos generados por los activos.

✔ Ventas / activos totales
Medida de eficiencia: ventas generadas por los activos.

Éxito

Cálculo de la puntuación Z

Cada uno de los ratios anteriores se multiplica por un determinado valor, para darle el peso adecuado; los resultados se suman para obtener la puntuación Z.

❭ Una puntuación de 0,2 o inferior indica que la empresa tiene una alta posibilidad de quebrar.

❭ Una puntuación de 0,3 o superior indica que es poco probable que la empresa quiebre.

financiación externa, mientras que en empresas mayores ofrecen una indicación de fortaleza financiera que resulta útil para los inversores y los mercados. Las previsiones pueden ir desde simples estimaciones sobre costes e ingresos hasta complejos modelos financieros. Uno de los modelos predictivos más frecuentemente utilizados en la previsión empresarial es el método Z-score, ideado por Edward Altman, profesor de finanzas de la New York University, en 1968.

✓ DEBES SABER

❯ **O-score de Ohlson** Alternativa al Z-score para prever la quiebra

❯ **Sobreventa** Cuando las ventas crecen más que las finanzas de la empresa

❯ **Negocio insuficiente** La empresa vende por debajo de sus finanzas

❯ **Análisis Zeta** Modelo Z-score de segunda generación

Signos de fracaso empresarial

Hay muchos signos de que una empresa va mal y puede estar en riesgo de ser insolvente. Esos signos inquietan a los inversores, y si estos deciden vender, las acciones bajarán. Muchas empresas que quiebran están en beneficios, pero se han quedado sin dinero.

Un **20%** es el aumento estimado de beneficios entre 2013 y 2017 en las empresas que usan indicadores de desempeño para hacer sus previsiones

Fracaso

Venta de activos para pagar deudas

Bajada de sueldo de los empleados

Reducción de dividendos a los accionistas

La quiebra llega si la empresa no puede pagar sus deudas

Altos directivos que dejan la empresa por otro trabajo

Bajo flujo de efectivo, que se observa como una continuada disminución del efectivo disponible en los balances de años consecutivos

Gran endeudamiento, con pago de altos intereses y una disminución de ingresos

Baja rentabilidad, con una continuada disminución de los beneficios en la cuenta de pérdidas y ganancias en años consecutivos

Control del fraude

Un observador atento de los estados financieros puede detectar signos de alarma que indiquen actividades fraudulentas en informes muy optimistas y actitudes evasivas de los directivos.

Cómo funciona

Las empresas que cotizan en bolsa deben hacer auditar sus cuentas anualmente por auditores externos independientes. Es normalmente durante este proceso cuando se detectan engaños financieros –trucos de contabilidad creativa usados para manipular las cifras y mejorar el desempeño de la empresa en sus estados financieros– y actividades claramente fraudulentas.

La tarea de los auditores es asegurarse de que las cuentas y los informes financieros de la empresa son exactos y se han recogido con honradez. Los auditores realizan un examen sistemático de las cuentas de la empresa y pueden detectar anomalías. Si se detecta fraude, entran en juego los contables forenses y especialistas en investigación de delitos, que pueden perseguir a los criminales.

 DEBES SABER

▶ **Liquidación de activos** Venta de activos de una empresa para obtener fondos, con el resultado frecuente del cierre de la empresa

▶ **Desviación de activos** Tipo de fraude en el que activos y fondos se transfieren fraudulentamente a directivos o accionistas

Banderas rojas que alertan de fraude

Los auditores pueden ver indicios de fraude a través de numerosos signos de alarma, o «banderas rojas», que pueden guardar relación con el comportamiento del CEO u otros directivos o bien con irregularidades detectadas en los estados financieros.

Cifras sospechosas en estados financieros

▶ Flujos de efectivo negativos en tres trimestres seguidos que repentinamente pasan a ser positivos

▶ Repentino aumento del margen bruto, incongruente con el promedio del sector y con la pauta previa de desempeño de la empresa

▶ Grandes ventas a empresas con historial dudoso

▶ Ventas registradas antes de su fecha de realización

▶ Fuentes de ingresos no existentes, inventadas

▶ Gastos trasladados de una empresa a otra, o clasificados como activos

▶ Crecimiento sostenido del beneficio por acción

▶ Altos pagos a ejecutivos, en relación con el salario base

En el 89% de los casos de fraude en EE.UU. en 2010 participaron el CEO o el director financiero de la empresa

Cómo detectarlo

Debe haber procedimientos de control de cualquier persona que maneja gasto. Cuando estos procedimientos fallan, los auditores internos y externos deben adoptar medidas más drásticas.

Analizar ratios que permitan identificar tendencias de largo plazo (ver pp. 148-149)

LOS CINCO FRAUDES MÁS FAMOSOS

Los peores fraudes se han dado en las empresas de mayor prestigio.
Enron era una de las siete empresas más importantes de Estados Unidos,
y JPMorgan, el mayor banco del país al producirse la crisis de las *subprimes*.

SECURITIES EXCHANGE CO
En 1919, Carlo Ponzi organizó una estafa piramidal en Boston. Prometía a los inversores un beneficio del 50% en 45 días, que pagaba con el dinero de los nuevos inversores.

BARINGS BANK
El banco británico se hundió en 1995 tras operaciones no autorizadas de su empleado Nick Leeson que provocaron 1.300 millones de dólares de pérdidas. Se le había permitido evitar las auditorías internas.

ENRON
La compañía energética Enron se declaró en suspensión de pagos en 2001 sin haber mostrado pérdida alguna en sus estados financieros. Los auditores externos no supieron detectarlo.

WORLDCOM
En EE.UU., la empresa de comunicaciones WorldCom se declaró en quiebra en 2002 tras una incorrecta contabilización de 3.800 millones de dólares de gastos. Arthur Andersen era la responsable del control.

JPMORGAN CHASE & CO
Durante 10 años desde 2002, aprobó miles de hipotecas a personas insolventes. El empleado que dio la voz de alarma obtuvo una recompensa de 64 millones de dólares.

Actitud del director general
› Actitud evasiva de ejecutivos sobre detalles financieros importantes
› Intentos del director general de apartar a los auditores de ciertos documentos

Aspectos técnicos
› Asignación tardía de ventas o ajustes en los beneficios
› Falta de aprobaciones o firmas
› Presentación de documentos fotocopiados en lugar de los originales

Establecer un canal confidencial para que los empleados actuales y pasados puedan denunciar prácticas fraudulentas

Usar el factor sorpresa, como acometer una agresiva auditoría interna sin previo aviso

Comprobar por sorpresa el efectivo para determinar si el flujo de efectivo real corresponde a lo que indican los informes

Minería de datos con software de auditoría para detectar cualquier discrepancia entre pautas pasadas y los documentos actuales

Financiación y capital

Cuando una empresa necesita fondos adicionales puede usar fuentes internas o externas, o bien ambas, en función de si busca grandes sumas para financiar un crecimiento a largo plazo, como una expansión, o bien importes inferiores para gastos de corto plazo, como cuando hay que cubrir costes operativos. Además, las fuentes externas disponibles dependen de si la empresa está bien establecida o es relativamente nueva y no cuenta con un historial importante.

Fuentes de financiación y capital

Cuando consideran la posibilidad de obtener financiación, los directores financieros evalúan en primer lugar la salud financiera de la empresa. Deciden entonces la proporción en que la empresa se financiará con recursos propios (las reservas de efectivo de la empresa y el dinero obtenido de la venta de acciones) y la que deberá financiarse con dinero prestado por otras fuentes exteriores, como los bancos, con lo que la empresa asumirá deuda.

El **59**% de los responsables financieros de EE.UU. dice que la flexibilidad financiera es el factor principal para decidir el nivel de deuda que puede asumirse

Deuda, préstamos

Prestadores institucionales

Grandes instituciones financieras, como los bancos, que prestan dinero. *Ver pp. 158–159.*

FONDOS EN FORMA DE PRÉSTAMO DE UNA FUENTE EXTERIOR

PAGO DE INTERESES

EVALUACIÓN DE LA ESTRUCTURA DE CAPITAL

Cuando un inversor considera comprar acciones de una empresa, se fija en su estructura de capital para evaluar las perspectivas del negocio. La estructura de capital se refiere al porcentaje de las finanzas de la empresa compuesto por fondos procedentes de acciones y beneficios (los recursos propios) y el compuesto por fondos prestados o deuda. Al evaluar la estructura de capital, los inversores consideran lo siguiente:

❯ Como norma general, las empresas con más recursos propios que deuda se consideran de menor riesgo, pues sus activos superan su pasivo. Así, una empresa de este tipo tiene un ratio deuda-recursos propios bajo, por lo que suele considerarse una inversión de bajo riesgo.

❯ Una empresa con un ratio deuda-recursos propios alto es una inversión de mayor riesgo.

❯ La deuda no es siempre mala. Si los tipos de interés son bajos, la empresa puede asumir mayor deuda para financiar su expansión, siempre que el beneficio que consiga a partir de los fondos prestados sea mayor que el interés que pague. Por un lado habrá más riesgo, pero tendrá también mayor potencial de crecimiento. Es lo que se conoce como «apalancamiento». Ver *pp. 174–175*.

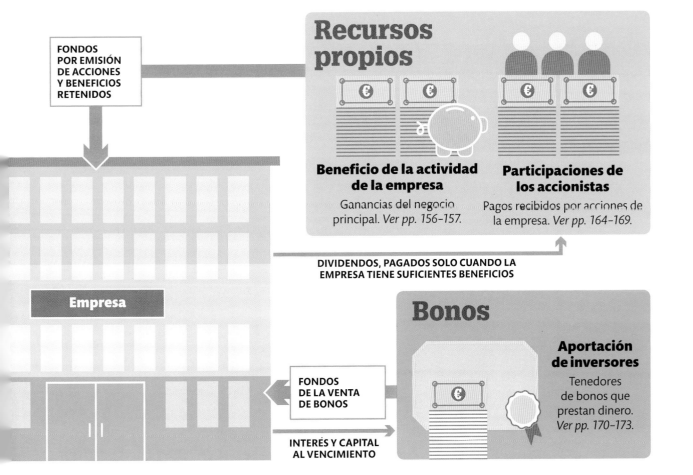

FONDOS POR EMISIÓN DE ACCIONES Y BENEFICIOS RETENIDOS

Recursos propios

Beneficio de la actividad de la empresa
Ganancias del negocio principal. *Ver pp. 156–157.*

Participaciones de los accionistas
Pagos recibidos por acciones de la empresa. *Ver pp. 164–169.*

Empresa

DIVIDENDOS, PAGADOS SOLO CUANDO LA EMPRESA TIENE SUFICIENTES BENEFICIOS

Bonos

Aportación de inversores
Tenedores de bonos que prestan dinero. *Ver pp. 170–173.*

FONDOS DE LA VENTA DE BONOS

INTERÉS Y CAPITAL AL VENCIMIENTO

Financiación interna

La mayoría de las empresas prefieren obtener fondos a partir de sus recursos internos más que recurriendo a un préstamo o emitiendo nuevas acciones, pues ambos sistemas son más costosos.

Cómo funciona

Cuando una empresa necesita fondos, o capital, para expandirse o inversión para mantener sus operaciones, se enfrenta a dos alternativas: o bien obtiene el dinero de fuentes externas o bien debe obtenerlo dentro de la misma organización. Dado que traer dinero del exterior acarrea costes adicionales, como el interés que hay que pagar por un préstamo, los dirigentes de la empresa deben ponderar el coste de oportunidad de usar fondos propios –es decir, el beneficio que podría obtenerse de invertir dichos fondos– frente al coste de la financiación.

Lograr financiación interna

Tanto si los fondos se necesitan a corto o largo plazo, pueden darse pasos para incrementar el nivel de fondos de la empresa.

Financiación a corto plazo

Las empresas que quieren obtener fondos sin recurrir a fuentes externas pueden aplicar tres estrategias para maximizar el nivel de efectivo disponible para las operaciones del día a día y para gastos de capital.

Mejor control del crédito

Hacer un seguimiento de los deudores para que las facturas se paguen en plazo, comprobar que los nuevos clientes son solventes y fijar un plazo de pago de 30 días.

Retraso de los pagos

Los grandes proveedores pueden ofrecer descuentos por pronto pago, pero también pueden aceptar plazos de pago mayores, lo que mejorará el efectivo a corto plazo.

SESGO DE LA EXPERIENCIA RECIENTE

Cobrar las facturas en plazo ayuda a mantener el nivel de los fondos. Es interesante saber que las facturas que se envían inmediatamente a la finalización del trabajo tienden a ser pagadas antes que las que se envían más tarde. El «sesgo de la experiencia reciente» explica el porqué: el cerebro tiende a priorizar los eventos recientes sobre los antiguos.

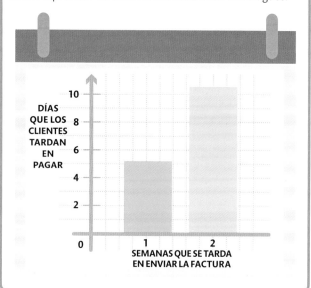

DÍAS QUE LOS CLIENTES TARDAN EN PAGAR

10
8
6
4
2
0

1   2

SEMANAS QUE SE TARDA EN ENVIAR LA FACTURA

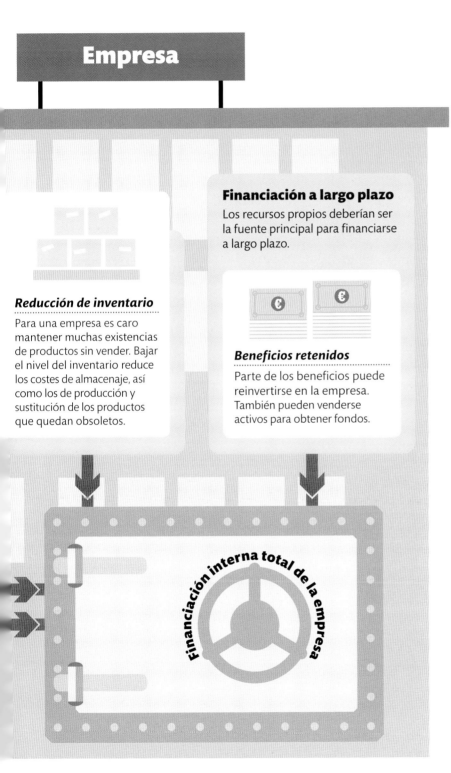

Empresa

Financiación a largo plazo

Los recursos propios deberían ser la fuente principal para financiarse a largo plazo.

Reducción de inventario

Para una empresa es caro mantener muchas existencias de productos sin vender. Bajar el nivel del inventario reduce los costes de almacenaje, así como los de producción y sustitución de los productos que quedan obsoletos.

Beneficios retenidos

Parte de los beneficios puede reinvertirse en la empresa. También pueden venderse activos para obtener fondos.

Financiación interna total de la empresa

USAR LOS BENEFICIOS PARA LA EXPANSIÓN

Si la empresa quiere crecer, puede optar por financiar la expansión con sus beneficios. Esto presenta tanto ventajas como desventajas.

Pros

❯ Usar los beneficios significa que no hay que pagar intereses, a diferencia de si se pide prestado.

❯ Los propietarios y directivos pueden mantener el control total de la empresa sin compartirlo con los nuevos inversores.

❯ La empresa puede mantener un nivel de endeudamiento bajo, lo que atraerá a futuros inversores.

Contras

❯ Los beneficios pueden tardar en dar los fondos suficientes.

❯ Retener los dividendos puede decepcionar a algunos accionistas, que preferirían recibir parte de los beneficios.

❯ Se pierde la oportunidad de lograr fondos por la inversión de los beneficios en lugar de gastarlos.

73,6

días es el plazo medio de pago de las facturas en España, pese a que el plazo legal es de 30 días

Financiación externa

Cuando el crecimiento o los gastos imprevistos de la empresa no se pueden cubrir con fuentes internas de financiación, como la retención de beneficios, debe recurrirse a prestadores o inversores.

Cómo funciona

La financiación externa puede tener varias formas, incluso préstamos bancarios y emisión de acciones. Las fuentes de financiación disponibles dependen también del importe que la empresa necesite y de si el dinero se destinará al corto plazo (a mejorar el flujo de efectivo, por ejemplo) o al crecimiento a largo plazo de la empresa. Mientras que la financiación a corto plazo es relativamente fácil de obtener, buscar financiación para expandir la empresa puede ser un reto mayor. Si la empresa cotiza en bolsa, o está a punto de hacerlo, puede obtener capital mediante la emisión de acciones. Para una empresa que no cotice, obtener un importe grande puede ser mucho más difícil. A una empresa endeudada le costará más lograr fondos, pues los inversores la verán con un mayor riesgo.

DEBES SABER

❯ **Crédito a plazo** Deuda bancaria que debe devolverse en un determinado plazo de tiempo

❯ **Pagaré** Documento que garantiza a su tenedor el pago de una deuda en una fecha determinada

❯ **Eurobono** Bono emitido en una moneda distinta a la del país de emisión

Lograr financiación externa

Obtener fondos de fuentes externas puede ser un reto importante, en especial cuando se buscan inversores. Sin embargo, los fondos no tienen por qué tener la forma de un préstamo, pues hay diversas estrategias que pueden adoptarse con terceros para que la empresa disponga del capital que necesita.

El **80**%
de la financiación externa de las empresas procede de los bancos locales

Financiación a corto plazo

La empresa puede alcanzar acuerdos con terceros para obtener efectivo en el corto plazo que le permita disponer de fondos inmediatos.

Línea de crédito

Efectivo del que se dispone a crédito en la propia cuenta de la empresa, hasta un determinado límite, y por el que se suele pagar un interés alto.

Factoring

Venta de facturas pendientes de cobro a una entidad externa que, a cambio de una comisión, las paga de inmediato.

Descuento de facturas

Dinero que los clientes están dispuestos a adelantar de las facturas de venta (a menudo a un interés elevado).

PROCESO DE FACTORING

Para obtener dinero inmediato, la empresa vende facturas pendientes de cobro (cuentas a cobrar) a un tercero, conocido como «factor», que adelanta una parte importante del importe y retiene el resto hasta que la factura se cobra, quedándose con una comisión.

La empresa negocia un acuerdo en el que vende a precio inferior sus facturas pendientes de cobro a un «factor».

La empresa factura a sus clientes y envía una copia de las facturas al factor, a quien el cliente debe ahora el dinero.

El factor paga un porcentaje de la factura a la empresa (usualmente el 80-90%) a los pocos días de recibirla.

El cliente paga al factor el importe de la factura cuando llega la fecha pactada de vencimiento.

El factor paga el resto del importe a la empresa, salvo su comisión (que suele ser del 2-5% del importe de la factura).

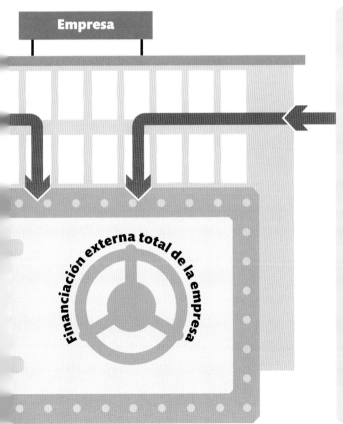

Empresa

Financiación externa total de la empresa

Financiación a largo plazo

Poner en marcha medidas efectivas para asegurar ingresos recurrentes es esencial para el crecimiento.

Acciones

Obtener capital con la emisión de acciones para financiar el crecimiento. La empresa retiene menos beneficios, pues debe pagar dividendos a los accionistas.
Ver pp. 164-165.

Préstamo

Obtener préstamos a largo plazo de bancos o instituciones financieras, generalmente a mejor interés que el de una línea de crédito.

Arrendamientos financieros

Vender activos caros, como ordenadores, para financiar la empresa con la liberación de capital, y arrendarlos a continuación.

Acuerdos de compra

Pagar activos caros, como vehículos, a plazos. El coste final puede ser mayor, pero en cambio el capital no queda inmovilizado.

Salida a bolsa

Cuando una empresa sale a bolsa, pone a la venta parte de sus acciones para que pueda comprarlas el público. Este proceso le permite obtener dinero para financiar el crecimiento.

Cómo funciona

La salida a bolsa de una empresa marca el inicio de su vida pública como organización, pues a partir de ese momento deja de ser propiedad de un pequeño número de accionistas. Una empresa puede decidir salir a bolsa cuando necesita dinero para financiar su crecimiento. El proceso suele llevar varios meses: la empresa inicia los preparativos legales y financieros antes de la etapa final, en la que pone a la venta las acciones, ya sea para que las compre un grupo seleccionado de inversores, el público en general o una combinación de ambos. Cada acción representa una «participación» en la empresa, y el dinero que esta recibe de la venta se convierte en capital o recursos propios.

Formas de salir a bolsa

Existen tres formas principales para que una empresa salga a bolsa, cada una de ellas con distintos costes asociados. El método elegido dependerá del tamaño y de cuánto capital necesite obtener.

Introducción

La empresa entra en bolsa sin obtener capital, al permitir la negociación de sus acciones existentes. Para ello, más del 25 % de las acciones deben estar ya en manos del público (en otras bolsas) y no puede haber ningún accionista que tenga la mayoría.

Colocación

Grupos seleccionados de inversores institucionales son invitados a comprar acciones. Ello implica costes inferiores a acometer una salida a bolsa completa (*ver más abajo*), pero el importe de capital potencial está limitado, al haber menos accionistas.

Oferta pública inicial (IPO)

Los inversores institucionales y privados son invitados a suscribir, o comprar, en la primera ronda de acciones que la empresa emite. Es la forma más cara de salir a bolsa, pero permite a la empresa obtener grandes cantidades de capital.

20% es el crecimiento mínimo anual típico de las empresas cotizadas de EE.UU.

LAS 10 MAYORES IPO DE LA HISTORIA

Cuando una gran empresa sale a bolsa con una oferta pública inicial (IPO) los inversores pueden competir para adquirir sus acciones, con lo que a veces se alcanzan cifras récord. Este gráfico muestra las mayores IPO hasta 2014, según los ingresos obtenidos en su primer día de cotización.

Bolsa

Mercado financiero en el que los valores empresariales (acciones y participaciones) se compran y venden de acuerdo con su precio de mercado.
Ver pp. 170-171.

OFERTA PÚBLICA INICIAL (IPO)

Alibaba Group 2014, Bolsa de Nueva York (grupo chino de comercio electrónico) — 25.000 M$

Agricultural Bank of China 2010, Bolsa de Shanghái (banco chino) — 19.200 M$

NTT Group 1998, Bolsa de Tokio (grupo japonés de telecomunicaciones) — 18.400 M$

Visa 2008, Bolsa de Nueva York (empresa estadounidense de servicios financieros) — 17.900 M$

Enel SpA 1999, Bolsas de Nueva York y Milán (empresa italiana de energía) — 16.580 M$

Facebook 2012, Bolsa de Nueva York (red social estadounidense) — 16.000 M$

General Motors 2010, Bolsa de Nueva York (empresa automovilística estadounidense) — 15.800 M$

Deutsche Telekom AG 1996, Bolsas de Fráncfort, Nueva York y Tokio (empresa alemana de telecomunicaciones) — 12.480 M$

Bank of China 2006, Bolsa de Hong Kong (banco chino) — 11.100 M$

OAO Rosneft 2006, Bolsas de Moscú y Londres (empresa petrolífera rusa) — 10.650 M$

0 — 10.000 — 20.000

VALOR, EN MILLONES DE DÓLARES (M$)

Una IPO, de cerca

Una oferta pública inicial (IPO, por sus siglas en inglés) es el primer momento en el que una empresa pone a la venta pública sus acciones. Es la forma más común para una empresa de salir a bolsa si necesita una gran inyección de capital para su expansión. Hay otros motivos para salir a bolsa, como por ejemplo si un Gobierno quiere privatizar una empresa estatal, o si los miembros de una gran empresa familiar quieren vender su participación.

LAS 10 BOLSAS MÁS IMPORTANTES DEL MUNDO

Las bolsas más importantes gestionan las acciones de algunas de las empresas más lucrativas del mundo y, por lo tanto, se mueven a través de ellas enormes cantidades de dinero.

Las siguientes bolsas se citan siguiendo el orden de su valor de capitalización de mercado; es decir, por el valor total de las empresas que cotizan en cada una de ellas.

1. Bolsa de Nueva York
2. NASDAQ OMX, Nueva York
3. Bolsa de Tokio
4. Euronext (paneuropea)
5. Bolsa de Londres
6. Bolsa de Shanghái
7. Bolsa de Hong Kong
8. Bolsa de Toronto
9. Deutsche Borse
10. SIX Swiss Exchange

El proceso de la IPO

Antes de que la empresa pueda emitir acciones, debe incorporarse a una bolsa, que es el lugar en el que pueden comprarse y venderse las acciones. La empresa debe cumplir ciertos criterios para que los inversores cuenten con las garantías necesarias. Este proceso es largo, está sujeto a una estricta normativa financiera y es muy caro. Solo tras completarse todos estos pasos, la oferta pública inicial puede llevarse a cabo en bolsa.

3

Presentar el folleto informativo

Este documento contiene información sobre la oferta, la empresa y su historial financiero, así como sus planes futuros. Sus detalles aún pueden variar.

1

Cumplir las condiciones

Las condiciones específicas las fija la bolsa en la que la empresa quiere estar presente. Estas condiciones varían en cada bolsa, pero en general se trata de:

- Beneficio antes de impuestos superior a cierto nivel
- Tres años de estados financieros auditados
- Capacidad para pagar la cuota anual de la bolsa

2

Nombrar aseguradores

Los aseguradores (o *underwriters*) serán los responsables de la compra y venta públicas de las acciones.

21,3 billones

de dólares es la **capitalización bursátil conjunta de las empresas que cotizan en la** Bolsa de Nueva York; **24 veces la capitalización de la** bolsa española*

* a septiembre de 2015

✓ DEBES SABER

❯ **Large cap** Empresas con una capitalización de mercado de más de 10.000 millones de dólares

❯ **Mid cap** Empresas con una capitalización de mercado de entre 2.000 y 10.000 millones de dólares

❯ **Small cap** Empresas con una capitalización de mercado de entre 250 y 2.000 millones de dólares

4 Promocionar la oferta

Los representantes de la empresa y los aseguradores re reúnen con inversores potenciales nacionales y extranjeros para exponerles la oferta.

5 Fijación del precio final

Tras valorar las condiciones del mercado y la demanda estimada, la empresa decide el precio y el número de acciones que va a emitir. Está ya lista para salir a bolsa.

6 Salida al mercado de valores

La IPO se hace oficial pocos días después de que los inversores potenciales reciban el folleto informativo final. El anuncio se hace un día determinado, tras el cierre de la bolsa, y al día siguiente las acciones están disponibles para negociarse.

Acciones y dividendos

Al salir a bolsa, la empresa vende acciones a inversores, que pasan a ser copropietarios a cambio del capital aportado. El número y tipo de acciones del inversor determina el tamaño de su participación.

Cómo funciona

Antes de salir a bolsa, la empresa realiza un proceso de valoración para determinar el precio inicial de sus acciones. En el proceso participan los directivos, los potenciales inversores y un banco de inversión, que evalúa el valor de la empresa. Juntos alcanzan una decisión sobre el precio financieramente más viable para las acciones que se ofrecerán en el mercado. Al salir a bolsa, se emiten acciones ordinarias para los inversores; estas son la unidad básica de propiedad, o una participación en la compañía. La empresa puede también emitir acciones de manera privada, en lugar de a través de la bolsa, para mantener un mayor control de gestión.

Una parte del pastel

Las acciones ordinarias, emitidas al salir a bolsa, son las más comunes. Existen también otros tipos de acciones, que dan a la empresa más flexibilidad para controlar los derechos de que disponen los distintos grupos de accionistas. Muchas de ellas no se venden en bolsa, sino que se destinan a directivos o no dan derecho a voto y se emiten directamente. Cada tipo de acción confiere distintos derechos.

Accionariado

Emitidas directamente

Acciones de dirección

Emitidas (generalmente dadas, no vendidas) a los propietarios y directivos, que tienen:

✔ Derechos de voto adicionales, con lo que el control de la empresa queda en las mismas manos

Acciones sin voto

Emitidas a los empleados, que:

✔ Reciben parte de su retribución en forma de dividendos

✘ No dan derecho de voto

✘ No son invitados a asistir a la junta anual de accionistas

Acciones ordinarias

Los accionistas:

✓ Reciben dividendos y les corresponden parte de los activos

✓ Pueden asistir a la junta general de accionistas

✓ Pueden votar en cuestiones importantes, como el nombramiento de consejeros

✓ Reciben la memoria anual y los estados financieros

Vendidas en bolsa

Acciones preferentes

Los accionistas:

✓ Reciben dividendos fijos, pagados antes que los de los accionistas ordinarios

✓ Tienen prioridad para recibir una parte de los activos que queden tras pagar las deudas en caso de que la empresa sea insolvente

✓ Tienen menos derechos de voto, o incluso no tienen derecho

Acciones diferidas

✓ Los accionistas reciben dividendos de la empresa y les corresponde una parte de los activos, pero solo tras otros accionistas

✓ DEBES SABER

〉 *Stagging* Comprar y volver a vender enseguida acciones de una IPO con gran beneficio

〉 **Acciones rescatables** Acciones ordinarias o preferentes que pueden ser recompradas por su emisora en condiciones prefijadas

Un **698**% aumentó el precio de las acciones en la IPO de VA Linux Systems en un solo día en la Bolsa de Nueva York

OBTENER MÁS CAPITAL DE ACCIONES

Tras la venta inicial de las acciones cuando sale a bolsa, la empresa puede obtener fondos adicionales emitiendo nuevas acciones. Hay tres formas principales de hacerlo:

〉 **La emisión de derechos de suscripción** da derecho a los actuales accionistas a adquirir acciones adicionales en un determinado plazo de tiempo, antes de que se ofrezca a terceros.

〉 **La emisión pública** es un proceso por el que la empresa emite un nuevo paquete de acciones que se venderán en el mercado de valores.

〉 **La colocación privada** es una práctica por la que la empresa vende acciones (u otros valores) directamente a inversores privados, en general grandes instituciones, al margen del mercado de valores.

Precio de cotización

La ley de la oferta y la demanda determina el precio de cotización de las acciones. Las empresas emiten solo un número limitado de acciones al público, que se pueden comprar y vender en bolsa. La demanda por esas acciones depende de si los inversores consideran que la empresa presenta buenas perspectivas económicas. Si los inversores creen que la empresa está llamada a tener un buen crecimiento, querrán comprar acciones, lo que en consecuencia eleva su precio.

Un **25%** cayó el valor de las acciones en cuatro días durante el crac de Wall Street de 1929

FRACCIONAMIENTO

En ocasiones se lleva a cabo un «fraccionamiento de las acciones». Con ello se incrementa el número total de acciones, si bien el valor del conjunto sigue siendo el mismo. Esta operación permite a la empresa reducir el precio de las acciones y ponerlo en línea con el de la competencia. La proporción suele ser de dos por una o de tres por una, y el accionista ve por tanto duplicado o triplicado su número de acciones.

El valor creciente de las acciones

Los observadores financieros piensan que el énfasis en optimizar el valor para los accionistas nació en 1976, cuando la idea de maximizar los beneficios se convirtió en prioritaria. Desde entonces, el mercado ha experimentado una tendencia general al alza, con algunas grandes caídas ocasionales. El gráfico muestra el valor medio de las acciones del índice FTSE de Londres entre 1964 y 2013.

✓ DEBES SABER

❯ **Bear market** (o «mercado oso») Mercado que ha bajado un 20 % o más en un plazo de 2 meses

❯ **Bull market** (o «mercado toro») Mercado con precios al alza y alta confianza de los inversores

❯ **Corrección del mercado** Ajuste a la baja del precio de las acciones para ajustarse a una sobrevaloración

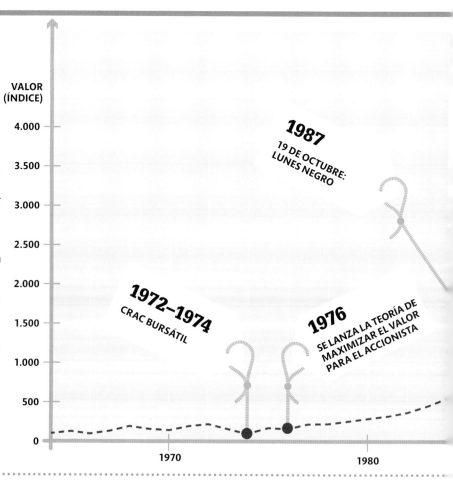

VALOR (ÍNDICE)

4.000
3.500
3.000
2.500
2.000
1.500
1.000
500
0

1987 19 DE OCTUBRE: LUNES NEGRO

1972–1974 CRAC BURSÁTIL

1976 SE LANZA LA TEORÍA DE MAXIMIZAR EL VALOR PARA EL ACCIONISTA

1970
1980

PRECIO DEMASIADO ALTO
El precio de las acciones de una empresa que cotiza en bolsa ha aumentado y son más caras que las de su competencia. El precio desanima a los inversores.

FRACCIONAMIENTO
La empresa decide fraccionar las acciones. Divide por dos el precio de la acción actual, de 3 €, así que cada acción tiene ahora un precio de 1,50 €.

SE EMITEN NUEVOS TÍTULOS
Se duplica el número de acciones: un accionista que tenía 1.000 acciones a 3 € cada una pasa a tener ahora 2.000 a 1,50 €. El valor total siguen siendo 3.000 €.

ACCIONES ALINEADAS
El valor de las acciones es ahora similar al de los competidores. El nuevo precio anima a nuevos inversores a comprar.

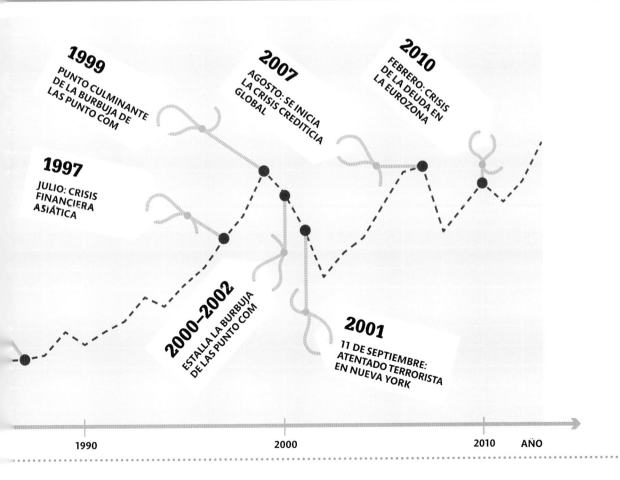

1999
PUNTO CULMINANTE DE LA BURBUJA DE LAS PUNTO COM

1997
JULIO: CRISIS FINANCIERA ASIÁTICA

2007
AGOSTO: SE INICIA LA CRISIS CREDITICIA GLOBAL

2010
FEBRERO: CRISIS DE LA DEUDA EN LA EUROZONA

2000-2002
ESTALLA LA BURBUJA DE LAS PUNTO COM

2001
11 DE SEPTIEMBRE: ATENTADO TERRORISTA EN NUEVA YORK

1990   2000   2010   **AÑO**

¿Qué es un dividendo?

Los accionistas de una empresa tienen derecho al pago en efectivo de parte de los beneficios. La empresa paga dividendos por cada acción emitida, pero es potestad de su consejo decidir en qué proporción reinvierte los beneficios o remunera a los accionistas. Los inversores tienen en cuenta la tasa de pago de dividendos y el crecimiento del capital de una empresa para evaluar su salud financiera y decidir si deben invertir en ella. Los inversores que dependen de las acciones para sus ingresos invertirán en empresas que den dividendos regularmente. Con buena coyuntura económica, ganan por partida doble, pues los dividendos les dan ingresos y el valor de su participación aumenta. Sin embargo, hay siempre un riesgo de que las acciones bajen, y los dividendos solo se pagan cuando se obtienen beneficios.

Pagar dividendos es una buena forma de atraer inversores. Es una recompensa por poner dinero en la empresa para que esta pueda operar, desarrollarse y expandir el negocio.

✓ DEBES SABER

❯ **Ratio de rentabilidad por dividendo** Relación entre los rendimientos por acción y el precio de la acción

❯ **Dividendo por acción** Suma pagada por cada acción tras calcular los beneficios retenidos

❯ **Ratio de *payout* del dividendo** Porcentaje de los ingresos netos de la empresa que se paga en forma de dividendos

Cómo funciona

Los accionistas reciben normalmente dividendos si la empresa de la que tienen acciones ha retenido beneficios suficientes en el ejercicio para hacer el pago. La decisión de hacer el pago es adoptada por el consejo de administración. El dividendo puede distribuirse trimestralmente (cuatro veces por año) o en dos partes, con un pago parcial a mitad del año y el resto justo tras terminar el ejercicio.

Anuncio de los beneficios retenidos

A final del ejercicio, la empresa anuncia los beneficios que retiene: el importe que pretende mantener para reinvertir o pagar deudas en lugar de pagar dividendos.

Decisión sobre el pago de dividendos

El consejo ejecutivo toma la decisión de si hay fondos suficientes para pagar dividendos, y el importe de los mismos. Registra los detalles de cada pago en un cupón de dividendos.

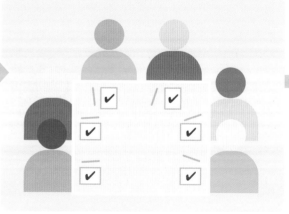

TIPOS DE INTERÉS Y DIVIDENDOS

Cuando los tipos de interés son bajos, las acciones que dan dividendos altos resultan extremadamente atractivas para los inversores, pues ofrecen un rendimiento mejor que las inversiones que se hacen a cambio de un interés. Esta coyuntura económica anima a las empresas a pagar dividendos altos para atraer así a tantos inversores como sea posible, lo que a su vez incrementa el precio de las acciones.

Contrariamente, cuando los tipos de interés aumentan, los inversores pueden preferir invertir su dinero en activos de renta fija, que ofrecen mejores tasas sin el riesgo asociado a la compra de acciones.

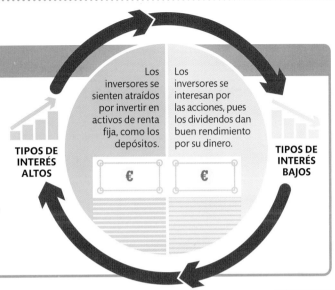

TIPOS DE INTERÉS ALTOS
Los inversores se sienten atraídos por invertir en activos de renta fija, como los depósitos.

TIPOS DE INTERÉS BAJOS
Los inversores se interesan por las acciones, pues los dividendos dan buen rendimiento por su dinero.

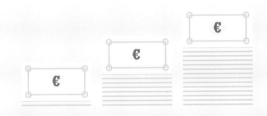

Retención de fondos para crecer

La empresa retiene una parte de los beneficios para reinvertirlos en el negocio. Debe conseguir un equilibrio entre complacer a los inversores y expandir sus operaciones.

En **1602** la Dutch East India Company se convirtió en la primera empresa en emitir valores y bonos

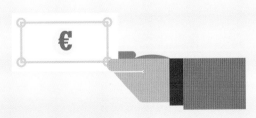

Pago de dividendos

La mayor parte de los dividendos son en efectivo. A veces, las empresas distribuyen en valores, distribuyendo más acciones en lugar de efectivo.

Impuestos

Los accionistas deben declarar los dividendos en su declaración de la renta y pagar impuestos por ellos.

El mercado de capitales

El mercado de capitales es el lugar de negociación global de valores –bonos con vencimiento de más de un año y acciones– en el que los gobiernos y las empresas pueden obtener fondos y los inversores hacer dinero.

Cómo funciona

En el mercado de capitales se venden acciones (empresas) y bonos (deuda). Las acciones y los bonos se venden primero en el mercado primario, donde inicialmente se emiten, y se negocian después en el mercado secundario. El mercado de capitales es crucial para que la economía funcione correctamente, pues canaliza los fondos a los usuarios del capital, como las empresas y los gobiernos. Los emisores originales de las acciones y los bonos no obtienen ganancias de la negociación de estos en el mercado secundario, de la que participan únicamente los inversores. Pero el valor de las acciones y el nivel de negociación de los bonos reflejan la confianza en una empresa o institución y refuerza su posición financiera.

La estructura

El mercado de capitales comprende el mercado de deuda, en el que se venden los bonos, y el de valores, en el que se negocian las acciones. Ambos cuentan con un mercado primario y otro secundario.

Mercado de capital

Mercado primario

El mercado emite nuevos bonos y acciones, bajo la supervisión de los bancos de inversión. Se conoce también como mercado de emisión primaria.

EL GOBIERNO VENDE BONOS

LAS EMPRESAS VENDEN BONOS Y ACCIONES

BONOS
Vendidos en el mercado de deuda (mercado de bonos)

ACCIONES
Vendidas en el mercado de valores (bolsa)

INVERSORES

¿QUÉ ES UN BONO?

Un bono es un instrumento financiero de deuda que una empresa emite a los inversores. Al comprar bonos, el inversor presta dinero al emisor, quien a cambio se compromete a pagarle intereses. Un bono tiene un plazo de vencimiento (un determinado número de años de validez) y el interés se paga anualmente hasta ese momento. Al alcanzar su vencimiento, el emisor devuelve el importe original del préstamo al inversor. Empresas y gobiernos emiten bonos para obtener dinero para las actividades operativas o bien para pagar deuda estatal.

100
billones de dólares
es el valor estimado
del mercado
global de deuda

Bonos y acciones: pros y contras

Bonos (inversión en deuda)

✓ Obligación contractual de pago de intereses

✓ Los bonos presentan menos riesgo: los mercados de deuda son menos volátiles que los de valores; si la empresa tiene problemas, los tenedores de bonos cobran antes que otros deudores y de que se compense a los accionistas

✗ Comprar bonos no da participación en la empresa

✗ Los compradores no recuperan el importe principal hasta el vencimiento

Acciones (participación en una empresa)

✓ Los compradores de acciones obtienen una participación en la empresa

✓ Los vendedores de acciones deben pagar dividendos, aunque estos pueden reducirse o suspenderse si la empresa lo considera oportuno

✗ Las acciones presentan mayor riesgo: cambios en los beneficios de la empresa y en la economía pueden causar que su precio suba o baje; en caso de quiebra, las acciones pierden su valor

Mercado secundario

Los inversores compran bonos y acciones de otros inversores y no de las empresas emisoras. Los beneficios van a parar a otro inversor y no a la empresa o entidad.

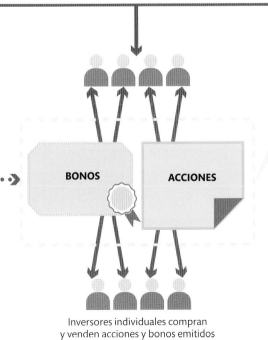

BONOS

ACCIONES

Inversores individuales compran y venden acciones y bonos emitidos previamente en el mercado primario

¿Cómo funcionan los bonos?

Los tenedores de bonos en realidad compran con cada bono una porción de un préstamo mayor, y reciben un interés por ello, además de recuperar el importe inicial al vencimiento. La emisión, compra y venta de bonos tiene lugar en el mercado de deuda. El mercado tiene varias funciones: ofrece bonos u otros tipos de préstamos a los inversores; opera como un mercado de renta fija, pues el emisor está obligado a pagar intereses regulares; y permite a las empresas y gobiernos obtener fondos a largo plazo. En conjunto, el mercado de deuda es mucho mayor que el de valores, en el que se compran y venden acciones. Atrae a los inversores porque los bonos ofrecen mayor protección ante el riesgo que las acciones. Existen distintos tipos de bonos, unos más seguros que otros –el riesgo radica en si el emisor podrá pagar los intereses y devolver el principal al vencimiento–. Un bono garantizado está respaldado por un activo, como una propiedad, a diferencia de un bono no garantizado, que por ello implica un riesgo mayor.

Bonos y acciones son dos tipos de valores, y el término se refiere también al certificado de propiedad o de crédito que da derecho a su tenedor a recibir dividendos en el caso de las acciones o el pago de intereses en el de los bonos.

✓ DEBES SABER

> **Instrumento de deuda** Término oficial para los bonos y otra deuda a largo plazo

> **Bono convertible** Bono que puede convertirse en acciones de la empresa emisora o en efectivo

> **Certificado de opción (*warrant*)** Valor que permite a su tenedor comprar acciones de una empresa a un precio fijado

> **Bono redimible** Bono que el emisor tiene derecho a amortizar antes de su vencimiento

> **Bono irredimible (perpetuo)** Bono sin vencimiento que no puede redimirse ni revenderse al emisor, pero que sigue pagando intereses

Invertir en el mercado de deuda

Una empresa necesita 100 millones de euros para financiar su crecimiento pero no quiere emitir más acciones. En su lugar, obtiene dinero con la emisión de bonos en el mercado de deuda.

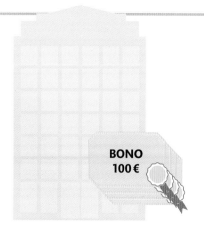

La empresa emite bonos

La empresa emite 1 millón de bonos a 100 € cada uno. Cada bono funciona efectivamente como un préstamo entre el inversor y la empresa.

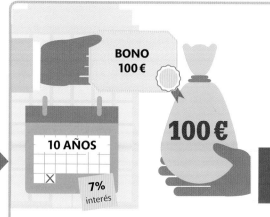

Los inversores compran bonos

Cada bono vence al cabo de 10 años y da un interés del 7 %, con un valor facial de 100 €. Durante los 10 años, la empresa puede usar el dinero como capital.

TIPOS DE BONOS

Bonos del Gobierno

Los bonos gubernamentales
son el tipo de bonos más seguros,
pues se considera muy poco
probable que los gobiernos de las
economías capitalistas desarrolladas
dejen de pagar los intereses del
préstamo o devolver el importe
principal.

Bonos corporativos

Las obligaciones están garantizadas
con activos de la empresa emisora, y
presentan, por tanto, menos riesgo
que las acciones, pues si la empresa
quiebra estos bonos se pagarán en
primer lugar.

Las obligaciones subordinadas
no están garantizadas, por lo que
presentan un mayor riesgo, pues
si la empresa quiebra se pagan tras
pagar los bonos garantizados. Al
tener mayor riesgo, los inversores
esperan una mayor rentabilidad
(interés) por su inversión.

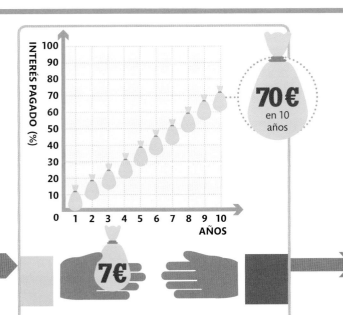

Los inversores reciben un interés anual

Cada año, la empresa paga al inversor 7 € (7 %
de 100 €) por cada bono comprado a cambio de
usar el principal como capital para financiar sus
actividades. Tras 10 años, el inversor ha recibido
un total de 70 € de interés por cada bono.

El bono se amortiza al vencimiento

Una vez el bono llega a su vencimiento, al cabo de
10 años en este caso, el importe original prestado,
100 €, se devuelve al inversor. El inversor, pues,
recibe un total de 170 €, incluidos los intereses,
al final del plazo, por su inversión de 100 €.

Apalancamiento y riesgo financiero

El apalancamiento es la relación entre el capital y financiación con préstamos a corto o largo plazo. Inversores y prestadores lo usan para valorar el riesgo.

Cómo funciona

La mayoría de las empresas operan con algún grado de apalancamiento, y financian parte de su actividad con dinero prestado (créditos o bonos), con el compromiso de hacer pagos de determinado importe al prestador. Si el apalancamiento de la empresa es alto (es decir, si se ha endeudado mucho), los inversores pueden dudar de su capacidad de devolver los préstamos y ver un riesgo de insolvencia. Sin embargo, si el importe del resultado operativo es más que suficiente para pagar los intereses, un apalancamiento alto puede dar mejores rentabilidades a los accionistas. El nivel óptimo de apalancamiento para una empresa depende también del riesgo que presenta su sector, cuán apalancados están sus competidores y el punto de su ciclo vital en que se encuentra.

Financiación por capital

Pros
❯ No hay dinero que devolver
❯ Los accionistas asumen las pérdidas
❯ Buena para startups, pues les lleva un tiempo ser rentables
❯ *Business angels* aportan experiencia
❯ Un bajo apalancamiento es muestra de fortaleza financiera
❯ El bajo riesgo atrae más inversores y mejora la calificación crediticia

Contras
❯ Propiedad compartida, con lo que se controlan menos las decisiones
❯ Beneficios compartidos con los inversores que arriesgan su dinero
❯ Obligación legal de actuar en interés de los accionistas
❯ Alta carga administrativa
❯ Organización compleja

Bajo apalancamiento

La empresa tiene menos deuda

La empresa tiene más recursos propios

Baja proporción de deuda sobre los recursos propios, también conocida como bajo grado de apalancamiento financiero. Los fondos propios proceden de:

❯ Reservas (beneficios retenidos)
❯ Capital de los accionistas

Cálculo del apalancamiento

Los analistas y los inversores potenciales evalúan el riesgo financiero de una empresa con este cálculo, en porcentaje.

$$\frac{\text{DEUDA A LARGO PLAZO}}{\left(\begin{array}{c}\text{CAPITAL +}\\\text{RESERVAS +}\\\text{DEUDA A LARGO PLAZO}\end{array}\right)} \times 100$$

Bajo apalancamiento

Una empresa de software sale a bolsa. Su ratio del 21,2 % indica a los inversores que tiene un apalancamiento relativamente bajo y está bien posicionada ante situaciones económicas adversas.

$$\frac{\text{1,2 MILLONES €}}{\left(\begin{array}{c}\text{2 MILLONES € +}\\\text{2,455 MILLONES € +}\\\text{1,2 MILLONES €}\end{array}\right)} \times 100 = 21,2\%$$

Alto apalancamiento

La empresa tiene más deuda

Alta proporción de deuda sobre los recursos propios, también conocida como alto grado de apalancamiento financiero. Ejemplos típicos de deuda son:

> Préstamos
> Bonos

La empresa tiene menos recursos propios

Financiación por deuda

Pros

> Si la empresa tiene beneficios retiene una mayor proporción
> Pagar intereses es fiscalmente deducible
> No se diluye la propiedad
> La empresa retiene el control de las decisiones
> El pago del préstamo es un importe conocido que se puede planificar
> Más rápido y fácil de organizar
> Préstamos a interés favorable, disponibles para startups

Contras

> El préstamo debe devolverse
> Debe pagarse interés incluso si disminuyen los beneficios
> La deuda debe garantizarse con activos fijos de la empresa
> Un prestador que no cobre puede reclamar activos y forzar la quiebra
> Los prestadores son los primeros en cobrar en caso de insolvencia
> Un alto apalancamiento es muestra de debilidad financiera
> El alto riesgo puede desanimar a inversores y afectar negativamente la calificación crediticia

✓ DEBES SABER

> **Ratio de cobertura de intereses** Método alternativo para calcular el apalancamiento: resultado operativo dividido por el interés que se debe pagar
> **Apalancamiento excesivo** Situación en la que la empresa tiene demasiada deuda y no puede pagar los intereses de la deuda
> **Desapalancamiento** Pago inmediato de una deuda a fin de reducir el apalancamiento

25%
o menos
es el ratio
a partir del que
se considera
que una empresa
tiene un bajo
apalancamiento

Alto apalancamiento

Una compañía de agua es el único proveedor de agua de la zona y cuenta con varios millones de clientes. Un 64 % es aceptable para una empresa de este tipo con un monopolio regional y una buena reputación.

$$\frac{360 \text{ MILLONES €}}{\left(\begin{array}{c} 82 \text{ MILLONES € +} \\ 120 \text{ MILLONES € +} \\ 360 \text{ MILLONES €} \end{array}\right)} \times 100 = 64\%$$

CÓMO FUNCIONAN

MARKETING Y VENTAS

Mezcla de marketing ❯ Enfoques de marketing
Marketing saliente ❯ Marketing entrante
Desarrollo de negocio ❯ Gestión de la información

Mezcla de marketing

El éxito en el marketing de un producto depende de cuatro elementos clave: el producto en sí mismo, su precio, la promoción que se hace y el punto de venta. Esta combinación se llama mezcla de marketing (o *marketing mix*), y se usa como herramienta para planear lanzamientos y campañas. Antes de centrarse en esta mezcla, los responsables de marketing deben definir un objetivo de mercado para el producto, determinando qué grupos de clientes serán más propensos a comprarlo.

Las 4 P y las 4 C de la mezcla de marketing

La herramienta de mezcla de marketing más común es la que contiene las 4 P: producto, precio, promoción y punto de venta. Ahora se han convertido en las 4 C, para enfatizar que se trata de una herramienta orientada al cliente.

Las 7 P del marketing

A veces se usa un modelo más detallado, con tres elementos adicionales.

> **Producto** Ver pp. 180–183.
> **Precio** Ver pp. 186–187.
> **Punto de venta** Ver pp. 188–189.
> **Promoción** Ver pp. 190–191.
> **Personas** ¿La empresa emplea a las personas adecuadas para dar un servicio óptimo al cliente?
> **Procesos** ¿Son efectivos los sistemas de gestión de pedidos y de las consultas y quejas?
> **Percepción** ¿El diseño y la disposición de las instalaciones son atractivos para el cliente?

Comodidad
> **¿El producto se ha diseñado específicamente** para complacer y exceder las expectativas del cliente?

Comunicación
> **¿Cuál es el medio más efectivo** para transmitir mensajes de marketing a los clientes y darles información útil?

Producto
> **¿El producto tiene el diseño, tamaño y color** adecuados para atraer clientes?
> **¿Cuáles son sus rasgos únicos?** ¿En qué se parece a la competencia?

Promoción
> **¿Qué combinación** de canales de marketing y medios de comunicación será más efectiva?
> **¿Cuál es el mejor momento** para hacer promociones?

«Producto, promoción y punto de venta crean **el valor**. Pero será el precio **el que lo recoja**.»

DEFINIR EL MERCADO

Para establecer una estrategia para el producto que introducen en el mercado, las empresas deben definir los clientes a los que vender, investigando y segmentando el mercado.

Investigación
Ver pp. 192–193.

❯ Identifica nichos en el mercado para el lanzamiento de nuevos productos

❯ Evalúa las reacciones del cliente ante nuevas ofertas y campañas

Segmentación
Ver pp. 194–195.

❯ Divide el mercado en grupos más pequeños con necesidades parecidas

❯ Permite campañas más centradas y con mayor probabilidad de éxito

Precio

❯ **¿Cuál es el valor del producto** para los clientes potenciales?

❯ **¿Cuál es el precio habitual** para este tipo de producto?

Coste

❯ **¿Cuánto costará el producto al cliente?** ¿Lo considerará un precio razonable?

Punto de venta

❯ **¿Dónde debería venderse el producto**, tiendas, internet o catálogo?

❯ **¿Dónde vende la competencia?** ¿Hay algún modo de destacar en el mismo lugar?

Conveniencia

❯ **¿Es fácil para los clientes ocupados encontrar** y comprar el producto?

Las 7 C del marketing

Este modelo, variante centrada en el cliente, añade tres elementos a las 4 C.

❯ **Comodidad**

❯ **Coste**

❯ **Conveniencia (o Canal)**

❯ **Comunicación**

❯ **Corporación** ¿Cómo afectan al mercado la estructura empresarial, los accionistas y la competencia?

❯ **Consumidor** ¿Cuáles son las necesidades y deseos del cliente? ¿Es seguro, el producto? ¿Qué información está disponible?

❯ **Circunstancias** ¿Qué relación tiene la empresa con factores externos, como la legislación, el clima, la economía, la cultura?

Producto

Los bienes y servicios que vende una compañía son su producto. Un producto se define por sus características, diseño, tamaño, presentación, tipo de servicio, políticas de devolución y garantías, y debe satisfacer las necesidades del cliente.

Cómo funciona

El consumidor compra beneficios, más que productos. Para los responsables de marketing, el beneficio es el propio producto, en la forma en que se presenta al cliente.

Deben identificar los objetos y servicios que venden en tres o cinco niveles de producto, con el beneficio como núcleo. El objetivo es traducir y comunicar cada nivel de producto como una oferta al consumidor.

Producto total: tres niveles de producto

Desde la perspectiva del responsable de marketing, un producto es más que el objeto final que compra el cliente. Es un concepto de producto total con varios niveles de beneficio para el consumidor.

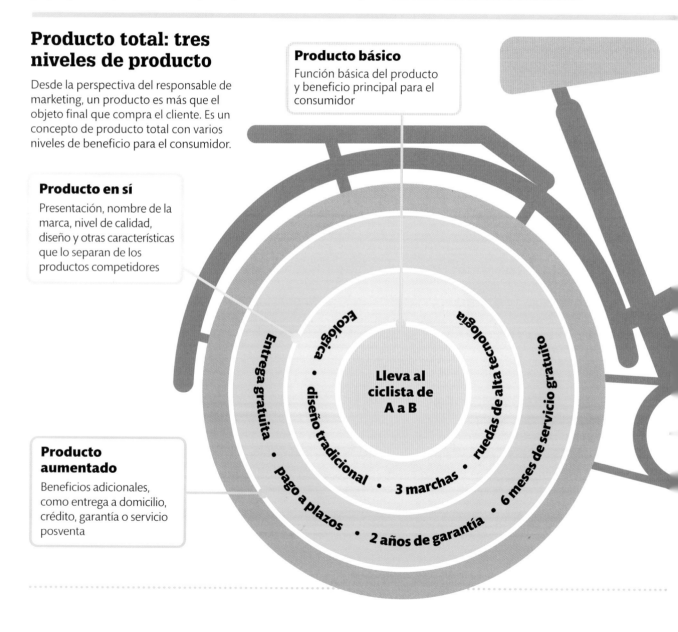

Producto básico
Función básica del producto y beneficio principal para el consumidor

Producto en sí
Presentación, nombre de la marca, nivel de calidad, diseño y otras características que lo separan de los productos competidores

Producto aumentado
Beneficios adicionales, como entrega a domicilio, crédito, garantía o servicio posventa

Lleva al ciclista de A a B

Ecológica • diseño tradicional • 3 marchas • ruedas de alta tecnología

Entrega gratuita • pago a plazos • 2 años de garantía • 6 meses de servicio gratuito

El **42**% de los lanzamientos de nuevos productos fracasan

✓ DEBES SABER

> **Marca personal** Promocionarse uno mismo como producto con una imagen de marca

> **Bienes de consumo de alta rotación** Bienes que se venden rápidamente a un coste de unidad bajo, como los productos alimentarios y del hogar

Variación: cinco niveles de producto

Esta variación del concepto de producto total está más detallada. Introduce dos nuevos niveles dividiendo el nivel de producto en sí en producto esperable y genérico, y también incluye un nivel extra de beneficio: el producto potencial.

Producto básico Beneficio básico para el consumidor

Producto genérico Beneficio funcional básico

Producto esperable Beneficios deseables adicionales

Producto aumentado Características y beneficios extras

Producto potencial Futura versión mejorada

Lleva al ciclista de A a B

2 ruedas · 3 marchas · frenos

sólida · fiable · fácil de manejar

diseño · elección del color · marca conocida

cuadro más ligero · cierre automático antirrobo · protección contra colisiones

Posicionamiento

Un paso vital en el proceso de decidir cómo comercializar un producto es definir en qué se distingue de la competencia, qué tiene de único y cuáles son las cualidades que lo hacen mejor que sus competidores.

Cómo funciona

Antes de lanzar un producto, el departamento de marketing debe decidir el mejor modo de posicionarlo en el mercado, en comparación con sus competidores. Para ello, los responsables deben definir los rasgos y valores principales del producto o marca, y aclarar en qué difieren de productos similares de la competencia. También deben identificar los criterios que los clientes suelen usar al elegir un producto o marca en especial. Con esta información, los responsables de marketing crean una matriz o mapa de posicionamiento del producto.

Mapas de posicionamiento

Se suele elaborar un «mapa» perceptual usando los dos atributos más importantes del producto, presentados como variables en dos ejes, para decidir dónde posicionarlo. Estos atributos pueden ser precio, calidad, estatus, características, seguridad o fiabilidad. Una vez etiquetado el mapa, se colocan en él productos existentes, que indican la mejor posición para el lanzamiento.

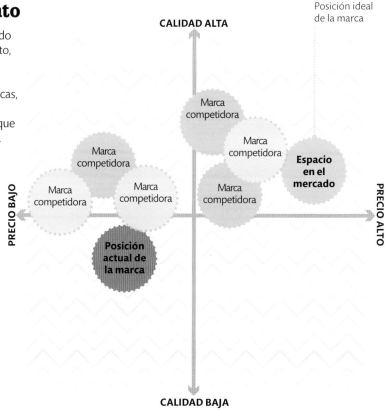

LAS 4 ESTRATEGIAS DE POSICIONAMIENTO

❯ **Posicionamiento de valor**
Producto posicionado para ofrecer el mejor valor a cambio del precio, y ofrecer buenas cualidades funcionales.

❯ **Posicionamiento de calidad**
Producto posicionado sobre la base de una percepción de calidad o superioridad.

❯ **Posicionamiento demográfico**
Producto posicionado según su atractivo para un segmento de población (p. ej., consumidores con una ocupación determinada).

❯ **Posicionamiento competitivo**
Un producto muy similar a los de la competencia, que depende del precio correcto para encontrar una posición viable en el mercado.

Patrón de posicionamiento de producto

El mapa muestra cómo los vendedores sitúan los productos que compiten en el mercado según variables calidad/precio (las más habituales) para identificar un espacio para el nuevo producto.

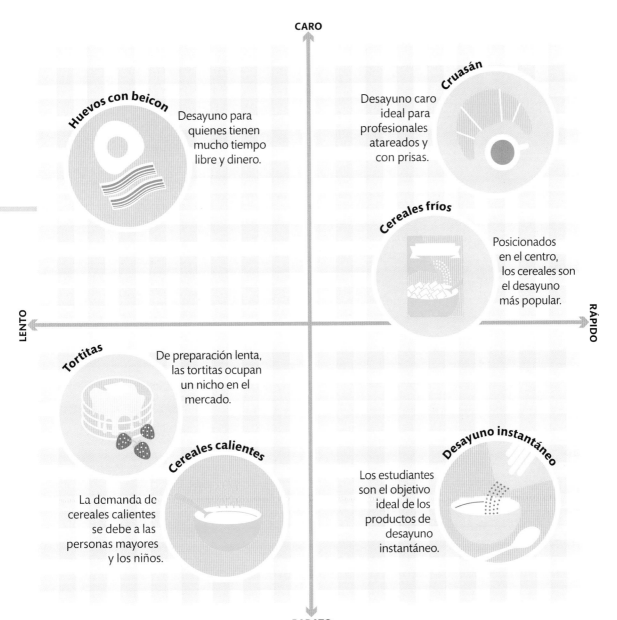

CARO

Huevos con beicon

Desayuno para quienes tienen mucho tiempo libre y dinero.

Cruasán

Desayuno caro ideal para profesionales atareados y con prisas.

Cereales fríos

Posicionados en el centro, los cereales son el desayuno más popular.

LENTO

RÁPIDO

Tortitas

De preparación lenta, las tortitas ocupan un nicho en el mercado.

Cereales calientes

La demanda de cereales calientes se debe a las personas mayores y los niños.

Desayuno instantáneo

Los estudiantes son el objetivo ideal de los productos de desayuno instantáneo.

BARATO

Mapa de posicionamiento: desayunos

El posicionamiento de los diversos desayunos viene determinado por la velocidad con que se prepara el alimento, de más lento a más rápido, y por el precio de cada tipo de alimento, de más barato a más caro.

«El posicionamiento no es lo que se hace con el producto, sino con la mente del cliente potencial.»

Al Ries y Jack Trout

Ciclo de vida

Todo producto que se lanza al mercado con éxito pasa por una fase de crecimiento seguida de otra de declive. Para maximizar el beneficio, la empresa debe reconocer y gestionar cada etapa de la vida del producto.

Cómo funciona

Existen seis etapas identificables en el ciclo vital de un producto, midiendo su crecimiento a partir del tiempo y los ingresos. La mayoría de empresarios tiene siempre más de un producto en el mercado, y la manipulación estratégica de la cartera de productos en los distintos estadios del ciclo es crucial para mantener el crecimiento. La vida de los productos más antiguos puede prolongarse mediante estrategias de extensión, pero si han dejado de ocupar cuota de mercado, la empresa debe considerar lanzar nuevos productos para seguir generando beneficios.

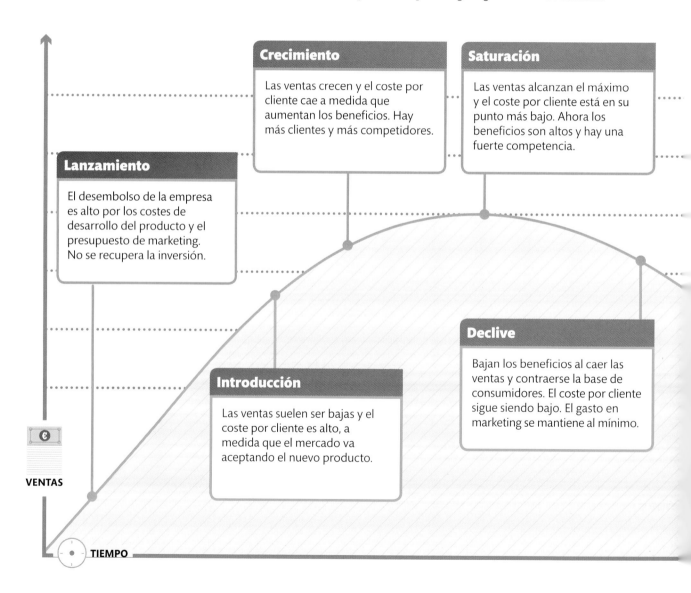

Crecimiento
Las ventas crecen y el coste por cliente cae a medida que aumentan los beneficios. Hay más clientes y más competidores.

Saturación
Las ventas alcanzan el máximo y el coste por cliente está en su punto más bajo. Ahora los beneficios son altos y hay una fuerte competencia.

Lanzamiento
El desembolso de la empresa es alto por los costes de desarrollo del producto y el presupuesto de marketing. No se recupera la inversión.

Declive
Bajan los beneficios al caer las ventas y contraerse la base de consumidores. El coste por cliente sigue siendo bajo. El gasto en marketing se mantiene al mínimo.

Introducción
Las ventas suelen ser bajas y el coste por cliente es alto, a medida que el mercado va aceptando el nuevo producto.

VENTAS

TIEMPO

6 meses

es el tiempo por el que un producto puede etiquetarse como «nuevo»

Retirada

El producto es eliminado cuando las ventas se estancan o continúan bajando. La empresa introduce un producto sustituto antes de retirar el antiguo.

Difusión de la innovación (tasa de adopción) %

Los vendedores identifican cinco tipos de cliente distintos dependiendo de lo rápido que aceptan un producto nuevo.

INNOVADORES	PRIMEROS ADEPTOS (EARLY ADOPTERS)	MAYORÍA INICIAL	MAYORÍA TARDÍA	REZAGADOS
2,5%	13,5%	34%	34%	16%

DEBES SABER

> **Estrategia de extensión**
> Resucitar un producto cambiando su marca, presentación o precio, o encontrando nuevos mercados

> **Análisis de catálogo** Evaluación de los productos por tasa de crecimiento y cuota de mercado para decidir el gasto en marketing

> **Gestión del ciclo de vida**
> Gestión de un producto desde su lanzamiento hasta su retirada

ANÁLISIS DE CATÁLOGO

Estrellas
Productos con gran cuota de mercado en un mercado que crece mucho; requieren gran inversión en marketing para seguir creciendo.

Cash cows
Productos con gran cuota de mercado en un mercado que crece poco; dan dinero para financiar las «estrellas».

Hijos problemáticos
Productos con baja cuota de mercado en un mercado que crece mucho; requieren gran inversión en marketing.

Perros
Productos con cuota y crecimiento bajos; pueden mantenerse para satisfacer a los clientes.

Precio

El precio es una variable crucial, pues genera ingresos mientras el producto, la promoción y la distribución provocan costes. Es una buena herramienta de marketing, pues un pequeño cambio puede afectar a los ingresos.

Cómo funciona

Para determinar el precio de un producto, se adopta una estrategia que no solo se basa en el coste real de la producción, sino también en el atractivo que tiene para los consumidores. Si estos piensan que un producto tiene un valor elevado, estarán más dispuestos a pagar más, pero si piensan que el valor es bajo, buscarán el precio más barato entre los productos en competencia.

Una empresa también debe tener en cuenta el precio que cobran los rivales, sobre todo en mercados competitivos. Fijar un precio más elevado solo funciona cuando el producto es superior a los otros.

DEBES SABER

❯ **Precio, valor y coste**
El precio es la cantidad por la que se vende un producto; el valor es la valía real del producto; y el coste es la cantidad que se ha gastado para producirlo

---

Estrategias de precio

Se pueden usar diferentes estrategias para determinar el precio de un producto. Muchas empresas venden a un precio superior al coste para asegurar beneficios. Añadir un sobreprecio del 50% a un producto que cuesta 2 € significa que cada unidad se venderá por 3 €, generando un beneficio de 1 €.

Matriz de fijación de precios: precio *vs* calidad

La calidad de un producto afecta a la fijación de su precio: a más calidad, mayor precio. Pero el marketing usa estrategias que juegan con la interacción entre precio y calidad percibida.

Un **5%** de aumento en el precio es mejor que un 5% más de cuota de mercado

Precio bajo

Calidad baja

Economía

❯ **Alta prevalencia** Manufacturar un producto muy similar a otros de la misma categoría.

❯ **Precio bajo** Rebajar el precio de la competencia y ganar una mayor cuota de mercado.

❯ **Marketing mínimo** Mantener el gasto de marketing y de marca tan bajo como sea posible.

Precio alto

Descremar

❯ **Precio de lanzamiento alto**
Cobrar más de lo habitual a corto plazo mientras el producto es visto como único.

❯ **Momento oportuno** Fijar un precio más elevado cuando se tiene ventaja temporal en el mercado, antes de que aparezca la competencia.

❯ **Ajuste de precio** Reducir el precio cuando la competencia entre en el mercado o para atraer más clientes.

COMPARACIÓN DEL MARGEN

Cada sector adopta una estrategia distinta en relación con el margen. Los bares y restaurantes suelen aplicar un factor de entre dos y cinco veces el coste en las bebidas que sirven. El margen mayor suele tenerlo la segunda botella más barata de la carta de vinos, pues las personas tienden a evitar la opción más barata.

VINO DE POSTRE
200–250% del coste

CERVEZA
250–300% del coste

VINO DE LA CASA
250–300% del coste

COPA DE VINO
300–400% del coste

CÓCTEL
350–400% del coste

OTROS LICORES
400–500% del coste

400%
300%
200%
COSTE (100%)

Calidad alta

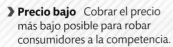

Penetración de mercado

› **Precio bajo** Cobrar el precio más bajo posible para robar consumidores a la competencia.

› **Ajuste de precio** Aumentar el precio a un nivel normal cuando el producto tiene ya clientes fieles.

› **Precio fexible** Revisión del precio; el alto volumen de ventas inicial reduce los costes y permite cambios.

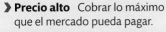

Premium

› **Precio alto** Cobrar lo máximo que el mercado pueda pagar.

› **Valor único** Aplicar precios premium a productos que no tienen sustituto comparable, como por ejemplo las marcas famosas.

› **Coste de producción alto** Cobrar un precio premium porque el producto está personalizado y no hay ahorro en el volumen producido.

Otras estrategias de precios

Precio psicológico
Manipular las emociones del cliente, apelando a su lado ahorrativo o al deseo de prestigio.

Precio conjunto
Ofrecer varios productos por un precio global, a un precio mejor a si se compran por separado.

Precio localizado
Cobrar precios distintos por el mismo producto en lugares distintos.

Estrategias de no fijación de precio
No ajustar el precio para lograr ventas, apelando a la superioridad del producto.

Punto de venta

«Emplazar» es, en términos de marketing, situar el producto en el punto de venta. Saber dónde compran los clientes y dónde se vende un producto, y cómo entregar los bienes al consumidor es esencial para el éxito de ventas.

Cómo funciona

Tanto si una empresa vende bienes o servicios, los clientes deben poder encontrar los productos con la mayor facilidad. Las empresas deben decidir sobre el mejor punto y canal de venta para entregar el producto al cliente de modo que beneficie a ambas partes.

Un punto de venta es el lugar donde se vende un producto, como las tiendas, catálogos o sitios web. Los canales de venta son los minoristas, agentes y distribuidores que toman el producto del vendedor y lo llevan al consumidor.

El 70,5% de los dispositivos vendidos en el 2017 serán smartphones

Principales canales de distribución

Un producto llega al mercado a través de uno de los cuatro tipos principales de canales de distribución. El canal más adecuado suele venir dictado por el lugar donde los clientes prefieren comprar el producto.

Productor
El productor elige un canal de distribución, o una combinación de canales, que maximice el número de clientes al que puede llegar manteniendo los costes más bajos posibles.

Venta directa al consumidor
El productor vende directamente el producto, online, o a través de un catálogo de venta directa, y lo envía al cliente sin intermediarios.

Venta a través de minoristas
El productor entrega los bienes directamente a los minoristas; estos añaden un sobreprecio a lo que pagan al productor.

Venta a través de mayoristas y minoristas
Los productos se distribuyen en dos etapas: del productor al mayorista, y luego al minorista.

Venta a través de un agente
Los productos se venden en tres etapas: del productor al agente, del agente al mayorista, y luego al minorista.

PROS Y CONTRAS DE USAR INTERMEDIARIOS

Pros

- Mayor cobertura de mercado, pudiendo llegar a más clientes, sobre todo en zonas alejadas
- Minimiza el coste de distribución para el productor, pues los intermediarios realizan el servicio
- El productor cuenta con los conocimientos de un especialista sobre hábitos del comprador, así como logística de transporte

Contras

- Dificultad para establecer comunicación directa con los clientes y conocer sus preferencias
- Riesgo de una entrega lenta y deficiente, sobre todo si hay varios intermediarios
- Impide controlar el modo en que se maneja y se presenta el producto en el punto de venta

✓ DEBES SABER

- **Margen de canal** Coste que el intermediario añade al precio de venta del productor, que se añade al precio pagado por el cliente
- **Estrategia *push* (o de presión)** El productor promociona los productos a los mayoristas, estos a los minoristas, y estos al cliente
- **Estrategia *pull* (o de atracción)** Uso de publicidad y promoción para vender al cliente

Ejemplo

Un sitio web de venta de vitaminas; el cliente las recibe por correo postal o mensajero.

Consumidor

Ejemplo

Una empresa de electrónica que distribuye televisores a una cadena de tiendas de venta al por menor.

Minorista

Consumidor

Ejemplo

Un granjero que vende manzanas a un mayorista que luego las vende en fruterías y supermercados.

Mayorista

Minorista

Consumidor

Ejemplo

Un chocolatero francés utiliza a un agente de importación japonés para vender a mayoristas y luego a minoristas.

Agente

Mayorista

Minorista

Consumidor

Promoción

La promoción es necesaria para generar el interés y las ventas de un producto o servicio. Parte compleja y amplia de la mezcla de marketing, debe llegar a los clientes y a las personas de su ámbito de influencia.

Cómo funciona

El objetivo de la promoción es aumentar la venta atrayendo a nuevos clientes, y convencer a los actuales para que prueben algo nuevo. Muchas empresas usan acciones de comunicación para informar sobre las ventajas del producto (ver pp. 196-231).

Un beneficio a largo plazo de comunicarse con los clientes es que fomenta la fidelidad a la marca.

✓ DEBES SABER

> **Comunicación de marketing integrada** Promoción del mismo mensaje de marca a través de todos los canales

> **MarCom (Comunicación de Marketing)** Gama de actividades promocionales usadas para llegar al mercado

El **25**% **del** presupuesto **total** de promoción digital **se gastó en** publicidad en los móviles **en 2013**

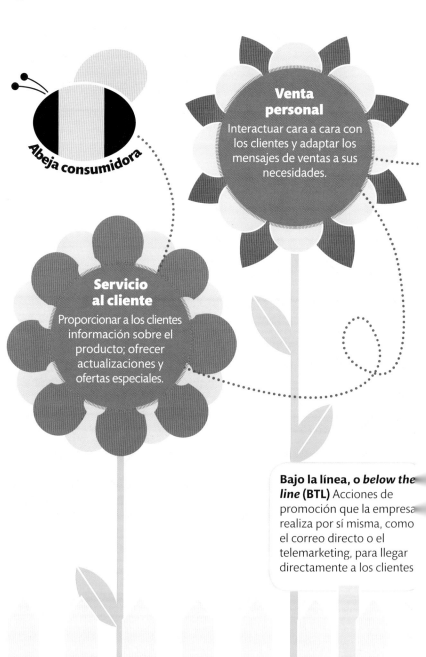

Abeja consumidora

Venta personal
Interactuar cara a cara con los clientes y adaptar los mensajes de ventas a sus necesidades.

Servicio al cliente
Proporcionar a los clientes información sobre el producto; ofrecer actualizaciones y ofertas especiales.

Bajo la línea, o *below the line* (BTL) Acciones de promoción que la empresa realiza por sí misma, como el correo directo o el telemarketing, para llegar directamente a los clientes

Publicidad

Lanzar anuncios a través de los medios para alcanzar el *target* de mercado, y ceñirse a un presupuesto adecuado para el producto.

Marketing directo

Enviar ofertas e información sobre el producto directamente al consumidor potencial, por correo o por e-mail.

Marketing interactivo

Establecer una relación a largo plazo con los clientes mediante una «conversación», básicamente online.

Promoción de ventas

Atraer al cliente con ofertas, muestras gratuitas, regalos, presentaciones, concursos y expositores en el punto de venta.

Relaciones públicas

Generar un interés en la empresa patrocinando eventos y actos benéficos, u ofreciendo contenido informativo a los medios.

Sobre la línea, o *above the line* (ATL)
Publicidad, online y offline, que la empresa contrata para llegar a los clientes.

Investigar el mercado

Consultar a los clientes sobre un producto es vital en el proceso de toma de decisiones en marketing. La investigación ofrece una visión de cómo puede funcionar un producto y reduce los riesgos.

Cómo funciona

La investigación de mercado se usa durante el desarrollo del producto y después para monitorizar la satisfacción del cliente y la actividad de la competencia. Los analistas se basan en datos y observaciones existentes y en sus propias investigaciones. Las nuevas investigaciones se dividen en cuantitativas (basadas en las cifras) con preguntas cerradas (elección múltiple) formuladas a un gran grupo de personas, y cualitativas (en profundidad) sobre lo que piensa y cómo usará el cliente un nuevo producto. El presupuesto de investigación de mercado suele dividirse en dos tipos. La investigación cuantitativa se usa para desarrollar un nuevo producto, y la investigación cualitativa ayuda después a refinarlo.

Recopilación de datos primarios

Nuevas investigaciones
para responder a una
pregunta concreta

«Investigación + Intuición = Decisión»

Observaciones

❯ Los investigadores observan a distancia cómo interactúa el cliente con un producto, o se identifican y hablan con él

❯ Observan al cliente mediante el análisis del seguimiento visual y escáneres de comprobación

❯ Estudian los registros de las compras o el historial del ordenador para ver cómo actúa el consumidor

Encuestas cuantitativas

❯ Los investigadores interrogan a muchas personas para obtener una visión amplia (datos numéricos)

❯ Realizan encuestas online para obtener un resultado rápido de una muestra amplia

Encuestas cualitativas

❯ Los investigadores sondean a pequeños grupos o individuos para obtener una visión en profundidad

❯ Organizan discusiones de muestreo (*focus groups*)

?

El responsable de marketing tiene una pregunta

DATOS REQUERIDOS

DATOS DEVUELTOS

✓

El responsable de marketing toma una decisión

Agencia

Organización que realiza una investigación y ordena los datos en resultados significativos

CASO DE ESTUDIO

Lanzamiento de Coca-Cola

En 1985, Coca-Cola lanzó un nuevo tipo de cola. El lanzamiento estuvo precedido por dos años de pruebas de degustación, con un coste de 4 millones de dólares, para refinar el producto. Sin embargo, la bebida fracasó y tuvo que ser retirada ante la enorme desaprobación por parte del público. En el post mórtem de marketing, los analistas concluyeron que los investigadores se habían olvidado de formular a los clientes una pregunta muy importante: «¿Desea usted una nueva Coca-Cola?».

Recopilación de datos secundarios

Material publicado sobre un tema

El **32**% es el incremento previsto en EE.UU. en la contratación de analistas de mercado en 2022

Fuentes internas

❯ Datos de uso web (por ejemplo registros en navegadores y datos de ventas online)

❯ Perfiles de consumidores con historial de compra y datos demográficos

❯ Registros contables, como declaraciones y balances

❯ Datos propios de anteriores informes de investigación de mercado

Fuentes externas

❯ Informes sectoriales realizados por organismos, instituciones y empresas de investigación

❯ Informes de los medios de comunicación e internet

❯ Documentos académicos, informes de expertos universitarios y libros de investigación en bibliotecas

❯ Encuestas, informes y estadísticas gubernamentales

Segmentar el mercado

Para decidir a quién vender el producto, los vendedores intentan identificar distintos grupos de consumidores con similares deseos y costumbres, que forman un «segmento» del mercado.

Cómo funciona

Los departamentos de marketing segmentan el mercado para encontrar clientes potenciales, incrementando así la probabilidad de un lanzamiento exitoso. Dividen un gran grupo de consumidores en subgrupos basándose en factores como la edad, las preferencias de estilo de vida, el lugar, la estructura familiar, los ingresos y el empleo. Este proceso divide un mercado potencialmente enorme en segmentos, y permite identificar a las personas más susceptibles de comprar el producto. Por ejemplo, tras aplicar esta estrategia, una empresa que intentaba lanzar comida orgánica para bebés a un precio premium se da cuenta de que en vez de dirigirse a todas las mujeres con hijos pequeños, deben hacerlo a las madres trabajadoras con niños menores de seis meses, ingresos por encima de la media, e interés por la alimentación saludable.

 DEBES SABER

> **Internautas séniors** Jubilados que usan internet, en especial para compras online, búsquedas y redes sociales
> **Generación X** Personas nacidas entre 1960 y principios de los 80
> **Millennials/Generación Y** Personas nacidas entre principios de los 80 y principios de los 2000

Definición de grupos de mercado

Para agrupar a los consumidores, los responsables de marketing crean cinco segmentos y se centran en cada uno de ellos. Además de identificarlos por razones geográficas y demográficas, también exploran la psicología, para determinar cómo se comportan los consumidores y decidir qué productos atraerán a qué grupos de consumidores. *Ver también pp. 258–261.*

Comportamiento

Se centra en patrones de comportamiento al hacer compras. Ayuda a adaptar campañas para llegar a grupos específicos. Estas áreas pueden ser:

> Fidelidad a la marca
> Regularidad de compras
> Uso de tarjetas de crédito
> Desembolso típico
> Compras online u offline
> Usuarios muy activos

«La segmentación del mercado es consecuencia natural de las diferencias que hay entre personas.»
Donald Norman

Sociografía

Identifica las conexiones individuales en las redes sociales, o la pertenencia a grupos políticos o de otro tipo, y ayuda a conocer las aficiones e intereses de los consumidores. Estas áreas pueden ser:

❯ Pertenencia a grupos

❯ Número de amigos en las redes sociales

Psicografía

Se centra en los intereses, valores y opiniones del consumidor, que ayudan a desarrollar mensajes relevantes y encontrar los canales de comunicación adecuados para llegar a un segmento. Estas áreas pueden ser:

❯ Tendencia a asumir riesgos

❯ Ayudas benéficas

❯ Altos logros

❯ Tendencia a los gustos caros

❯ Preferencia a contactar por correo electrónico

Geografía

Se centra en el lugar de residencia del cliente, para que el lanzamiento sea relevante en relación a su entorno. Estas áreas pueden ser:

❯ Código postal

❯ Continente

❯ Ciudad

❯ Barrio

❯ Densidad de población

❯ Clima

Demografía

Utiliza datos básicos del consumidor, como la edad o el género, para categorizar necesidades y dirigir los productos correctamente. Estas áreas pueden ser:

❯ Ingresos

❯ Nacionalidad

❯ Tamaño de la familia y edad

❯ Etnia

❯ Ocupación

❯ Religión

Enfoques de marketing

El lanzamiento de cada producto requiere una planificación estratégica para asegurar que los mensajes llegan al tipo adecuado de consumidor, se transmiten mediante la combinación de canales más efectiva, y cuentan con el contenido y estilo más relevantes. Una vez investigado el mercado y definido el público objetivo, los responsables de marketing se enfrentan a varias decisiones clave.

Tipos de enfoque

A quién dirigirse y cómo conseguirlo es crucial para el éxito. Los responsables de marketing usan enfoques complementarios para los distintos grupos de consumidores potenciales. En vez de transmitir el mismo mensaje por medios distintos, adaptan el tono y el estilo para amoldarse al canal y al consumidor al que se dirigen.

Marketing de nicho
«Solo tengo ojos para ti.»

Marketing masivo
«Os quiero a todos.»

La gran elección

La primera decisión es salir a un mercado pequeño y especializado o apelar a un público lo más amplio posible. *Ver pp. 198-199.*

El **85**%
de todas las decisiones de compra en EE.UU. son tomadas o influenciadas por mujeres

Marketing de compromiso
«¿Bailamos?» Atrae al cliente para que colabore en la venta del producto. *Ver pp. 204–205.*

Canal tradicional
Usa un estilo dominante para proclamar: «Déjame decirte». *Ver pp. 200–201.*

Marketing sensorial
«Ven a oler las rosas.» Seduce al cliente con imágenes, sonidos y aromas. *Ver pp. 206–207.*

Canal digital
Usa un enfoque suave con el que susurra: «Déjate seducir». *Ver pp. 202–203.*

Marketing relacional
«Seamos amigos.» Crea una conexión con el público consumidor. *Ver pp. 208–209.*

Cómo dirigirse al cliente
El marketing toma lo mejor de ambos mundos usando canales tradicionales y online con estilos distintos.

Pasar a la acción
Hacer del acto de compra una experiencia de la que el consumidor disfruta ayuda a vender un producto.

Marketing de nicho o marketing masivo

El marketing se enfrenta a una decisión fundamental: vender un producto de atractivo mayoritario al máximo número de gente posible, o centrarse en vender un producto pensado para un grupo definido.

Cómo funciona

Tanto el marketing de nicho como el masivo permiten a las empresas obtener altos beneficios. La estrategia de nicho suele funcionar sobre la base de ventas de poco volumen a precio alto para un grupo específico de consumidores, mientras que el enfoque masivo suele usar una fuerte promoción para un público mayor y busca obtener un gran volumen de ventas.

En realidad, las empresas tienden a combinar ambos enfoques, lanzando un producto de nicho y luego ampliándolo al mercado masivo. El marketing usa también internet para promocionar un mismo producto a distintos grupos de clientes dentro del público amplio.

El **20%** de las ventas pueden dar el 80% de los beneficios

✓ DEBES SABER

Marketing de larga cola

Acuñado por el editor de la revista *Wired*, Chris Anderson, el término «marketing de larga cola« (o *long-tail*) toma su nombre de la curva de demanda (abajo) que muestra productos con poca demanda o volumen de ventas (productos nicho), que siguen vendiéndose y dando beneficios a lo largo del tiempo.

Cabeza Productos populares con gran demanda y volumen de ventas

Retirada Punto en que los minoristas dejan de vender un producto

Larga cola Productos de poca demanda que se siguen vendiendo

POPULARIDAD

PRODUCTOS

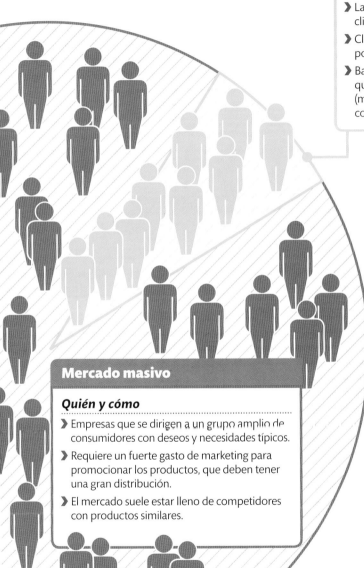

Mercado de nicho

Quién y cómo

❭ La empresa se dirige a un grupo selecto de clientes con deseos y necesidades específicas.

❭ Clientes dispuestos a pagar un precio premium por un producto poco común.

❭ Bajo volumen de ventas del producto nicho, que no se beneficia de las economías de escala (manufacturar una gran cantidad reduce el coste unitario de producción).

Mercado masivo

Quién y cómo

❭ Empresas que se dirigen a un grupo amplio de consumidores con deseos y necesidades típicos.

❭ Requiere un fuerte gasto de marketing para promocionar los productos, que deben tener una gran distribución.

❭ El mercado suele estar lleno de competidores con productos similares.

ENFOQUES HÍBRIDOS

Usando las redes sociales para identificar y llegar a más de un mercado objetivo, el marketing ha desarrollado enfoques híbridos más flexibles que el posicionamiento masivo o de nicho.

Mercado masivo

Estrategia poco centrada que se dirige a la base de clientes más amplia.

Segmento amplio

Canaliza el marketing a un gran segmento del mercado masivo.

Segmento adyacente

Tras penetrar el segmento amplio, se expande a un segmento relacionado.

Multisegmento

Dirigido a varios segmentos a la vez, con estrategias ajustadas a cada uno.

Segmento pequeño

Dirigido a un pequeño segmento con poca competencia, si hay pocos recursos.

Segmento de nicho

Centra los recursos de marketing en un grupo específico de clientes.

Personalización masiva

Personaliza una estrategia para cada subsegmento del mercado masivo.

Marketing tradicional

Antes de la era digital, el marketing dependía exclusivamente de canales no digitales, como televisión, radio y prensa, así como correo directo, eventos y telemarketing, para transmitir su mensaje al consumidor.

Cómo funciona

El marketing tradicional agrupa una serie de maneras de crear una marca o promocionar un producto para vender más. Sigue siendo una faceta clave del marketing. Actualmente, sin embargo, la mayoría de empresas usa una mezcla de métodos tradicionales y digitales. Una de las ventajas del marketing tradicional es que las empresas tienen contacto directo con los clientes mediante la venta de persona a persona, eventos especiales y patrocinio de eventos.

Eventos
Patrocinio de actividades deportivas, exposiciones o ferias para promocionar un producto, causa o marca.

Televisión
Promover las ventas mediante anuncios, patrocinio de programas o presentación de productos.

Proceso del marketing tradicional

Las empresas usan una serie de canales de marketing convencional, que combinan a menudo con estrategias de marketing digital.

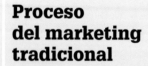

Correo directo
Envío de catálogos o circulares a una lista de consumidores, a menudo promocionando ofertas especiales sobre los productos.

Cara a cara
Abordar directamente a los clientes para dar a conocer la marca o convencerles de que compren un producto.

Telemarketing
Telefonear a clientes potenciales con necesidad identificable de un producto, para aumentar las ventas.

Muestras de productos

Obsequio de muestras gratuitas a los clientes, para que prueben el producto antes de comprarlo. Es una manera efectiva de lanzar un producto y lograr una base de clientes.

Vallas publicitarias

Alquiler de grandes espacios publicitarios al aire libre para promocionar productos. El coste depende del tamaño del espacio, la visibilidad y la cantidad de tráfico que pasa por el lugar.

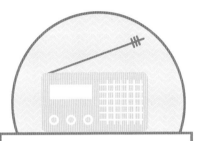

Radio

Uso de espacios comerciales en la radio para promocionar productos a nivel local o nacional, según el alcance de la emisora.

Periódicos y revistas

Contratación de espacio en medios impresos para anuncios o publirreportajes para la promoción de productos o servicios.

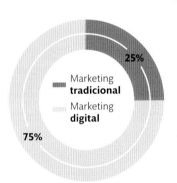

25%

Marketing **tradicional**

Marketing **digital**

75%

Folletos y flyers

Envío por correo o mediante buzoneo local de folletos para promocionar empresas.

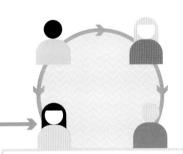

Networking

Contactar con otras personas en eventos especializados para desarrollar contactos profesionales.

El **25%** de las empresas de EE.UU. consultadas en 2012 apostó por el marketing tradicional, y el 75% por el digital

Marketing digital

Con el uso de internet, se puede conectar directa e instantáneamente con clientes actuales o potenciales para aumentar el reconocimiento de una marca, recopilar datos, y alentar las recomendaciones boca a boca.

Cómo funciona

A diferencia del marketing tradicional offline, el marketing digital ofrece una comunicación directa bidireccional con el cliente. Utiliza enfoques convencionales, como anuncios emergentes (o *pop-up*) o «banners» en sitios web, pero también el poder de las redes sociales para dar a conocer un producto o marca. Esto dificulta la medición de los ingresos generados por la inversión. El marketing digital suele usarse junto a técnicas de marketing tradicional, un híbrido conocido como marketing «tradigital».

El tradigital en la práctica

Se lanza un nuevo gimnasio con un enfoque de marketing tradigital. Se emiten anuncios en televisión que invitan a visitar el sitio web del gimnasio para reservar una sesión gratuita con un entrenador. Los anuncios incluyen un vale o código QR para una prueba gratuita. En el club, los socios disponen de wifi gratuito. La página de inicio del wifi muestra un enlace para bajarse la app gratuita del gimnasio. El club también puede usar anuncios emergentes, podcasts, e-mail y SMS para atraer o retener a los socios.

Experiencia del consumidor

LOS CLIENTES VISITAN EL GIMNASIO

Un cliente escribe en un blog sobre el gimnasio

El código QR en el móvil se lleva al gimnasio

El blog enlaza al sitio web

Dirige al cliente a

El cliente lleva el cupón al gimnasio

El cliente concierta una sesión gratuita en el sitio web

Marketing tradicional

CARTEL CON CÓDIGO QR PARA PRUEBA

ANUNCIO IMPRESO CON CUPÓN DE PRUEBA

El código QR es escaneado con un móvil

ANUNCIO DE WIFI GRATIS EN EL GIMNASIO

Dirige al cliente a

ANUNCIO EMITIDO EN TELEVISIÓN DURANTE UN TORNEO DE TENIS

Dirige al público a

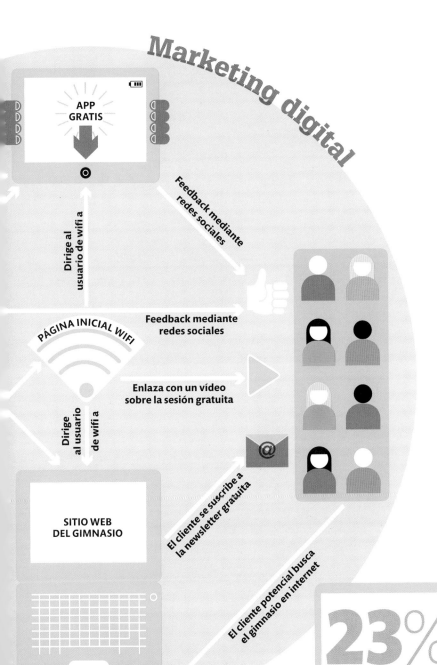

Marketing digital

APP GRATIS

Dirige al usuario de wifi a

Feedback mediante redes sociales

PÁGINA INICIAL WIFI

Feedback mediante redes sociales

Enlaza con un vídeo sobre la sesión gratuita

Dirige al usuario de wifi a

El cliente se suscribe a la newsletter gratuita

SITIO WEB DEL GIMNASIO

El cliente potencial busca el gimnasio en internet

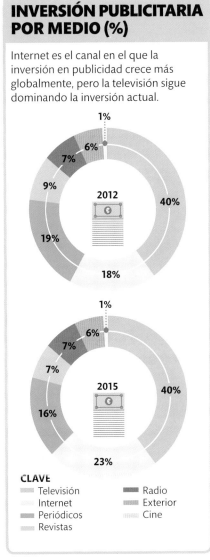

INVERSIÓN PUBLICITARIA POR MEDIO (%)

Internet es el canal en el que la inversión en publicidad crece más globalmente, pero la televisión sigue dominando la inversión actual.

2012
- 1%
- 6%
- 7%
- 9%
- 40%
- 19%
- 18%

2015
- 1%
- 6%
- 7%
- 7%
- 40%
- 16%
- 23%

CLAVE
- Televisión
- Internet
- Periódicos
- Revistas
- Radio
- Exterior
- Cine

23% Porcentaje del comercio electrónico del mundo que tendrá lugar en China en el 2016

Marketing de compromiso

Implicando a los clientes de manera directa en el desarrollo de una marca, el marketing espera establecer una relación de dos direcciones y ganar su fidelidad a largo plazo.

Cómo funciona

El marketing de compromiso emplea estrategias online y offline para despertar el interés de un cliente y hacer que hable de los productos y servicios que ofrece. Esto contrasta con el estilo más tradicional en el cual el concepto de la marca y la propuesta de producto se presentan al cliente como algo predefinido, que se acepta o se rechaza. En cambio, el marketing de compromiso pide la participación del cliente para que este se sienta más próximo a la marca. El objetivo es seducir a clientes potenciales hacia el sitio web con una experiencia inicial, y trabajar luego para retenerlos.

Comenzar con una experiencia impactante

Proporcionar contenido interesante, informativo o entretenido para atraer a clientes potenciales al sitio web.

Terminar con una venta

Realizar una llamada de agradecimiento posterior a la venta

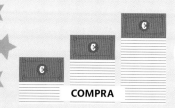

COMPRA

DEBES SABER

> **Clientes fieles** Consumidores fieles a la empresa y que vuelven para hacer más compras

> **Sencillez de decisión** Facilidad con la cual los consumidores pueden encontrar información fiable sobre un producto

> **Tasa de rotación** Porcentaje de clientes que se desvinculan de la empresa en un determinado periodo

> **Boca a boca** Clientes satisfechos que recomiendan el producto a otros

Nuevas perspectivas

Ofrecer incentivos a los clientes existentes por recomendar el producto o compartir contenidos.

COMENTARIOS EN REDES SOCIALES

Visibilidad social

Colgar contenidos interesantes y relevantes en las redes sociales, y alentar el diálogo.

El 71% de los directivos británicos considera que la experiencia del cliente será fundamental en el futuro

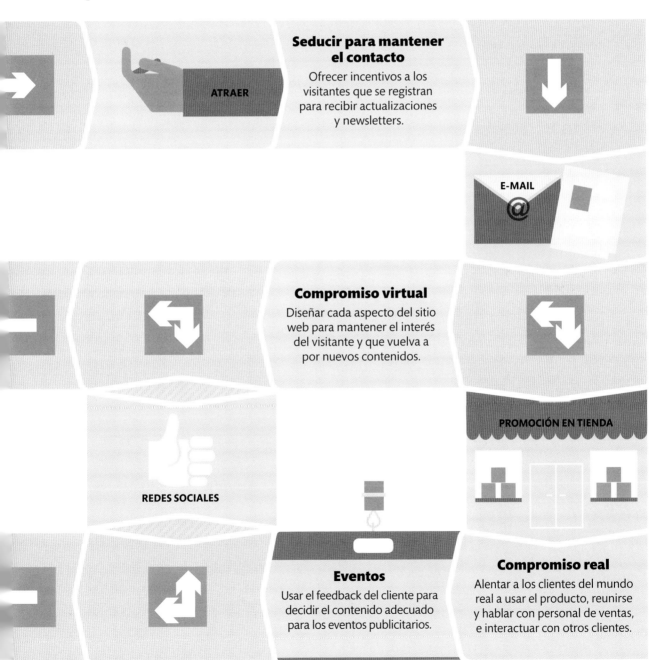

ATRAER

Seducir para mantener el contacto

Ofrecer incentivos a los visitantes que se registran para recibir actualizaciones y newsletters.

E-MAIL

Compromiso virtual

Diseñar cada aspecto del sitio web para mantener el interés del visitante y que vuelva a por nuevos contenidos.

PROMOCIÓN EN TIENDA

REDES SOCIALES

Eventos

Usar el feedback del cliente para decidir el contenido adecuado para los eventos publicitarios.

Compromiso real

Alentar a los clientes del mundo real a usar el producto, reunirse y hablar con personal de ventas, e interactuar con otros clientes.

Marketing sensorial

El marketing sensorial apela a los sentidos para influir en las decisiones de compra. Basado en investigaciones que muestran cómo responde el cerebro a los estímulos sensoriales, actúa de manera encubierta.

Cómo funciona

El marketing sensorial se usa mucho en la industria alimentaria, pero su uso se amplía a diversos productos y servicios: ordenadores diseñados con materiales táctiles, hoteles que usan aromas relajantes, o fuegos artificiales de confeti comestible.

Entre los canales habituales de este marketing se cuentan el marketing de campo –eventos en tiendas, muestras y ventas personales–, el correo directo y los servicios de entrega. Para las empresas online, en cambio, este campo sigue siendo un desafío.

Vista

La tecnología está avanzando con este sentido, que es el más estimulado en marketing, usando ilusiones ópticas, efectos digitales, 3D y fotografías de 360 grados.

Tacto

El marketing usa técnicas de impresión con texturas en 2D y 3D en materiales promocionales y embalaje, y vende también productos agradables al tacto.

Olfato

Los clientes se muestran dispuestos a pagar más por un producto en un entorno que huela de manera atractiva.

El 81% de los nacidos entre 1980 y 2000 antepone la experiencia al objeto en sí

Gusto

Las sensaciones de gusto pueden realzarse o alterarse sutilmente combinadas con el tacto, la vista y, sobre todo, el olfato.

DEBES SABER

❯ **Pruebas sensoriales** Evaluación de productos por personas con una percepción sensorial excepcional

❯ **Tecnología háptica** Invención que estimula el tacto mediante vibraciones en ordenadores

❯ **Marketing 3D** Forma inmersiva de marketing

Actitud, memoria, comportamiento y estado de ánimo

El input sensorial surte efecto a corto o largo plazo sobre la actitud, la memoria, el comportamiento y el humor. Esto puede deberse a la intensidad de los datos sensoriales y al hecho de usarlo para estimular más de un sentido a la vez.

Percepción
El cerebro recibe estímulos de uno o más sentidos.

Emoción
Los estímulos sensoriales despiertan recuerdos emocionales, pues ambos se procesan en la misma zona del cerebro.

Cognición
Tras procesar los estímulos sensoriales, el cerebro integra el recuerdo, regula la emoción y toma la decisión.

Oído
El sonido es más efectivo que la vista para despertar las zonas del cerebro que procesan emociones.

Marketing relacional

La estrategia del marketing relacional es desarrollar y gestionar una relación de confianza a largo plazo con clientes y otros mercados que tienen lazos con la empresa

Cómo funciona

El marketing relacional busca replicar el tipo de interacción que las tiendas de toda la vida tienen con sus clientes, ofreciendo un alto nivel de servicios personalizados para ganárselos de por vida. Si bien las empresas tradicionales siempre han funcionado así, las grandes corporaciones han cambiado ahora el enfoque, de una recompensa a corto plazo al beneficio a largo plazo. El responsable de marketing amplía la red más allá del cliente comprometido, e incluye a empleados, proveedores y otros.

Mercados de proveedores
Establecer una relación de colaboración con los proveedores es bueno comercialmente.

Modelo de los seis mercados

En el marketing relacional, los expertos han establecido una estrategia para comunicarse con el cliente. Esta estrategia define seis mercados –no solo los tradicionales– a los que las empresas deben dirigir sus esfuerzos.

 CASO DE ESTUDIO

Starbucks

La estrategia de la cadena de cafeterías Starbucks es un ejemplo de marketing relacional efectivo. Centrada en los clientes y mercados internos, implica a los mercados de proveedores, recomendaciones y empleados.

Marketing para clientes
❯ Redes sociales
❯ *Crowdsourcing* empresarial
❯ Familiaridad con los clientes
❯ Programa de fidelidad
❯ App de tarjeta de incentivos
❯ Pago por móvil

Marketing interno
❯ Formación del barista
❯ Desarrollo técnico

Marketing por recomendaciones
❯ Boca a boca
❯ Participación en redes sociales

Marketing para empleados
❯ Opciones sobre acciones
❯ Seguro médico
❯ Condición de socio

Marketing para proveedores
❯ Programas de comercio justo
❯ Control de calidad

Mercados de influencia
En pro de una buena imagen, la empresa colabora con la administración y grupos medioambientales o de consumidores.

Mercados de recomendación

Los clientes pueden recomendar a una empresa mediante el boca a boca. Las empresas relacionadas pueden también propiciar nuevos negocios.

> «Ignorad el elemento humano del marketing a vuestra cuenta y riesgo.»
>
> Bob Garfield

Mercados de cliente

El marketing principal se centra en el cliente, pero las actividades se basan más en construir relaciones a largo plazo que en atraer a nuevos clientes.

Mercados internos

Los empleados de una empresa son sus clientes internos, que trabajan juntos para representar sus objetivos, misión y estrategia.

Mercados de reclutamiento

Para atraer a los mejores empleados, una empresa se vende ofreciendo incentivos al personal.

✓ DEBES SABER

❯ **Gestión de cuentas clave** Sistema en una empresa que vende a empresas (B2B) para asegurar que los clientes principales están bien atendidos (o KAM, *Key account management*)

❯ **Marketing de frecuencia** Promoción dirigida a incrementar las ventas repetidas, mediante recompensas a los clientes

❯ **Respuesta directa** Marketing que invita a los consumidores a responder directamente al anunciante, por correo, teléfono o e-mail

❯ **Marketing de transacción** Estrategia para convencer a los clientes para hacer compras únicas adicionales en el punto de venta

Marketing saliente

También llamado de interrupción, en el marketing saliente (o *outbound marketing*, como se lo conoce a menudo) el vendedor impone un mensaje a los consumidores. Con este tipo de marketing, las empresas llegan a un público amplio pagando anuncios en diversos canales de comunicación. Aunque el público pueda no tener interés en el anuncio, la estrategia se basa en transmitir un mensaje de impacto y generar una respuesta creando familiaridad a través de la repetición.

Proceso del marketing saliente

El marketing saliente adopta un enfoque tradicional para atraer la atención del consumidor, pero utiliza tanto plataformas no digitales como digitales. Se lleva a cabo en dos etapas. Primero, la empresa emite un mensaje al público e intenta convertirlo en cliente; luego, analiza los resultados para identificar los canales y campañas que han generado más ventas.

Emitir

Se selecciona un canal con un alcance probado para llegar al público y se emite el mensaje sobre la marca o el producto a ese público.

Canales de emisión

❯ **Anuncios televisivos** en horario de máxima audiencia para llegar al público más amplio posible; ideal para dar a conocer la marca.

❯ **Correo directo** enviado al público general usando listas de correo, o a clientes que han comprado previamente a través del correo directo. Ver *pp. 216–217*.

❯ **Anuncios impresos** en revistas de interés general, de aficiones o profesionales, con buena difusión, para llegar al público objetivo.

❯ **Presencia en eventos sectoriales** para mejorar la imagen corporativa y llegar al público empresarial.

Convertir

Las campañas salientes offline se enlazan con canales digitales en una estrategia global para lograr la respuesta de clientes potenciales.

Medios de conversión

❯ **Anuncios de radio** que repiten un teléfono fácil de recordar para lograr una acción inmediata.

❯ **Correo directo** impactante para provocar la respuesta del cliente; incluye un formulario postal de franqueo en destino y un contacto de servicio al cliente.

❯ **Anuncios online** destacados en el sitio web, que invitan a los clientes a clicar, conocer más sobre el producto y comprarlo.

❯ **Folletos** distribuidos de puerta en puerta que incluyen una oferta de lanzamiento atractiva por un periodo de tiempo limitado.

El 32% de las marcas británicas recortaron el gasto de marketing saliente para dedicar más a marketing de contenidos en 2013

Analizar

Se sigue el progreso de la campaña y se ajusta la combinación de medios y canales contratados. Luego se evalúan los resultados de la campaña.

Acciones

❯ **Realizar controles** para comparar el éxito de los distintos medios o estrategias de campaña.

❯ **Examinar el ratio de clics** (o *click-through-rate*) para saber cuántos clientes han clicado para conocer o comprar un producto, y determinar el éxito online.

❯ **Medir el índice de respuestas** del correo directo, desglosando por listas de correo o datos demográficos.

❯ **Analizar las ventas por gasto saliente** para establecer qué canales ofrecen el mejor retorno sobre la inversión en marketing.

TIPOS DE MARKETING SALIENTE

Offline

❯ **Llamada en frío** La campaña será más efectiva si se hace en las horas adecuadas para llegar al público; el mensaje debe redactarse bien y transmitirse en un tono genuino. *Ver pp. 218–219.*

❯ **Anuncios de TV** Aunque muchos consumidores desconectan de los anuncios televisivos, están familiarizados y abiertos a este medio, y la repetición hace llegar el mensaje. *Ver pp. 212–213.*

❯ **Radio** Este medio es el canal de masas más popular del mundo, con un alcance global, y es ideal para mensajes salientes dirigidos a un mercado internacional. *Ver pp. 212–213.*

❯ **Marketing de guerrilla** El uso de un enfoque creativo y poco convencional en lugares públicos con mucho tráfico puede ser un modo efectivo y barato de dar a conocer una marca. Es una forma de marketing de compromiso. *Ver pp. 204–205.*

Online

❯ **Redes sociales** La publicidad en redes sociales está aumentando, e incluye posts patrocinados, pines promocionados y formas directas como los anuncios en banners. *Ver pp. 228–229.*

❯ **Tecnología móvil** La publicidad en dispositivos móviles toma la forma de textos e imágenes, o ambos, para hacer ofertas a los usuarios; también se hacen promociones mediante app. *Ver pp. 214–215.*

❯ **Segmentación social** Esta estrategia busca perfiles individuales en redes sociales y personaliza mensajes, que se envían a través de redes como Twitter y Linkedin.

❯ **Palabras clave de búsqueda** Pagar por unas palabras clave populares y relevantes mejorará la posición en la página de resultados en los buscadores (se conoce como SEO). *Ver pp. 230–231.*

Publicidad offline tradicional

La publicidad offline usa canales tradicionales, como revistas, televisión, radio y vallas, para vender un producto o servicio. Aunque la publicidad online crece rápidamente, globalmente la mayor parte sigue siendo offline.

Cómo funciona

El criterio común tanto para publicidad offline como online es que las empresas paguen anuncios para captar la atención del cliente con un mensaje de marca o de producto.

Las empresas calculan el éxito de sus anuncios calibrando los ingresos en relación a la inversión (ROI, *return on investment*) por cada euro de publicidad gastado. Para maximizar el ROI, deben asegurarse de que eligen el canal adecuado para su público objetivo.

Los responsables de marketing eligen distintos canales según el mercado objetivo del producto o servicio que se anuncia. La elección también puede basarse en el ROI que una empresa haya probado antes para ese canal. Sin embargo, seguir la tasa de respuesta de la publicidad offline es más difícil y menos preciso que en el caso de la publicidad online (*ver pp. 214–215*).

El **83**% de la publicidad en la India en 2013 fue por televisión o impresa, y la digital solo llegó al 6,5% del total

---

PUBLICIDAD OFFLINE E INGRESOS EN RELACIÓN A LA INVERSIÓN (ROI)

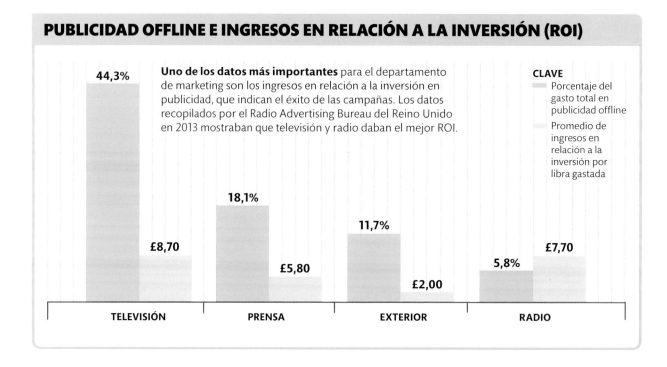

Uno de los datos más importantes para el departamento de marketing son los ingresos en relación a la inversión en publicidad, que indican el éxito de las campañas. Los datos recopilados por el Radio Advertising Bureau del Reino Unido en 2013 mostraban que televisión y radio daban el mejor ROI.

CLAVE
- Porcentaje del gasto total en publicidad offline
- Promedio de ingresos en relación a la inversión por libra gastada

	TELEVISIÓN	PRENSA	EXTERIOR	RADIO
Porcentaje del gasto total	44,3%	18,1%	11,7%	5,8%
Promedio de ingresos (ROI)	£8,70	£5,80	£2,00	£7,70

Canales de comunicación offline

	Pros	Contras
Televisión	Ofrece un alcance local, nacional y global; la mezcla de sonido e imagen crea un mensaje impactante	Caro; la repetición del anuncio puede fatigar a los espectadores; suelen saltarse los anuncios en los programas pregrabados
Radio	Barato; proceso de producción rápido y fácil; la mayoría de emisoras tiene un alcance demográfico específico	Competencia por los espacios en horas punta; la radio como ruido de fondo convierte el anuncio en inefectivo
Periódicos	Proceso de publicación rápido; las secciones temáticas del diario permiten una publicidad más dirigida al objetivo	Los anuncios compiten con otros materiales en la página; suelen ser en blanco y negro, y solo de texto
Revistas	Pueden estar meses en circulación; las cabeceras especializadas permiten una publicidad más enfocada	Las cifras reales de difusión son difíciles de calibrar; reservar espacios requiere una planificación con meses de adelanto
Correo directo	Precio ajustado; se envía directamente a los hogares y oficinas; apunta a mercados específicos	Puede ser percibido como correo basura y tirado instantáneamente; la tasa de respuesta suele ser baja
Vallas	El amplio alcance hace que salgan a cuenta; mensaje visible durante 24 horas al día	Competencia dura por los mejores espacios; el formato limita la longitud y complejidad del mensaje
Cine	Posibilidad de impresionar con una producción creativa; se dirige a una audiencia cautiva	Bajas cifras de audiencia; los espectadores pueden entrar al cine tras los anuncios

✓ DEBES SABER

❯ **GRP** Conocido por su sigla en inglés (*gross rating point*) indica el porcentaje de público objetivo en la audiencia de un programa

❯ **Coste por millar** Cifra que mide el desembolso para llegar a mil personas mediante cualquier canal (a menudo referido como CPT, *cost per thousand*)

❯ **Ratio de publicidad a ventas** Método para calcular el dinero gastado en publicidad y las ventas generadas

❯ **Cuota de voz (o *share of voice*)** Porcentaje de actividad en un canal de un anunciante sobre el total de su sector

El **58%** del gasto publicitario en 2010 se dedicó a anuncios de televisión, aunque el 86% de las personas se saltan los anuncios

Publicidad online

El marketing usa cada vez más la publicidad online para transmitir mensajes a los consumidores. Los canales online incluyen pantallas y tecnologías móviles, correo electrónico, buscadores y redes sociales.

Cómo funciona

Cuando las empresas se anuncian en internet, deben elegir el tipo de anuncio y el lugar que tenga un público que encaje con su mercado objetivo. Hay distintos canales de publicidad, pero los dos que más se usan son la publicidad de display y de búsqueda.

La publicidad de display incluye banners con texto e imágenes en sitios webs que se saben usados por los consumidores, como noticias, redes sociales y sitios de vídeos.

La publicidad de búsqueda consiste en colocar anuncios en los sitios web que aparecen en los resultados de las encuestas de los buscadores. El display suele llegar a más visionados globales, pero los buscadores dan más posibilidades de llegar a un público objetivo.

Otras formas de publicidad digital incluyen la publicidad en móviles, que incrusta anuncios que se pueden ver en smartphones y tabletas o enviando mensajes de texto; el correo electrónico, enviando una copia del anuncio directamente; y publicidad en redes sociales, que la empresa utiliza para promocionar productos a través de su perfil en las redes.

Una gran ventaja de la publicidad online respecto a la offline es que se puede medir.

210%
es la tasa de crecimiento de la publicidad móvil en China entre 2013 y 2014

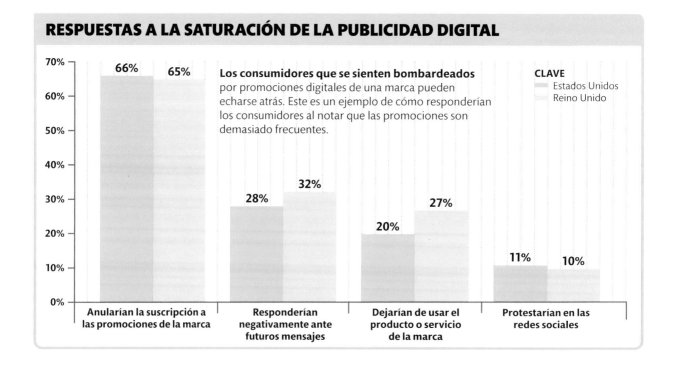

RESPUESTAS A LA SATURACIÓN DE LA PUBLICIDAD DIGITAL

Los consumidores que se sienten bombardeados por promociones digitales de una marca pueden echarse atrás. Este es un ejemplo de cómo responderían los consumidores al notar que las promociones son demasiado frecuentes.

CLAVE
Estados Unidos
Reino Unido

- Anularían la suscripción a las promociones de la marca: 66% (Estados Unidos), 65% (Reino Unido)
- Responderían negativamente ante futuros mensajes: 28% (Estados Unidos), 32% (Reino Unido)
- Dejarían de usar el producto o servicio de la marca: 20% (Estados Unidos), 27% (Reino Unido)
- Protestarían en las redes sociales: 11% (Estados Unidos), 10% (Reino Unido)

Canales de publicidad online

	Pros	Contras
Display	Captan la atención; si se clica en un anuncio, el éxito puede medirse con el sistema de pago por clic	Cuesta encontrar el público objetivo; los usuarios de internet se cansan e ignoran los anuncios
Búsqueda	Bueno para llegar al público objetivo, pues las palabras clave del usuario coinciden con las del anunciante *(ver pp. 230-231)*	Potencialmente caro si se usan palabras clave premium; los resultados pueden llevar tiempo
Móvil	Es más barato desarrollar contenido para móviles que para ordenadores; es fácil contabilizar la efectividad del anuncio	Los distintos tamaños de pantalla y sistemas pueden distorsionar la presentación del anuncio; el usuario puede sentirse molesto por la intromisión
Correo electrónico	Puede llegar a millones de clientes potenciales, sobre todo mediante el envío masivo *(ver pp. 216-217)*	El receptor puede eliminar el mensaje sin leerlo, y lo hará con mayor probabilidad si se siente bombardeado
Redes sociales	Es fácil de dirigir al público objetivo; posibilita que un anuncio se haga viral y tenga muchos visionados *(ver pp. 228-229)*	Los posts y actualizaciones continuados pueden distraer fácilmente la atención del usuario

✓ DEBES SABER

> **Clickstream** Perfil de la actividad de navegación del usuario

> **Segmentación por comportamiento** Proceso en el que los sitios web capturan datos de visitantes de páginas de inicio y los usan para mejorar la efectividad del anuncio

> **Intersticiales** Anuncios que preceden a la página a la que el usuario espera llegar, o que aparecen justo después

CASO DE ESTUDIO

Clics falsos y **botnets**

En la publicidad de pago por clic, una empresa paga a un sitio web por cada clic efectuado en uno de sus anuncios, pero el fraude se ha convertido en un problema grave. Los defraudadores crean un sitio y venden anuncios, luego infiltran los ordenadores de usuarios desprevenidos con un virus informático llamado *botnet* para generar un tráfico falso en el sitio web. Los anunciantes del sitio acaban pagando a los defraudadores por el gran número de clics recibidos. En 2013, una empresa de Londres descubrió que un *botnet* estaba generando nueve billones de clics falsos al mes.

El **46%** de las ventas globales del comercio electrónico tuvieron origen en la región de Asia-Pacífico en 2014

Correo directo

Dirigiéndose a un gran número de clientes potenciales a través del correo, postal o electrónico, se espera convertir a algunos de ellos en clientes reales. Ello se logra con la oportunidad, el diseño y el texto del mensaje.

Cómo funciona

Se trata de una de las formas más antiguas de marketing. Consiste en mandar una oferta a un amplio grupo de consumidores sabiendo que al menos algunos la aceptarán y se convertirán en clientes. El correo directo se basa en listas de nombres y direcciones, que pueden ser clientes ya existentes de una empresa o listas compradas a una agencia especializada. Casi todas las empresas, sean una compañía pequeña o una corporación, usan el correo directo. Entre las compañías que usan el correo directo están las empresas de compra por correo, instituciones financieras y entidades sin ánimo de lucro que buscan donaciones. El porcentaje de personas que responden al correo directo, aceptan la oferta, hacen la compra y se convierten en clientes –categoría conocida como índice de conversión– es muy bajo, pero sigue siendo rentable.

✓ DEBES SABER

❯ **Limpieza** Corregir nombres y direcciones en las listas de envío

❯ **Gestión de base de datos** Hay empresas especializadas en la impresión, manipulación y envío de cartas, folletos y catálogos

❯ **Fusionado/depuración** Sistema informático que une varias listas de mailing, busca duplicidades y corrige errores

Correo directo: prueba A/B

La prueba A/B compara la efectividad de dos versiones de un envío de correo directo, ya sea postal o electrónico. Las dos versiones se envían a diferentes grupos de clientes potenciales y se mide la respuesta de cada uno de ellos.

Grupo A
Responde con dos clics en el sitio web de la empresa

Obtener contactos
Decidir el tamaño de la prueba y dividir por mitades

Enviar correo

ENFOQUE A

ENVÍO EN DÍA LABORABLE
Ver la respuesta al envío hecho el lunes

ENFOQUE B

ENVÍO EN FIN DE SEMANA
Ver la respuesta al envío hecho el sábado

Grupo B
Responde con 20 clics en el sitio web de la empresa

El 3,42%
fue la tasa media de respuesta al correo directo en EE.UU. en 2010

CÓMO ENVIAR CORREO DIRECTO

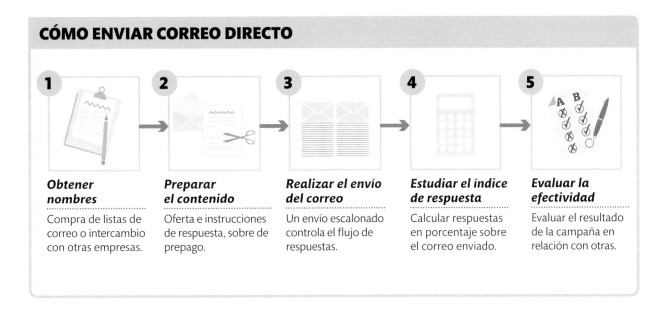

1

Obtener nombres

Compra de listas de correo o intercambio con otras empresas.

2

Preparar el contenido

Oferta e instrucciones de respuesta, sobre de prepago.

3

Realizar el envío del correo

Un envío escalonado controla el flujo de respuestas.

4

Estudiar el índice de respuesta

Calcular respuestas en porcentaje sobre el correo enviado.

5

Evaluar la efectividad

Evaluar el resultado de la campaña en relación con otras.

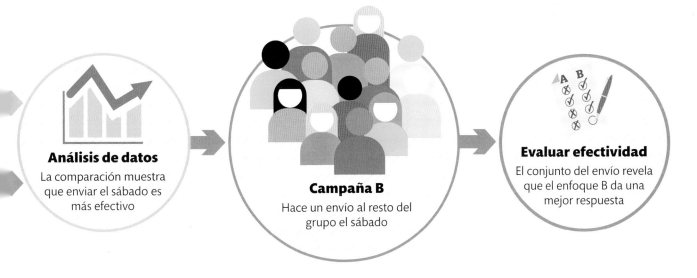

Análisis de datos

La comparación muestra que enviar el sábado es más efectivo

Campaña B

Hace un envío al resto del grupo el sábado

Evaluar efectividad

El conjunto del envío revela que el enfoque B da una mejor respuesta

Telemarketing

Las empresas usan el telemarketing para tener contacto directo con clientes existentes y potenciales. También los clientes pueden contactar directamente con la empresa. El telemarketing ofrece una vía para retener y adquirir clientes.

Cómo funciona

El telemarketing funciona en dos direcciones: entrante y saliente. Un cliente que llame a una empresa (para preguntar o quejarse, por ejemplo) es considerado una llamada entrante. Permite a la empresa retener al cliente que está insatisfecho con un producto o servicio, o atraer a otro cliente que contacta con la empresa por primera vez. Cuando es la empresa la que hace la llamada, es bien para vender productos adicionales a un cliente existente, o para seducir a un nuevo cliente. Las ventas por telemarketing pueden medirse en pedidos por hora. Por ejemplo, el agente A puede hacer 140 llamadas por hora y generar 400 euros. Una medida más efectiva es el ingreso por llamada: si el agente B hace 60 llamadas por hora con 450 euros en ventas, el índice de conversión por llamada es mayor en el agente B que en el A.

El **60%** del personal de telemarketing de Francia y la India tiene un título universitario

Proceso de telemarketing saliente y entrante

Los agentes de telemarketing suelen usar una lista de teléfonos sacada de una base de datos para contactar con clientes nuevos o ya existentes, y tienen acceso a información sobre el producto para poder responder a preguntas y quejas.

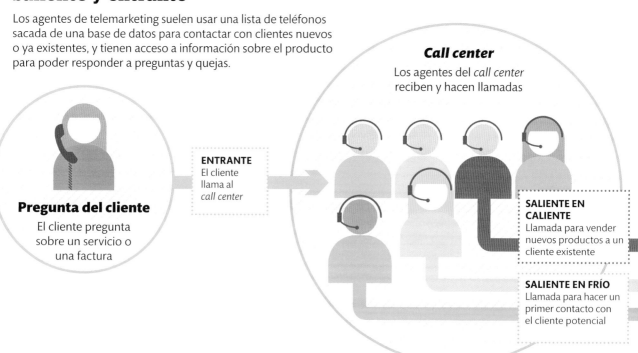

Pregunta del cliente
El cliente pregunta sobre un servicio o una factura

ENTRANTE
El cliente llama al *call center*

Call center
Los agentes del *call center* reciben y hacen llamadas

SALIENTE EN CALIENTE
Llamada para vender nuevos productos a un cliente existente

SALIENTE EN FRÍO
Llamada para hacer un primer contacto con el cliente potencial

TOP 5 DE LA LOCALIZACIÓN DE CALL CENTERS

Filipinas es la primera localización de *call centers* de las firmas de Estados Unidos, seguida por la India. Esto se debe al alto conocimiento del inglés y la cultura americana.

Irlanda
Polonia
China
India
Filipinas

✓ DEBES SABER

› **Tarea post llamada** Tareas que los agentes deben completar tras hacer una llamada, como procesar formularios de ventas

› **Tiempo medio por llamada** Duración típica de las llamadas a los clientes

› **Distribuidor automático de llamadas** Sistema informático que conecta la llamada de cada cliente al agente oportuno

› **Velocidad media de respuesta** Mide el tiempo que lleva responder a llamadas entrantes

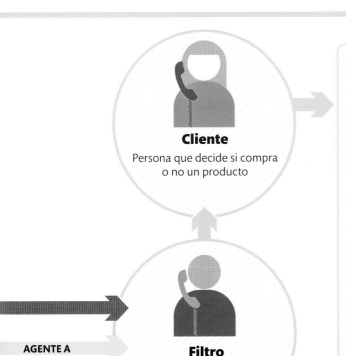

Cliente
Persona que decide si compra o no un producto

Filtro
Persona que contesta la llamada y decide pasarla

AGENTE A

AGENTE B

Evaluación de efectividad
Los responsables de telemarketing evalúan constantemente la efectividad de las llamadas.

Agente A
Puede adoptar una estrategia de ventas particular o tener un enfoque personal.

Agente B
Puede usar una técnica de comunicación o venta distinta.

Resultado
Al final de un lanzamiento de marketing, los responsables evalúan estrategias y estilos para futuras campañas.

Marketing entrante

El marketing entrante tienta al cliente ofreciéndole contenido atractivo e implicándolo. Este enfoque lleva a los clientes a una relación con una marca, más que «empujarlos» a hacer una compra al modo de la publicidad. El marketing entrante también se conoce como marketing de permiso, pues los clientes potenciales están dando permiso a las empresas a comunicarse con ellos. En otras palabras, interactúan activamente con la compañía o marca.

Proceso de marketing entrante

El contenido forma el elemento nuclear del marketing entrante. Esto incluye texto, imágenes y vídeos que los consumidores buscan online, especialmente en las redes sociales, o personalmente en eventos, como ferias profesionales, y luego comparten con su red de amigos, familiares y colegas. Los clientes potenciales responden al marketing entrante porque la empresa o marca ofrece información interesante y relevante, entretenimiento, o contenido con valor emocional. Las empresas esperan que esta interacción culmine en una venta, o que cree un reconocimiento de marca que conduzca a una venta.

✓ DEBES SABER

❯ **Marketing de la parte superior del embudo** Ofrece contenidos para captar la atención inicial del cliente potencial

❯ **Marketing de la parte media del embudo** Ofrece más detalles y anima a la participación

❯ **Marketing de la parte inferior del embudo** Intenta lograr ventas con precios bajos, ofertas o recomendaciones de clientes

Tipos principales de marketing de contenido

1. Blog
2. Guías prácticas
3. Imágenes
4. Infografías
5. Vídeo
6. Testimonios/reseña
7. Casos de estudio
8. Memes de internet
9. Newsletters
10. Libros electrónicos
11. Podcasts
12. Chat en Twitter
13. Notas de prensa (dar contenido a medios)

Exploración
Publicar y promocionar contenidos, usar la optimización del motor de búsqueda (SEO) para atraer a clientes online

Decisión
Los contenidos deben cautivar a posibles clientes o resolver problemas; alentar la comunicación en las dos direcciones

Compra
Convertir en clientes a los visitantes del sitio web; lograr que la compra online sea una experiencia fácil y positiva

Apoyo
Proporcionar un servicio excelente al cliente; animarle a hacer recomendaciones y compartir en las redes sociales

El **41**% de profesionales consideraron en 2013 que el marketing entrante produce beneficios medibles

Buscadores, redes sociales, editores digitales, y blogs de terceros

Sitio web de la empresa, blog, podcast, comunidad y herramientas interactivas

Proceso de comercio electrónico, producto, precio, descuentos y promoción

Apoyo al producto o servicio por parte del consumidor

ESTRATEGIAS DE MARKETING ENTRANTE

Offline

❯ **Optimizar el punto de venta** Ofrecer un entorno físico bien diseñado que atraiga clientes y los anime a volver.

❯ **Implicar a los medios** Generar notas de prensa para ganar cobertura en los medios. Centrarse en temas de interés real, que puedan apoyarse en estadísticas e investigación.

❯ **Interacción personal** Celebrar eventos en las tiendas que proporcionen nuevas experiencias o beneficios a los clientes; alquilar un estand en una feria sectorial y ofrecer información clave.

Online

❯ **Publicar blogs** Actualizar el blog de la empresa con contenido atractivo para los visitantes. *Ver pp. 224–225.*

❯ **Crear podcasts** Crear contenido relevante para clientes que buscan información; implicar a expertos para darle valor. *Ver pp. 226–227.*

❯ **Producir otros contenidos** Colgar artículos, fotos y vídeos en redes sociales; atraer a usuarios influyentes para alentar la compartición viral *Ver pp. 228–229.*

❯ **Aplicar la optimización de motores de búsqueda (SEO)** Usar palabras clave que respondan a preguntas concretas; añadir enlaces de webs populares. *Ver pp. 230–231.*

Marketing saliente *vs* marketing entrante

El marketing saliente interrumpe a los consumidores para promocionar un producto. El marketing entrante, en cambio, necesita de su permiso, y son ellos quienes buscan la información que lleva al mensaje de la marca.

Cómo funciona

Antes del auge de internet y las redes sociales, la mayoría de estrategias de marketing eran salientes. En otras palabras, el marketing imponía mensajes a los consumidores y los interrumpía con anuncios o correo directo. El mismo principio se aplica al marketing saliente que aparece en internet, con anuncios que interrumpen el contenido al que el consumidor desea acceder. Sin embargo, en la actualidad, cuando los consumidores usan internet para buscar información y entretenimiento, los vendedores han adoptado estrategias entrantes, proporcionando contenidos que atraen al consumidor a la marca o producto, en vez de imponerles mensajes de marketing.

✓ DEBES SABER

> *Push* o **basado en la interrupción** Términos equivalentes que describen el marketing saliente

> *Pull* o **basado en el permiso** Términos equivalentes que describen el marketing entrante

Pros y contras

Las empresas interrumpen a los consumidores con cientos de mensajes de marketing saliente cada día, pero también usan tácticas sutiles de marketing entrante para conseguir clientes. Cada estrategia tiene sus ventajas y desventajas.

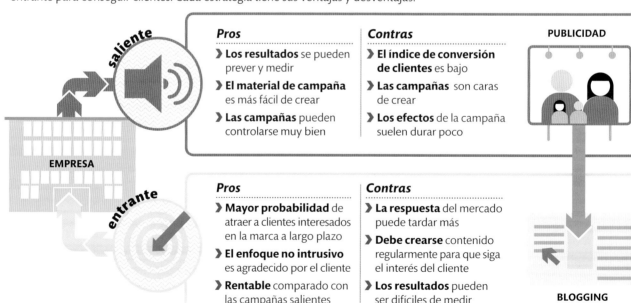

saliente

Pros
> **Los resultados** se pueden prever y medir
> **El material de campaña** es más fácil de crear
> **Las campañas** pueden controlarse muy bien

Contras
> **El índice de conversión de clientes** es bajo
> **Las campañas** son caras de crear
> **Los efectos** de la campaña suelen durar poco

PUBLICIDAD

EMPRESA

entrante

Pros
> **Mayor probabilidad** de atraer a clientes interesados en la marca a largo plazo
> **El enfoque no intrusivo** es agradecido por el cliente
> **Rentable** comparado con las campañas salientes

Contras
> **La respuesta** del mercado puede tardar más
> **Debe crearse** contenido regularmente para que siga el interés del cliente
> **Los resultados** pueden ser difíciles de medir

BLOGGING

COSTE MEDIO POR CLIENTE POTENCIAL ENTRANTE *VS* SALIENTE

Un informe de HubSpot en 2012 mostró que las empresas con estrategias de marketing entrante tuvieron en promedio un 61% menos de coste por cliente potencial. El estudio revelaba la efectividad de las redes sociales, el SEO y el marketing por correo electrónico.

346 $ por cliente

MARKETING SALIENTE

61%
menos de coste por cliente potencial

135 $ por cliente

MARKETING ENTRANTE

2012

El **60%** de las empresas han añadido marketing entrante a sus estrategias de marketing saliente

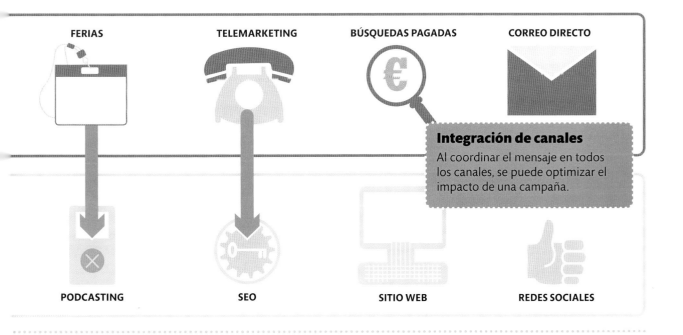

FERIAS

TELEMARKETING

BÚSQUEDAS PAGADAS

CORREO DIRECTO

Integración de canales
Al coordinar el mensaje en todos los canales, se puede optimizar el impacto de una campaña.

PODCASTING

SEO

SITIO WEB

REDES SOCIALES

Blogs y podcasts

Las empresas cuelgan artículos de información en blogs como medio para atraer consumidores a sus sitios web. Pueden bloguear en su propio sitio o confiar en blogueros independientes para alcanzar su objetivo.

Cómo funciona

A diferencia de un sitio web convencional, un blog consiste en posts o entradas de información que aparecen por orden cronológico, comenzando por el más reciente. Los blogs aparecieron a mediados de los noventa, cuando las nuevas herramientas permitieron a los no expertos publicar material online y se han convertido en una de las fuentes de información y opinión más comunes en internet. Aunque al principio solo las personas publicaban blogs, ahora muchos se hacen por encargo de marcas o son producidos por el departamento de marketing de la empresa.

Proceso del blogging

El marketing usa herramientas SEO (*ver pp. 230-231*) para conocer mejor de qué se está hablando online y determinar los temas más adecuados para sus blogs. Muchas empresas tienen personal para crear contenidos para blogs.

Seleccionar palabra o pregunta clave
Determinar una palabra clave, frase o pregunta que atraiga al público objetivo.

PALABRA CLAVE

Crear contenido
Basar el contenido en la palabra clave, y asegurarse de que da a los lectores una visión valiosa sobre el tema.

Colgar
Publicar entradas de blog en internet usando software de web o plataformas de blogging corporativo especializadas.

Añadir enlaces
Citar a expertos o informes de investigación; añadir fotos o vídeos, y proporcionar enlaces a las fuentes originales.

EL AUGE DEL BLOGGING: LOS PRIMEROS 20 AÑOS

Aparece el primer blog (links.net)

acuña el término «weblog»

Se lanza el blog Open Diary

Se lanza el blog de tecnología Boing Boing

Se funda Blogads (anuncios en blogs)

1994 1995 1996 1997 1998 1999 2000 2001 200

Un **85,2**% de los internautas de **Brasil visitaron** blogs en 2011

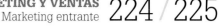

✓ DEBES SABER

❯ **Declaración** Información de si el blog está patrocinado, o si el bloguero recibió de la empresa los productos reseñados o los compró

❯ **Splog** Blog de *spam* con artículos falsos diseñados para aumentar los rankings de sitios web específicos en los buscadores

Sindicar/compartir

Remitir el blog a agregadores de noticias y compartirlo en redes sociales como Facebook, Twitter o Instagram.

Rastrear y medir

Monitorizar las estadísticas clave del blog, como el número de visitantes únicos o registros a RSS y newsletter.

DATOS VITALES DEL BLOG

Las 5 estadísticas principales

❯ **Número de visitantes** Visitas directas o desde enlaces

❯ **Índice de rebote** Proporción de usuarios que visitan una sola página y se van del sitio web

❯ **Páginas por visita** Número de páginas vistas por visitante

❯ **Conversiones** Proporción de visitantes que se suscriben al blog

❯ **Palabras clave** Palabras que los visitantes suelen usar para encontrar el sitio web

Los 3 errores típicos

❯ **Obsesión con el SEO** Aunque el SEO es importante, el objetivo debe ser publicar contenido de calidad

❯ **Omitir hechos** Los posts deben ofrecer información factual, no solo opinión o datos reciclados

❯ **Falta de legibilidad** Los blogs mal diseñados o de tipografía poco clara alejan a los clientes

| Google lanza AdSense | «Blog» es la palabra del año | Weblogs Inc. vendido por 25 millones $ | Se lanza la web de microblogging Tumblr | Se sugiere un código de conducta para blogueros | AOL compra el blog de noticias Huffington Post | Más de 75 millones de blogs de WordPress | El blogging cumple 20 años |

Podcasting/videocasting

Las empresas cuelgan audio o vídeo en internet para atraer a los usuarios y conecta con ellos. El objetivo es convertir a los nuevos usuarios en suscriptores. Tras involucrar a los consumidores con podcasts o videocasts, intentan venderles productos con publicidad en el podcast o la página de descarga, o patrocinando el podcast o videocast para reforzar la marca.

DEBES SABER

> **Vidcast** Término alternativo a videocast (ambos significan vídeo a demanda)

> **RSS (rich site summary)** Formato usado para actualizar frecuentemente contenido online de texto, audio y vídeo

> **Mobcast** Podcast creado y publicado en el teléfono móvil

Proceso de podcasting y videocasting

Para conseguir resultados comerciales de un podcast o videocast, una empresa necesita crear y publicar contenido interesante e informativo.

Capturar contenido
Decidir el tema, hacer un borrador, y rodar un vídeo para videocasts o grabar material de audio para podcasts.

Procesar el contenido
Editar el vídeo o el audio para eliminar ruido de fondo, errores y repeticiones. Probar y volver a editar en caso necesario.

Seleccionar el formato
Guardar los podcasts en MP3, y los vídeos en formato de pantalla pequeña; comprimir para que se baje rápido.

Publicar el contenido
Incrustar y publicar contenido en un post nuevo. Enviar a iTunes y a otras plataformas.

Seguimiento
Contabilizar el número de suscriptores, su localización, nivel de interacción y otras estadísticas.

Más de **1.000** millones de usuarios suscritos al app de podcast de Apple

ÉTICA DEL BLOGGING Y PODCASTING EMPRESARIAL

Los críticos independientes online suelen colaborar con empresas, beneficiándose ambos. Pero la promoción de empresas en blogs/podcasts no está regulada como la publicidad, y las fronteras éticas son a menudo borrosas.

Las reseñas de blog/podcast incluyen productos como moda, hoteles, restaurantes y tecnología.

NO → Otros contenidos

SÍ

La empresa da muestras gratis del producto o servicio al bloguero/podcaster para que los pruebe y reseñe.

NO

SÍ

La empresa da apoyo al crítico mediante contenido pagado y publicidad.

La empresa da apoyo al crítico ofreciéndole otros productos y servicios gratuitos.

NO — El crítico escribe un informe de consumidor

SÍ — Posible conflicto de intereses

SÍ — Posible conflicto de intereses

NO — El crítico intenta ser neutral

El blog/podcast ayuda a generar ingresos para ambas partes.

NO — El sitio web del crítico se gana su reputación y tiene sus propios objetivos.

SÍ — El sitio web depende de los ingresos que proporcionan las empresas.

CLAVE

- La empresa podría influenciar al bloguero
- El blog genera ingresos para el bloguero y la empresa
- El bloguero actúa con independencia

Marketing de redes sociales

Al colgar contenido en las redes sociales, las empresas atraen el tráfico en la red y llaman la atención sobre productos y servicios. A menudo, el interés en el contenido puede multiplicarse rápidamente por esos canales.

Cómo funciona

Los responsables de marketing deben generar contenidos interesantes. Lo normal es que ofrezcan entretenimiento o información útil que los usuarios están buscando activamente.

Cuando el contenido es interesante, atrae seguidores, que lo comparten con sus contactos. Si se sigue compartiendo, gustando y comentando, Google y otros buscadores lo recogerán y generarán todavía más interés.

Las redes sociales en la práctica

Los creadores de un nuevo suplemento de salud para reparar la piel dañada por el sol, generan contenido en vídeo mostrando los buenos resultados del producto, y lo lanzan por dos canales de redes sociales. Las imágenes de vídeo, fotos o historias que se propagan rápidamente por internet se llaman «virales».

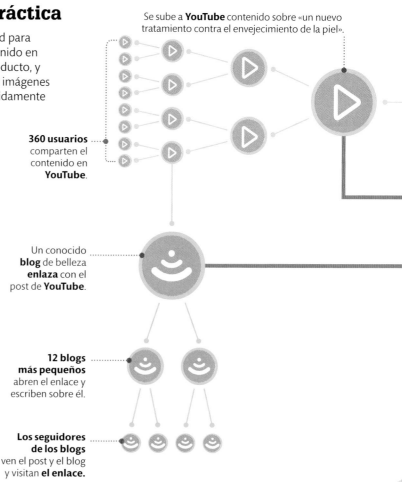

Se sube a **YouTube** contenido sobre «un nuevo tratamiento contra el envejecimiento de la piel».

360 usuarios comparten el contenido en **YouTube**.

Un conocido **blog** de belleza **enlaza** con el post de **YouTube**.

12 blogs más pequeños abren el enlace y escriben sobre él.

Los seguidores de los blogs ven el post y el blog y visitan **el enlace.**

CONVERTIR «CURIOSOS» EN «MIEMBROS»

El objetivo de los responsables de contenido es convertir los «curiosos» que han llegado al sitio web, blog, o página de redes sociales, en «miembros», que se suscriben y entran en una conversación.

Fase 1 Se cuelga el contenido, un vídeo, un artículo, una oferta especial, para atraer consumidores (curiosos y miembros).

Fase 2 Se espera a que los «amplificadores» (usuarios de redes sociales que comparten con sus amigos) transmitan el post a una audiencia más amplia.

Fase 3 Se monitorizan los índices de respuesta de curiosos, miembros y amplificadores, y se inspeccionan los posts.

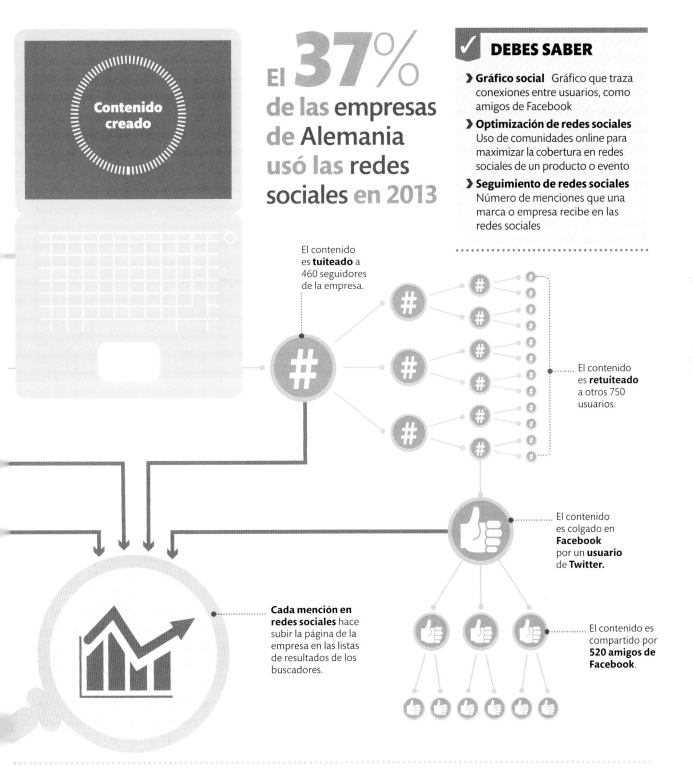

El **37%** de las empresas de Alemania usó las redes sociales en 2013

✓ DEBES SABER

> **Gráfico social** Gráfico que traza conexiones entre usuarios, como amigos de Facebook

> **Optimización de redes sociales** Uso de comunidades online para maximizar la cobertura en redes sociales de un producto o evento

> **Seguimiento de redes sociales** Número de menciones que una marca o empresa recibe en las redes sociales

Contenido creado

El contenido es **tuiteado** a 460 seguidores de la empresa.

El contenido es **retuiteado** a otros 750 usuarios.

El contenido es colgado en **Facebook** por un **usuario** de **Twitter.**

Cada **mención en redes sociales** hace subir la página de la empresa en las listas de resultados de los buscadores.

El contenido es compartido por **520 amigos de Facebook**.

Posicionamiento en buscadores (SEO)

El SEO es un proceso que el marketing usa para obtener tráfico de los resultados de los buscadores. Las herramientas de SEO ayudan a crear páginas web que aparezcan en lo alto de las listas de buscadores.

Cómo funciona

Las empresas con presencia en la red deben asegurarse de que su web está bien situada en los buscadores. Para conseguirlo, usan herramientas de SEO y monitorizan el lugar en que aparece el sitio al buscar las palabras clave, y actúan para seguir subiéndolo en la página de resultados. Algunas medidas importantes son encontrar las palabras adecuadas, enlazar con otros sitios web, y crear contenidos que incluyan palabras o frases usadas frecuentemente, para que el sitio web siga siendo relevante para una amplia variedad de consultas.

Para la publicidad, los buscadores ofrecen el servicio de pago por clic, que coloca los anuncios de la empresa en lugar visible en la página de resultados del buscador. Cada clic en el anuncio genera una tarifa que se paga al buscador.

El **92**% **del** tráfico de Google **va a los** resultados **de la** primera página

Proceso de SEO

Estas herramientas pueden usarse de manera continuada para hacer subir un sitio web en listas.

Selección de palabras clave
Usar una combinación de intuición y análisis para elegir palabras.

> **Pensar frases clave**
> **Evitar palabras manidas**
> **Probar variantes de una palabra**

Búsqueda de palabras clave
Usar herramientas SEO para investigar las palabras clave más populares.

> **Pensar palabras clave**
> **Buscarlas en los principales buscadores**
> **Probar el tráfico con ellas**

Análisis de la competencia
Ver el ranking de la competencia para decidir cómo superarla.

> **Ver el ranking con una herramienta de SEO**
> **Ver los links de los rivales**
> **Encontrar un dominio bien situado en el ranking**

DEBES SABER

> **Robot.txt** Archivo que indica a los robots, como Googlebot, que no deben rastrear ciertas páginas

> **Algoritmo de búsqueda** Fórmula que determina la posición de los sitios web en los resultados de búsqueda

> **Metadatos** Información que describe los datos almacenados, datos sobre datos

> **Ocultación** Técnica para mejorar el SEO haciendo invisibles ciertos contenidos

> **Panda y Penguin** Actualizaciones del modo en que Google calcula sus rankings, impidiendo que las herramientas SEO sean injustas

CONSEJOS DE SEO

Evitar palabras solas porque las frases de varias palabras tienen mejor ranking.

Seguir las estadísticas de búsqueda, por ejemplo usando Google Keyword.

Añadir un blog para ofrecer contenido que será recogido por los buscadores.

Priorizar el buen contenido y actualizarlo regularmente con palabras clave.

Usar sitios serios y con contenido relevante para enlazar a la web de la empresa.

Usar palabras clave en los titulares que guarden relación con la página.

Información y seguimiento

Usar herramientas de seguimiento del tráfico y del ranking del sitio.

> **Centrarse en visitas de calidad**
> **Comprobar los informes del servidor**
> **Cálculo de ventas por búsqueda**

Aumento de enlaces

Añadir enlaces de sitios relacionados que conduzcan de vuelta a la página.

> **Enlazar con sitios populares**
> **Participar en foros**
> **Pedir a los socios que se enlacen**

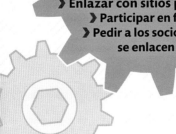

Araña SEO

Software que rastrea internet, y añade datos a las bases de los buscadores

Revisión de palabras clave

Monitorizar resultados de búsqueda de una selección de palabras clave actuales y ajustarlas.

> **Evitar las muy genéricas**
> **Evitar términos especializados**
> **Alterar el orden de las palabras**

Desarrollo de negocio

El objetivo global de los equipos de ventas y marketing es generar el contacto con los clientes y traducirlo en ingresos. Es la base del desarrollo del negocio e implica un proceso continuo de reclutar clientes potenciales, instarlos a comprar, y mantener el nexo. Durante el proceso, los responsables de marketing y ventas usan una serie de estrategias y canales para atraer clientes y conseguir un compromiso a largo plazo con una marca o producto.

Proceso colaborativo

Marketing genera identidad de marca, y ventas comercializa los productos. Al trabajar juntos, intentan que los clientes potenciales viajen de la conciencia de marca a las ventas repetidas, comunicando el mensaje por varios canales.

Redes sociales

Eventos

Comunicación personal

Crear conciencia de marca

Llegar a grupos de clientes con contenidos y campañas para informarlos sobre la marca y sus valores. Así se ponen las bases de una relación a largo plazo. *Ver pp. 234-235.*

Captar clientes potenciales

Usar una combinación de estrategias de marketing entrante y saliente para hacer que los clientes potenciales busquen la marca o producto. *Ver pp. 236-237.*

Convertir clientes en ventas

Una vez interesados, incitar a los clientes a comprar con mensajes, ofertas y sitios de comercio electrónico bien diseñados. *Ver pp. 238-239.*

Publicidad

Relaciones públicas

Envío de correos electrónicos

Telemarketing

El **15%** de las empresas cuentan con especialistas en desarrollo de negocio, personal que no está implicado en la venta

ESTRATEGIAS DE DESARROLLO DE NEGOCIO

El desarrollo de negocio tiene como misión el crecimiento. Los equipos de marketing y ventas aumentan el rendimiento a largo plazo creando una base de clientes y reteniéndolos. Hay distintas formas de mantener sana la base de clientes.

❱ **Trazar el recorrido del cliente** desde antes hasta después de la venta.

❱ **Pensar en cómo reducir el coste de la venta** y aumentar la satisfacción del cliente.

❱ **Integrar los procesos de venta** con el marketing para conseguir y retener clientes; pensar en el cliente ideal.

❱ **Monitorizar y evaluar** estos procesos con regularidad.

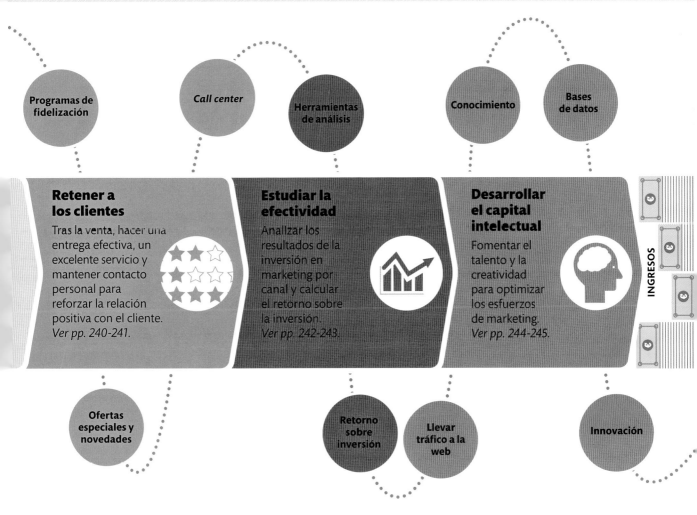

Programas de fidelización

Call center

Herramientas de análisis

Conocimiento

Bases de datos

Retener a los clientes

Tras la venta, hacer una entrega efectiva, un excelente servicio y mantener contacto personal para reforzar la relación positiva con el cliente.
Ver pp. 240-241.

Estudiar la efectividad

Analizar los resultados de la inversión en marketing por canal y calcular el retorno sobre la inversión.
Ver pp. 242-243.

Desarrollar el capital intelectual

Fomentar el talento y la creatividad para optimizar los esfuerzos de marketing.
Ver pp. 244-245.

INGRESOS

Ofertas especiales y novedades

Retorno sobre inversión

Llevar tráfico a la web

Innovación

Creación y renovación de la marca

Una marca se define por las características que definen un producto en particular. La marca se usa para comunicar las cualidades de un producto al consumidor, y crear un lazo duradero entre el proveedor y el cliente.

Cómo funciona

Cuando se desarrolla una marca, se crea un conjunto de valores definidos, expresado en imagen, colores, logo, eslogan y elementos promocionales del producto, y la asociación con personajes conocidos. La marca funciona tanto para la empresa como para el cliente, reduciendo incertidumbre y riesgos, y transmitiendo atributos clave. Las redes sociales ayudan en la promoción de las marcas. El 29% de usuarios de Facebook siguen a una marca, y el 58% han dado un «me gusta» a una marca.

El ciclo de la marca

Existen unas etapas habituales en la definición de la marca de un producto. En la renovación de la marca se vuelve a empezar por el principio.

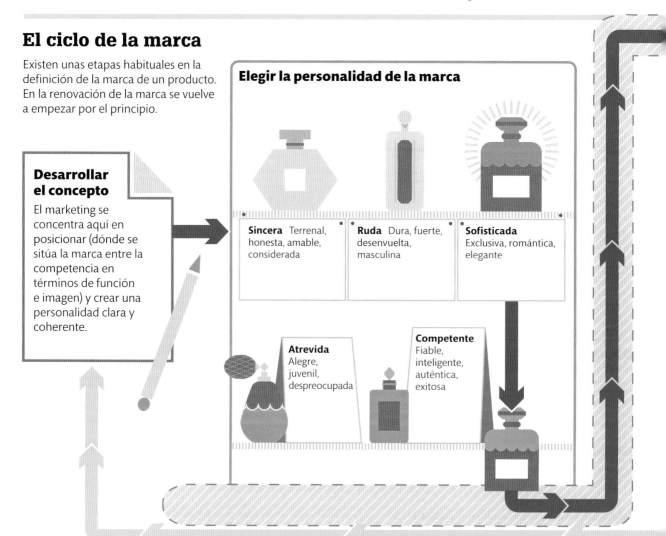

Desarrollar el concepto

El marketing se concentra aquí en posicionar (dónde se sitúa la marca entre la competencia en términos de función e imagen) y crear una personalidad clara y coherente.

Elegir la personalidad de la marca

Sincera Terrenal, honesta, amable, considerada

Ruda Dura, fuerte, desenvuelta, masculina

Sofisticada Exclusiva, romántica, elegante

Atrevida Alegre, juvenil, despreocupada

Competente Fiable, inteligente, auténtica, exitosa

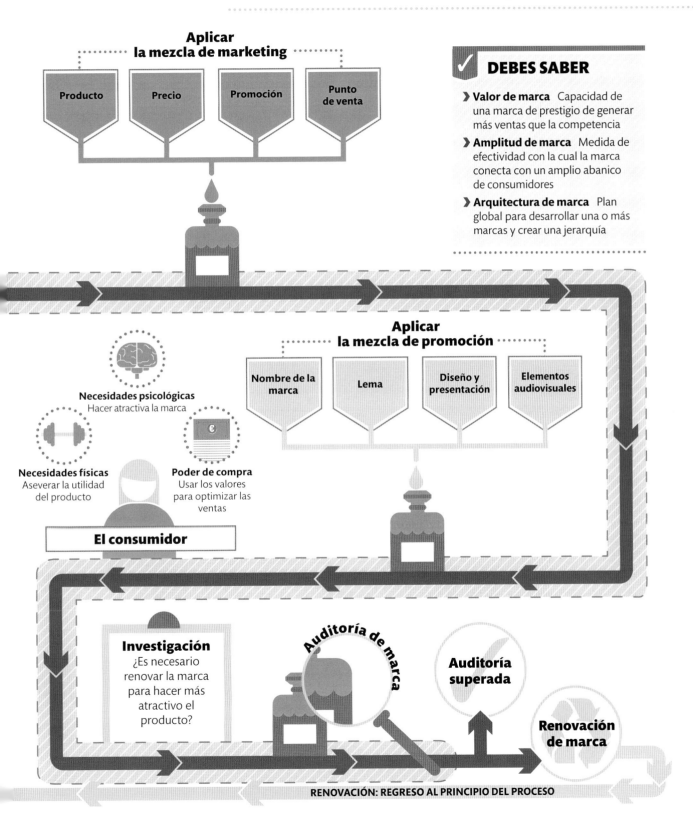

Aplicar la mezcla de marketing

Producto

Precio

Promoción

Punto de venta

DEBES SABER

> **Valor de marca** Capacidad de una marca de prestigio de generar más ventas que la competencia

> **Amplitud de marca** Medida de efectividad con la cual la marca conecta con un amplio abanico de consumidores

> **Arquitectura de marca** Plan global para desarrollar una o más marcas y crear una jerarquía

Necesidades psicológicas
Hacer atractiva la marca

Necesidades físicas
Aseverar la utilidad del producto

Poder de compra
Usar los valores para optimizar las ventas

El consumidor

Aplicar la mezcla de promoción

Nombre de la marca

Lema

Diseño y presentación

Elementos audiovisuales

Investigación
¿Es necesario renovar la marca para hacer más atractivo el producto?

Auditoría de marca

Auditoría superada

Renovación de marca

RENOVACIÓN: REGRESO AL PRINCIPIO DEL PROCESO

Captación de clientes

Uno de los objetivos básicos para el crecimiento de una empresa es la adquisición de nuevos clientes. La generación de contactos es la estrategia usada para identificar y dirigirse a nuevos contactos o clientes potenciales.

Cómo funciona

El objetivo de la captación de estos clientes potenciales (contactos o *leads*) es encontrar consumidores que quieran comprar el producto. Con ello, los equipos de ventas evitan dedicar recursos a personas sin interés en el producto, así que este proceso ayuda a identificar a los clientes potenciales susceptibles de convertirse en clientes reales, conocidos como contactos de calidad. Para captar clientes potenciales, marketing y ventas colaboran en una campaña, offline u online, diseñada para identificar y reclutar a clientes prometedores. Adquirir la información de contacto es la primera parte del proceso. Convertir a los clientes potenciales en ventas es la siguiente etapa (*ver pp. 238-239*).

Proceso de captación de clientes

La captación es un proceso de múltiples pasos en que los equipos de ventas, marketing y atención al cliente planean, diseñan, producen, prueban y refinan la campaña.

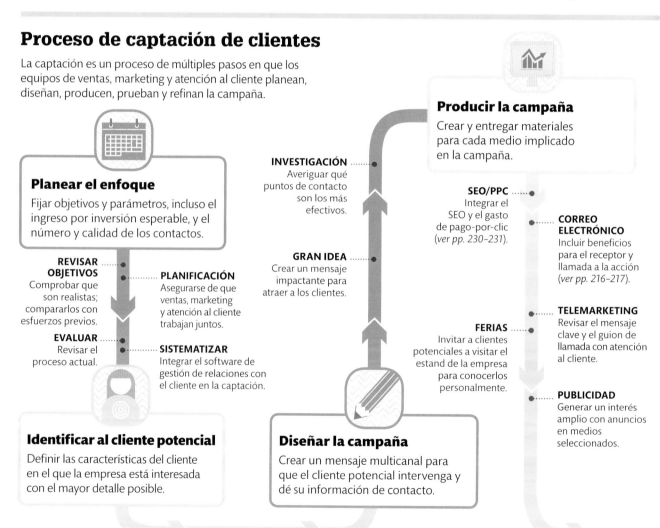

Planear el enfoque
Fijar objetivos y parámetros, incluso el ingreso por inversión esperable, y el número y calidad de los contactos.

REVISAR OBJETIVOS
Comprobar que son realistas; compararlos con esfuerzos previos.

EVALUAR
Revisar el proceso actual.

PLANIFICACIÓN
Asegurarse de que ventas, marketing y atención al cliente trabajan juntos.

SISTEMATIZAR
Integrar el software de gestión de relaciones con el cliente en la captación.

Identificar al cliente potencial
Definir las características del cliente en el que la empresa está interesada con el mayor detalle posible.

INVESTIGACIÓN
Averiguar qué puntos de contacto son los más efectivos.

GRAN IDEA
Crear un mensaje impactante para atraer a los clientes.

Diseñar la campaña
Crear un mensaje multicanal para que el cliente potencial intervenga y dé su información de contacto.

Producir la campaña
Crear y entregar materiales para cada medio implicado en la campaña.

SEO/PPC
Integrar el SEO y el gasto de pago-por-clic (*ver pp. 230–231*).

CORREO ELECTRÓNICO
Incluir beneficios para el receptor y llamada a la acción (*ver pp. 216–217*).

TELEMARKETING
Revisar el mensaje clave y el guion de llamada con atención al cliente.

FERIAS
Invitar a clientes potenciales a visitar el estand de la empresa para conocerlos personalmente.

PUBLICIDAD
Generar un interés amplio con anuncios en medios seleccionados.

LAS 5 MEJORES FORMAS DE CAPTAR CLIENTES

❯ **Crear contenido** como vídeos virales o un informe noticiable que lleve al cliente a registrarse en la página.

❯ **Usar canales online y offline**, pues la mayoría de clientes responderá solo a uno de ellos.

❯ **Buscar el punto de contacto de cada cliente**, en que este entra en relación con el producto antes, durante y tras la compra, sea una reseña online o la facturación.

❯ **Adaptar la llamada a la acción** al canal (como invitar a los visitantes a una feria a participar en un concurso).

❯ **Diseñar formularios efectivos** para conseguir datos (por ejemplo pidiendo a los clientes que se inscriban para recibir actualizaciones).

DEBES SABER

❯ **Medios propios** Canal propiedad de una empresa, sea un sitio web, blog, o perfil en las redes sociales

❯ **Atención, interés, deseo, acción (AIDA)** Modelo para lanzar mensajes de marketing efectivos

❯ **Coste por contacto** Cantidad que le cuesta a la empresa conseguir un cliente potencial

---

CONTACTOS DE CALIDAD
Determinar el porcentaje de contactos iniciales con capacidad de compra.

ANALIZAR RESULTADOS
Identificar los ajustes necesarios para mantener la campaña en marcha.

Refinar
Afinar el proceso de filtro para asegurarse de que los contactos generados son de alta calidad.

ÍNDICE DE RESPUESTA
Ver los contactos obtenidos hasta el momento.

ÍNDICES DE CONVERSIÓN ONLINE
Calcular el porcentaje de visitantes del sitio web convertidos en clientes.

Medir
Buscar y medir la respuesta de las diversas actividades para calibrar su efectividad.

Campaña de prueba
Monitorizar las horas y días iniciales de la campaña y hacer las correcciones necesarias.

CAPTACIÓN B2B

La mayoría de empresas que venden a otras empresas (B2B) identifican la captación de clientes como una de sus prioridades de marketing más importantes. Pero ¿qué tácticas les resultan más efectivas?

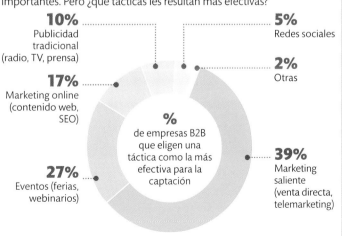

10%
Publicidad tradicional (radio, TV, prensa)

5%
Redes sociales

17%
Marketing online (contenido web, SEO)

2%
Otras

%
de empresas B2B que eligen una táctica como la más efectiva para la captación

39%
Marketing saliente (venta directa, telemarketing)

27%
Eventos (ferias, webinarios)

Conversión en clientes

El proceso de transformar el interés de un contacto o cliente potencial en una venta se llama conversión. No solo requiere un buen argumentario para promocionar el producto o servicio, sino un enfoque adaptado a cada cliente.

Cómo funciona

Los departamentos de ventas y marketing son los responsables de generar ingresos de ventas. El primer paso es localizar o identificar a clientes potenciales, la generación de contactos (o *leads*). El segundo paso es contactar con ellos y atraerlos o convencerlos para comprar, la conversión.

La charla promocional se usa para convertir contactos en clientes. Sin embargo, hoy en día el discurso estereotipado transmitido por un atento vendedor ha sido sustituido por tácticas más sofisticadas, como los chats en directo en webs de compras, que informan a los clientes y los invitan a participar en el diálogo, en vez de limitarse a agobiarlos.

Contacto inicial
Cliente potencial, sea el visitante de un sitio web o una persona adecuada contactada por teléfono

Discurso Conocer bien sus necesidades, y mostrar las cualidades del producto y sus elementos distintivos para rebatir las objeciones.

Probable
A un paso de convertirse en cliente, necesita un último empujón para convencerse de comprar el producto.

Discurso Reforzar el valor del producto; ofrecer opciones de pago; destacar la política de satisfacción del cliente.

Discurso Mantener el contacto con novedades, ofertas, nuevos productos o descuentos.

Cliente
El contacto inicial se ha comprometido a comprar; ahora hay que centrarse en conservarlo y conminarlo a seguir comprando.

DEBES SABER

❯ **Valoración del contacto** Sistema usado para medir la propensión del contacto a convertirse en cliente

❯ **Flujo de ventas** Seguimiento visual del número de contactos totales, posibles y probables en cada etapa del proceso de ventas

❯ **Gestión del contacto** Interacción con un contacto para intentar convertirlo en cliente

❯ **Coste por interacción** Coste de cada interacción con el contacto

3,3%
fue en 2010 la tasa de conversión de contactos en el comercio online

Conversión de un contacto online

Se necesita una estrategia para guiar a los visitantes del sitio web en cada paso del proceso de conversión. A menudo se representa como un embudo. Cuando el visitante ha llegado al sitio, es conminado a clicar un botón de «llamada a la acción» que lo dirige hacia el fondo del embudo.

Discurso Implicarle en la experiencia del sitio web o en una conversación: identificar necesidades; mostrar beneficios.

Posible

El contacto inicial muestra su interés permaneciendo en el sitio web o no colgando el teléfono.

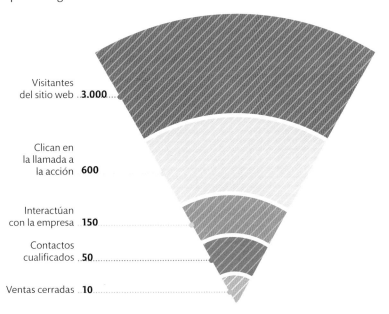

Visitantes del sitio web **3.000**

Clican en la llamada a la acción **600**

Interactúan con la empresa **150**

Contactos cualificados **50**

Ventas cerradas **10**

Inactivo

El potencial cliente no está listo para comprar de inmediato, pero se muestra interesado en comprar en un futuro.

Contacto muerto

No hay conversión, pero tal vez pueda retomarse en el futuro.

3 DISCURSOS COMERCIALES TÍPICOS

Concepto global

Introducción llamativa que muestra la visión o idea clave de un producto o empresa; pretende captar la atención del cliente

Elevator pitch (discurso «de ascensor»)

Breve discurso (de menos de un minuto) que explica el porqué, el qué y el cómo de una empresa o producto

Presentación de 20 minutos

Presentación detallada que explica el producto o la empresa, y cómo puede servir a las necesidades del posible cliente

Retención de clientes

Como quiera que los clientes existentes ayudan a generar la mayor parte del beneficio y el crecimiento con compras adicionales y referencias, retener a estos clientes es una de las grandes prioridades del marketing.

Medir el nivel de retención de clientes
Ver cuántos clientes repiten la compra o compran más productos

Identificar a los clientes satisfechos

Referencias de los clientes
Medir el número de referencias que genera un cliente individual.

Fidelidad
Identificar a los clientes activos en el programa de fidelización de la marca.

Identificar la insatisfacción

Deserción
Descubrir por qué ciertos clientes se han ido, y a qué competidor.

Análisis de quejas
Examinar las quejas escritas de los clientes y los archivos de los *call centers*.

Introducir una estrategia de mejora de retención

Sistemas de alerta rápida
Anticiparse a los problemas y avisar a los clientes de antemano.

Programas de recuperación
Disculparse y corregir errores para recuperar a clientes insatisfechos.

Encuestas de satisfacción
Escuchar a los clientes e identificar a los que podrían irse.

tarjeta cliente

Programas de fidelización
Recompensar a los clientes con incentivos para retenerlos.

Mejor atención al cliente
Ofrecer incentivos a los empleados para establecer relaciones con los clientes.

Monitorizar y medir mediante el análisis

Satisfacción del cliente
Evaluar el índice de quejas y recomendaciones del cliente.

CLIENTES EXISTENTES	CLIENTES QUE SE VAN

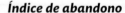

Índice de abandono
Número de clientes retenidos (existentes), perdidos (que se van), o ganados en un cierto periodo.

Objetivo de ingresos
Medir el objetivo de ingresos sobre el coste de retención del cliente.

Cómo funciona

Existen dos etapas en el proceso de retención de clientes: medir el índice de retención actual, y aplicar estrategias para gestionarlo y mejorarlo. Hay que identificar a los clientes más valiosos y fomentar la relación con ellos. Los clientes menos valiosos o más costosos pueden ser eliminados si muestran poco potencial de desarrollo.

Venta adicional y cruzada

Identificar a los clientes que puedan comprar productos más caros o relacionados.

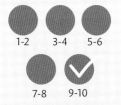

1-2 3-4 5-6 7-8 9-10

Tasa de recomendación

Calibrar la probabilidad de que un cliente recomiende la empresa a otros.

Ahorro por retención de clientes

Calcular el ahorro en marketing conseguido reteniendo a clientes existentes.

5 MOTIVOS POR LOS QUE UN CLIENTE SE VA

Percibe indiferencia por parte del vendedor

Insatisfecho con el producto o servicio

1-2 3-4 5-6

No está contento con el precio

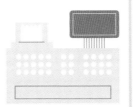

Es tentado por la competencia

Abandono natural (muerte, traslado)

✓ DEBES SABER

❯ **Valor global del cliente** Mide la cantidad que el cliente aportará a los ingresos de la empresa a largo plazo

❯ **Índice de retención del cliente** Número de clientes retenidos durante un periodo determinado, expresado como porcentaje

❯ **Coste de adquisición del cliente** Cantidad que la empresa gasta para ganar un cliente

Un **5%** menos de abandono de clientes puede aumentar el beneficio en un 25–125%

Retorno sobre la inversión en marketing

Muchas organizaciones calibran la efectividad de la cantidad que han gastado en campañas de marketing midiendo los ingresos logrados por la inversión en marketing (o ROMI, por sus siglas en inglés).

Cómo funciona

Como parte del retorno sobre la inversión (o ROI, *return on investment*), los ingresos por inversión de marketing (o ROMI, *return on marketing investment*) son un indicador clave que las empresas usan para conocer la efectividad del dinero que han gastado en marketing.

El ROMI se calcula comparando los ingresos generados con la inversión hecha en marketing, y se usa principalmente para evaluar campañas online. Sin embargo, este cálculo solo refleja el impacto directo de la inversión de marketing en los ingresos de la empresa, y no tiene en cuenta otros beneficios, como el efecto boca a boca en redes sociales, mucho más difícil de cuantificar que la clara respuesta que se obtiene mediante la publicidad o el correo directo.

Así, hoy en día en marketing digital se incluye a menudo la latencia de la campaña o el conocimiento de marca en sus cálculos de ROMI, a fin de cuantificar beneficios menos tangibles y mejorar la efectividad de futuras campañas.

El ROMI en la práctica

El diagrama muestra cómo usa el ROMI una empresa de aire acondicionado para medir el resultado de una campaña de marketing. La empresa gasta 2.100 € en una promoción de correo directo, dirigida a oficinas de tres ciudades importantes para generar ventas y asegurar nuevos contratos. El folleto enviado por correo contiene un formulario de contacto que ofrece un descuento del 10% a nuevos clientes que respondan a la promoción en un determinado periodo de tiempo.

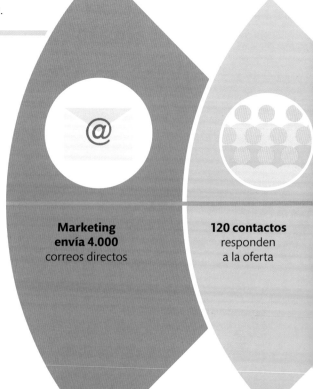

Marketing envía 4.000 correos directos

120 contactos responden a la oferta

$$\frac{\text{BENEFICIO BRUTO} - \text{INVERSIÓN EN MARKETING}}{\text{INVERSIÓN EN MARKETING}} = \text{ROMI}$$

El **63**% de directores de marketing creen que el ROI será el principal indicador de éxito entre 2011 y 2016

INVERSIÓN EN MARKETING: BENEFICIO A LARGO PLAZO

Algunos aspectos de la inversión en marketing son difíciles de medir a corto plazo. Los resultados de dar una excelente atención a los clientes o de invertir en una mejor retención de estos pueden no ser evidentes al principio, pero generarán beneficios a la larga.

Coste de la inversión en marketing

INVERSIONES EN MARKETING

Campañas de marketing

MEJORA DEL VALOR Y SATISFACCIÓN DEL CLIENTE

Se atrae más al cliente

Aumenta la retención

INCREMENTO DE LA FIDELIDAD Y EL VALOR DEL CLIENTE A LARGO PLAZO

RETORNO SOBRE LA INVERSIÓN EN MARKETING

14 contactos calificados
(a quienes les encaja el producto) se convierten en posibles ventas

3 de ellos se convierten en clientes

Resultados

Total de nuevos clientes = 3
Gasto medio por cliente = 6.500 € (tras un descuento del 10% sobre el gasto medio total, de 7.222 €)
Ingresos de marketing = 19.500 € (3 x 6.500 €)
Coste de la campaña = 2.100 € + 2.167 € (3 x 722 €) del coste del descuento promocional = 4.267 € en total
ROMI = 4,57 € por cliente por cada 1 € gastado en la campaña

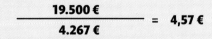

$$\frac{19.500\ €}{4.267\ €} = 4{,}57\ €$$

Capital intelectual

Los conocimientos propios de la empresa que se usan para mejorar resultados se conocen como capital intelectual.

Cómo funciona

Todas las empresas tienen capital, es decir activos físicos y tangibles que aparecen en la hoja de balance de sus estados financieros.

Una empresa dispone también de capital intelectual, los conocimientos y las capacidades internos de la compañía. Este conocimiento colectivo es difícil de cuantificar y medir, pero es esencial en la capacidad de una empresa para generar ingresos. Así, la dirección debe ofrecer formación y un periodo de adaptación a los nuevos empleados, para que el capital humano no descienda cuando alguien deje la empresa, llevándose consigo la experiencia. Se han identificado tres tipos principales de capital intelectual: humano, estructural y de clientes.

 DEBES SABER

❯ **Capital estratégico** Se trata del conocimiento de una empresa de su mercado y del modelo de negocio necesario para triunfar

❯ **Propiedad intelectual** Inventos o creaciones atribuidos legalmente a la empresa, y que figuran en su balance

❯ **Capital intangible** Los activos de conocimiento que pertenecen a una empresa u organización; pueden auditarse mediante varios sistemas (*ver derecha*)

TALENTO EXCEPCIONAL

Nº 1

INTELECTO HUMANO

VOLUMEN DE EXPERIENCIA PRÁCTICA

Dificultad

Capital humano

Combinación del talento de los empleados y ejecutivos contratados por la empresa. Incluye capacidades y habilidades, empuje, creatividad y capacidad de innovación; aspectos todos ellos difíciles de medir.

Dificultad

Capital de clientes

Relación desarrollada entre la empresa y sus clientes, reflejada en la fidelidad del cliente a la empresa y a sus productos. Este capital relacional puede ampliarse a los proveedores, pero es muy difícil de cuantificar.

VÍNCULOS EXTERNOS

RELACIONES DE MERCADO

DURACIÓN DE LAS RELACIONES

RUTINAS ORGANIZATIVAS

08.00
09.00
10.00

VÍNCULOS INTERNOS

INNOVACIÓN

Dificultad

Capital estructural

Estructuras desarrolladas y mantenidas por la empresa, como su software, bases de datos y otros sistemas de información, patentes, *copyright* y marcas registradas. El capital estructural no es tangible, y puede ser difícil de evaluar.

«El único capital insustituible de una organización son los conocimientos y capacidades de sus empleados.»

Andrew Carnegie

MEDIR EL CAPITAL INTELECTUAL

Se han desarrollado diversos métodos para cuantificar y medir el capital intelectual de una empresa.

Índice Watson Wyatt

Encuesta que se hace cada dos años en empresas cotizadas para evaluar la valía del capital humano y las prácticas de recursos humanos.

Monitor de capital intelectual

Matriz que mide los efectos pasados, la potencia presente, y el potencial futuro del capital intelectual de una empresa.

FIVA

El FIVA (o *Framework of intangible value areas*) permite a la empresa identificar y relacionar sus indicadores de resultados con sus fuentes de capital intelectual.

Cuadro de mando del capital de conocimiento

Desarrollado por el profesor Baruch Lev de la Universidad de Nueva York para evaluar el capital intelectual y su contribución al éxito.

Gestión de la información

Monitorizar el mercado y comprender la enorme cantidad de datos disponibles se ha convertido en una prioridad para las empresas; los datos son cruciales para el marketing digital, que cada vez adopta formas más sofisticadas. Hoy en día, la mayoría de empresas tienen un sistema para gestionar información. Las organizaciones más exitosas usan datos no solo para monitorizar los resultados diarios a todos los niveles, sino para predecir el futuro y actuar en consecuencia.

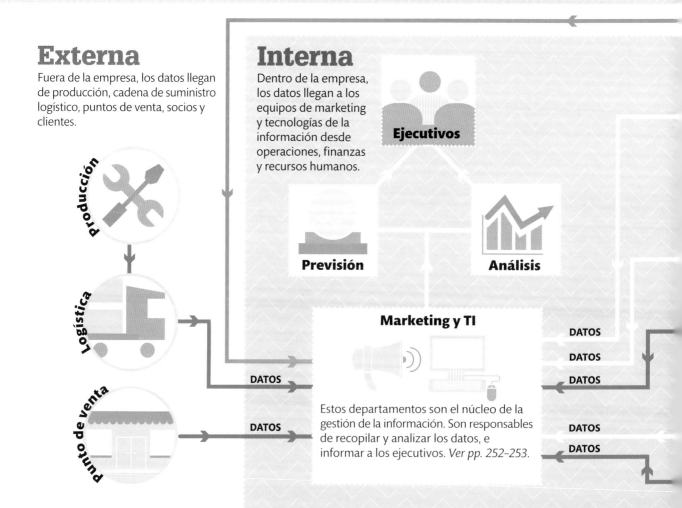

Externa

Fuera de la empresa, los datos llegan de producción, cadena de suministro logístico, puntos de venta, socios y clientes.

Producción

Logística

Punto de venta

Interna

Dentro de la empresa, los datos llegan a los equipos de marketing y tecnologías de la información desde operaciones, finanzas y recursos humanos.

Ejecutivos

Previsión

Análisis

Marketing y TI

Estos departamentos son el núcleo de la gestión de la información. Son responsables de recopilar y analizar los datos, e informar a los ejecutivos. *Ver pp. 252–253.*

DATOS

DATOS

DATOS
DATOS
DATOS

DATOS
DATOS

El **7**% de las organizaciones cuentan con la figura del director digital (o *chief digital officer*)

TRANSFORMAR LOS DATOS EN DECISIONES

Con un acceso fácil a los datos relevantes (*ver pp. 262–263*) una empresa puede identificar sus puntos fuertes y débiles, mejorar procesos y operaciones y la relación con sus clientes (*ver pp. 264–265*).

Datos en bruto
Recopilar datos de clientes. *Ver pp. 254–255 y 258–261.*

Guardar información
Alojar datos en forma estructurada. *Ver pp. 256–257.*

Tener perspectiva
Valorar los datos con las herramientas de gestión. *Ver pp. 250–251.*

Obtener conocimiento
Uso de herramientas de inteligencia empresarial. *Ver pp. 248–249.*

Adoptar decisiones
Planificar y presupuestar resultados futuros.

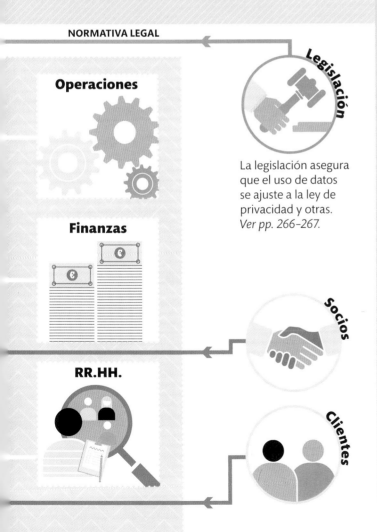

NORMATIVA LEGAL

Operaciones

Finanzas

RR.HH.

Legislación

La legislación asegura que el uso de datos se ajuste a la ley de privacidad y otras. *Ver pp. 266–267.*

Socios

Clientes

Inteligencia empresarial

La inteligencia empresarial (IE, o *business intelligence*) es un término que se refiere a las distintas aplicaciones informáticas que las empresas usan para acceder y analizar la enorme cantidad de datos que manejan.

Cómo funciona

La inteligencia empresarial se basa en programas y sistemas para recopilar e integrar datos que permitan evaluar las actividades de la empresa. Estas herramientas permiten obtener información relevante de la base de datos. El responsable de marketing consulta la información en un ordenador mediante un «tablero» o *dashboard*, que también se usa para seguir el negocio en tiempo real.

DEBES SABER

> **Esquema de estrella** El proceso más simple de proceso analítico online en almacenaje de datos
> **Calidad de datos** Estado de los datos maestros de la empresa, que deben ser completos y precisos
> *Slice and dice* Proceso por el cual gran cantidad de datos se desglosan para facilitar su análisis

Proceso de inteligencia empresarial

La IE permite obtener datos relevantes especificando los términos que los definen (como las ventas actuales comparadas con las del año anterior).

Recopilar datos

La empresa reúne datos en bruto a partir de distintos sistemas.

GESTIÓN DE LA CADENA DE SUMINISTRO
Datos de logística

ERP
Sistema (*enterprise resource planning*) que gestiona los datos de la empresa

REGISTROS WEB
Datos de actividad de la web corporativa y de comercio electrónico

BASE DE DATOS TRANSACCIONAL
Datos de las transacciones comerciales

CRM
Datos de relación con los clientes (*customer relationship management*)

BASE DE DATOS EXTERNA
Información de fuentes externas a la empresa

Extraer, transformar, cargar: el proceso ETC

El sistema ETC extrae los datos, los formatea y los carga para su uso posterior.

SISTEMA ETC
Traslada los datos al almacén digital

Traduce códigos de datos

Transpone columnas y filas de datos

Divide y separa información

Crea archivos de datos

Almacenar datos

Las empresas usan el almacenaje de datos para integrar y depositar datos de un modo rápidamente accesible.

ALMACÉN DE DATOS
Acceso flexible a los datos

Datos de toda la organización

Datos de fuera de la organización

Datos actuales

Datos históricos

14%

de aumento de ventas por empleado si la usabilidad de los datos mejora en un 10%

Tablero digital

Muestra resultados actualizados regularmente usando gráficos personalizados.

CAMPAÑA DE SEGUIMIENTO DE CORREO ELECTRÓNICO

Este tablero muestra el porcentaje de personas que abren un correo, clican en un sitio web, y compran en distintos días de la semana.

SÍ

NO

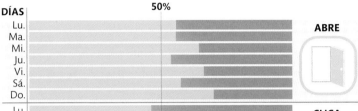

ABRE

CLICA

COMPRA

50%

DÍAS
Lu. Ma. Mi. Ju. Vi. Sá. Do.

Recuperar y analizar

El personal puede buscar datos para responder a preguntas específicas sobre lo que sucede en la empresa.

HOJAS DE CÁLCULO
La herramienta básica de la IE para mostrar datos

CUBOS OLAP
Proceso analítico que permite un análisis en 3D de tres variables en la hoja de cálculo

MINERÍA DE DATOS
Permite el filtro de datos para encontrar patrones y relaciones

HERRAMIENTAS DE INFORME
Ayudan a los usuarios a desarrollar y producir informes

Venta real: 4.700.000 €
Venta estimada: 8.125.000 €

58%

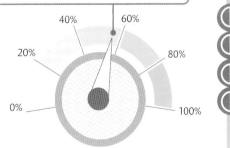

SEGUIMIENTO DE VENTAS
Este tablero muestra las ventas reales de una empresa como porcentaje de las ventas esperadas.

0% 20% 40% 60% 80% 100%

Análisis empresarial

Más innovador que la inteligencia empresarial, el análisis empresarial (AE) permite un análisis avanzado de datos, que se usa para ayudar a tomar futuras decisiones.

Cómo funciona

El AE interpreta la información con un enfoque científico. Las empresas usan herramientas para analizar la información sobre tendencias y comportamientos pasados o presentes y predecir un escenario futuro. A diferencia de la inteligencia empresarial o el análisis predictivo para analizar datos presentes y pasados, el AE permite predecir con un alto grado de confianza. El AE puede aplicarse a nivel macro para conseguir una visión amplia de futuro y a nivel micro para evaluar, por ejemplo, la probabilidad de compra por parte de individuos en mercados nicho.

Modelos de predicción

Programa de software capaz de predecir patrones de comportamiento y la probabilidad de que grupos de clientes específicos, incluso individuos, hagan una compra.

Proceso del análisis empresarial

Un analista experto interpreta los datos en bruto usando herramientas de AE. Los resultados influyen en las acciones de negocio que se tomarán en el futuro.

INTELIGENCIA EMPRESARIAL Y ANÁLISIS EMPRESARIAL

Un descenso en las ventas de un 5% muestra cómo se usan la IE y el AE para examinar y comprender la situación.

Inteligencia empresarial

❯ **Tipo de investigación de datos** Los resultados revelan eventos pasados y presentes de la empresa

❯ **Preguntas contestadas** ¿Qué ha ocurrido en la empresa en el pasado y qué ocurre ahora?

❯ **Herramientas usadas** Informes, tableros, plantillas, procesador analítico online (OLAP)

Análisis empresarial

❯ **Tipo de investigación de datos** Examina un suceso anterior, y aplica los patrones descubiertos a un escenario futuro

❯ **Preguntas contestadas** ¿Por qué ha pasado? ¿Volverá a pasar? ¿Qué podemos hacer para que no vuelva a suceder?

❯ **Herramientas usadas** Análisis estadístico, búsqueda de datos, comparación de patrones, modelos de predicción

El **93%** de los directivos de TI de Brasil creen que su empresa podría mejorar usando análisis de *big data* o soluciones de inteligencia

Visualización de datos

Formulación de gráficos que describen resultados del análisis de datos; con ranking de datos, atributos de grupo comunes, y relaciones comparadas.

UTILIDAD DE LOS DATOS

Algunos datos son más útiles que otros: el valor lo determina hasta qué punto los responsables de marketing pueden usarlos para hacer predicciones fiables. Los métodos son cada vez más sofisticados.

Comparación de patrones

Proceso para discernir grandes cantidades de datos y encontrar patrones entre las variables, que puedan aplicarse a otros grupos de datos.

Análisis predictivo

Programa que lleva a cabo un análisis avanzado de datos para predecir un resultado futuro.

Minería de datos

Uso de procesos informatizados y programas de software para encontrar patrones relevantes en grandes conjuntos de datos.

Monitorización

El software se utiliza para mostrar el presente de la empresa, con resultados a tiempo real para ayudar a las operaciones clave y a la toma decisiones.

Análisis estadístico

Software que organiza e investiga cada dato relevante y lo interpreta para mostrar tendencias y patrones.

Entra

Sale

Datos en bruto

Registros de la empresa (datos de clientes presentes y pasados e historial de transacciones) y datos externos (informes económicos, del ramo y de la industria).

Análisis

Herramientas de software para procesar y estudiar datos en bruto. Interpretan resultados y hacen predicciones para ayudar a tomar decisiones futuras.

Informes

Método basado en datos históricos que proporciona una visión general, revelando, por ejemplo, los resultados de la empresa en un determinado año.

Marketing y TI

El auge de estrategias de marketing digital hace que deba trabajarse más estrechamente con especialistas de las tecnologías de la información para desarrollar el mejor modo de lanzar y gestionar campañas de publicidad online.

Convergencia de marketing y TI

Comunicarse con los clientes online se ha convertido en algo vital para muchas empresas. Como resultado, el marketing depende tanto del TI que en algunas empresas los equipos de marketing gastan más en tecnología que los mismos departamentos de TI.

Marketing
Debe conocer la tecnología necesaria para ejecutar y seguir las campañas online.

Áreas de coincidencia

◄ Marketing digital ►
Desarrollar un programa tecnológico para campañas publicitarias

Transacciones en tiempo real ►
Instalar un sistema para registrar y seguir las ventas online según estas tienen lugar

◄ Big data ►
Localizar estadísticas clave de enormes cantidades de información online para mejorar el marketing

◄ Análisis de datos ►
Usar herramientas avanzadas para recopilar y analizar datos y desarrollar una futura estrategia de marketing

◄ Tecnología móvil ►
Comprender y estar al día de los avances en aplicaciones móviles y del potencial del comercio electrónico

Almacenaje de datos ►
Crear infraestructuras y software para almacenar y retirar ventas, campañas, e historial del consumidor

◄ Redes sociales ►
Desarrollar los mejores métodos para aumentar el tráfico online a través de las redes sociales

Seguimiento ►
Seguir a un cliente a través del proceso de captación y ventas online

Cómo funciona

Actualmente, los responsables de marketing deben conocer las tecnologías para aumentar los ingresos. Al mismo tiempo, los directores de sistemas se están adaptando a los cambios en tecnología externa. Esto ha llevado a una superposición creciente entre marketing y TI, y a la emergencia de un nuevo profesional híbrido, el tecnólogo de marketing (*ver más abajo*).

El **78**% de los directivos de marketing cree que la estrategia digital habrá cambiado el marketing en 2020

TI
Debe buscar herramientas de software para gestionar campañas online.

✓ DEBES SABER

- ❯ **MarTech** Congreso empresarial anual centrado en la confluencia entre el marketing y la tecnología
- ❯ **Métricas de acción** Medición de resultados de campaña que permiten a las empresas tomar decisiones informadas
- ❯ **Métricas de vanidad** Medición de resultados de campaña que parecen positivos pero no son significativos
- ❯ ***Hacking* de crecimiento** Técnicas de marketing online de bajo coste, como usar las redes sociales para mejorar las ventas

AUGE DEL TECNÓLOGO DE MARKETING

Los responsables de marketing online usan software para monitorizar y analizar campañas, generar contenido y extraer datos. La tarea del tecnólogo de marketing, experto en ambos campos, requiere una base amplia de conocimiento.

ARQUITECTURA DE SITIO WEB

PROGRAMACIÓN DE SOFTWARE

SOFTWARE DE MARKETING

DATOS Y ANÁLISIS

PLATAFORMAS MÓVILES Y SOCIALES

OPERACIONES DE TI

MARKETING DE CONTENIDO Y SEO

Recopilación de datos del consumidor

Capturar datos clave es básico para cualquier empresa que quiera comprender el mercado. Pero esta tarea requiere estrategias innovadoras para sortear la sensibilidad del consumidor en temas de privacidad.

Cómo funciona

Existe una serie de métodos que las empresas usan para recopilar datos del consumidor. Cuando hay un contacto entre un cliente y la empresa, los responsables de marketing pueden aprovechar para reunir la máxima información posible. Esto puede hacerse en la tienda u online, donde se podrá observar el comportamiento del consumidor.

Los responsables de marketing también pueden solicitar información directamente pidiendo a los clientes que rellenen formularios de registro o realizando llamadas de telemarketing o encuestas.

Recopilar datos para crear un perfil del consumidor

El marketing digital y el comercio electrónico han acelerado el proceso de recopilación de información sobre el consumidor. Algunos métodos requieren la colaboración del cliente, como los cuestionarios online. Otros, como el seguimiento de sitios web, son posibles sin necesidad de contactar con el mismo.

Encuestas

Obtener feedback del cliente mediante correo electrónico, mensajes de texto, correo postal o cuestionarios personales

Observaciones

Estudiar el comportamiento del cliente al comprar en una tienda física u online.

Investigación del cliente

Investigar a los clientes existentes o las personas que encajan con el perfil.

Centro de contacto

Monitorizar llamadas al cliente y almacenar datos de preferencias e historial de compra.

ALERTA

Errores en la recopilación de datos

> **Bombardear** Usar los datos del cliente para bombardearlo con información sobre productos o sitios que ha visitado

> **Pasar por alto los fallos técnicos** No integrar adecuadamente las app, de modo que exista incoherencia (y errores) en la recopilación de datos

> **Usar solo sistemas automatizados** Desaprovechar la ocasión de fortalecer la relación con el cliente mediante la comunicación personal

Redes sociales
Ver la información
del perfil del cliente
en redes sociales

El **58**%
de las empresas
podía relacionar
datos con un
cliente individual
en 2012

Seguimiento web
Seguir los movimientos
online para conocer
sus intereses.

Concursos
Organizar concursos para
recopilar datos: opiniones
o datos demográficos.

Transacciones
Hacer preguntas al cerrar
la compra, en la tienda,
online o por teléfono.

TECNOLOGÍA
TRAS EL MOSTRADOR

En la era de la tecnología, las empresas tienen
medios para conocer a sus clientes sin
bombardearlos con preguntas. En las tiendas, por
ejemplo, suelen usarse tres métodos para
capturar información sobre el consumidor.

tarjeta cliente

tarjeta cliente

Programas de
fidelización
La empresa puede
recopilar información
invitando a los clientes a
registrarse en un
programa de fidelización
que les ofrece incentivos,
y que ayuda a seguir las
preferencias del cliente.

Software de punto
de venta
Programas informáticos
que controlan las ventas
de los clientes y permiten
a la empresa personalizar
sus ofertas en función de
sus hábitos de compra.

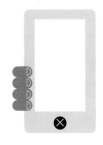

Tecnología móvil
El uso de teléfonos
inteligentes permite
recopilar datos, como
la frecuencia con la que
un cliente visita una
tienda o el tiempo que
está en ella.

Almacenaje de datos

El proceso de almacenaje de datos consiste en archivar electrónicamente información del sistema interno de una empresa, como facturas y registros de venta, así como datos de fuentes exteriores.

Cómo funciona

El almacén de datos es un depósito que contiene el historial operacional y de ventas de una empresa, así como información económica y del sector relevante de otras fuentes. Los datos pasan por tres etapas antes de ser almacenados, de manera que puedan analizarse. Una vez almacenados, todas las áreas de la empresa pueden acceder a ellos, desde cuentas y operaciones a ventas y marketing. Los datos suelen usarse para confirmar creencias e intuiciones sobre el negocio. Por ejemplo, el director de marketing de una empresa de productos eléctricos puede pensar que los hombres de entre 25 y 35 años son más propensos a comprar sus productos que las mujeres de la misma franja de edad. Para asegurarse de ello, analizará los datos de ventas y los registros de consumidores que se guardan en el almacén.

El **50%** de las empresas en 2011 no estaban seguras de que sus almacenes de datos resistieran el tiempo

Proceso de almacenaje

Los datos almacenados se actualizan regularmente. Cuando la empresa necesita información del almacén, se transforman en un formato accesible y se analizan mediante herramientas de software.

Revisar las fuentes de datos

La información recopilada procede de datos de procesamiento de transacciones online (DPTO), datos históricos y datos de fuentes externas.

Presentar los datos

Proceso de conversión de datos en bruto en datos en formato utilizable.

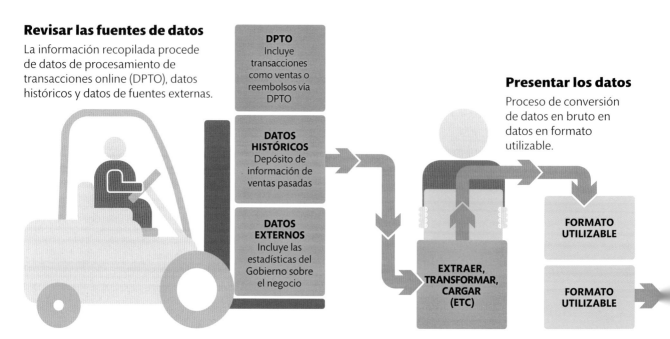

DPTO
Incluye transacciones como ventas o reembolsos vía DPTO

DATOS HISTÓRICOS
Depósito de información de ventas pasadas

DATOS EXTERNOS
Incluye las estadísticas del Gobierno sobre el negocio

EXTRAER, TRANSFORMAR, CARGAR (ETC)

FORMATO UTILIZABLE

FORMATO UTILIZABLE

QUIÉN UTILIZA EL ALMACÉN DE DATOS

Los departamentos clave de una empresa acceden al almacén de datos para conocer los progresos de la misma. El método mediante el cual se formatean y almacenan los datos posibilita que busquen respuestas a preguntas importantes para ellos. Algunas preguntas típicas de los diversos departamentos son:

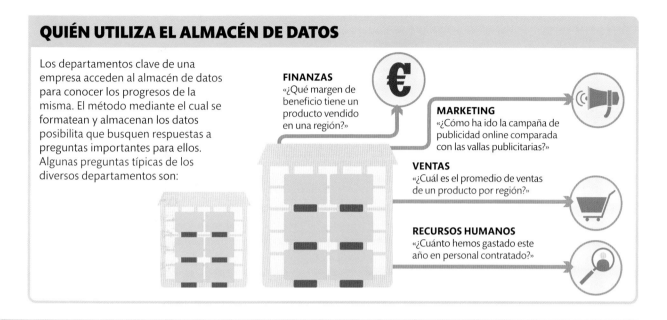

FINANZAS
«¿Qué margen de beneficio tiene un producto vendido en una región?»

MARKETING
«¿Cómo ha ido la campaña de publicidad online comparada con las vallas publicitarias?»

VENTAS
«¿Cuál es el promedio de ventas de un producto por región?»

RECURSOS HUMANOS
«¿Cuánto hemos gastado este año en personal contratado?»

Almacenar los datos

Se almacenan en tres secciones: metadatos, datos resumidos y datos en bruto.

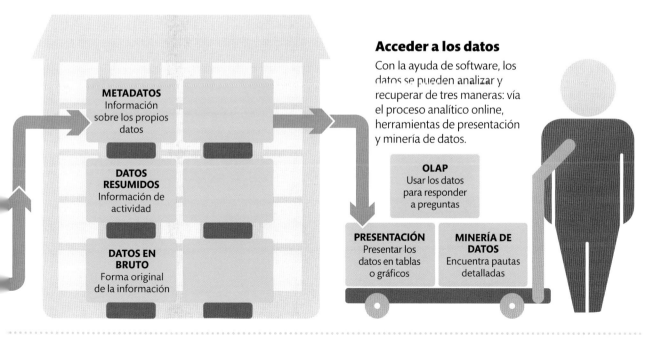

METADATOS
Información sobre los propios datos

DATOS RESUMIDOS
Información de actividad

DATOS EN BRUTO
Forma original de la información

Acceder a los datos

Con la ayuda de software, los datos se pueden analizar y recuperar de tres maneras: vía el proceso analítico online, herramientas de presentación y minería de datos.

OLAP
Usar los datos para responder a preguntas

PRESENTACIÓN
Presentar los datos en tablas o gráficos

MINERÍA DE DATOS
Encuentra pautas detalladas

Perfil de cliente

Los responsables de marketing crean perfiles detallados de los clientes con datos de hábitos de compra, preferencias y estilo de vida, e incluyen también fuentes externas para conocer actitudes y tendencias sociales.

Cómo funciona

Para comprender mejor a su público, los departamentos de marketing definen al cliente ideal desarrollando un perfil de cliente. Lo componen reuniendo una serie de informaciones sobre el tipo de persona que suele usar el producto que quieren introducir en el mercado. La información que buscan pueden ser datos básicos sobre una persona, como el género, edad, ocupación o nivel de ingresos, así como ideas más detalladas sobre sus hábitos de compra, como los lugares donde suele comprar y la cantidad que suele gastar.

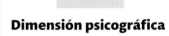

Dimensión psicográfica

❯ **Personalidad** Extrovertida; le gusta destacar

❯ **Actitud** Visión positiva, le gusta disfrutar de las cosas buenas de la vida

❯ **Ética** Trabaja mucho y le gusta colaborar en causas sociales

Modelo de segmentación

Construyendo un modelo de segmentación con una serie de variables (distintos niveles de información), los responsables de marketing pueden hacerse una idea clara de su cliente ideal, en este caso para una agencia de viajes.

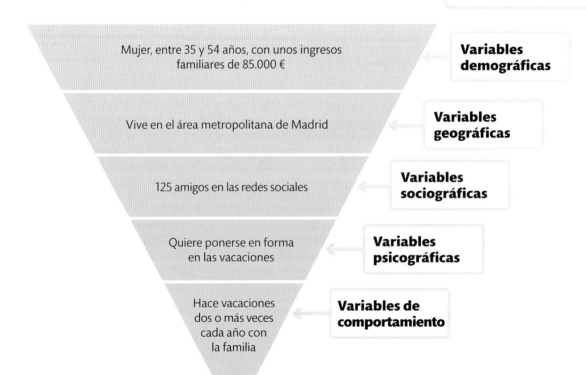

Mujer, entre 35 y 54 años, con unos ingresos familiares de 85.000 € — **Variables demográficas**

Vive en el área metropolitana de Madrid — **Variables geográficas**

125 amigos en las redes sociales — **Variables sociográficas**

Quiere ponerse en forma en las vacaciones — **Variables psicográficas**

Hace vacaciones dos o más veces cada año con la familia — **Variables de comportamiento**

Dimensión de comportamiento

> **Lugar de compra** Prefiere comprar en tiendas pequeñas

> **Hábitos de compra** Compra cantidades grandes para ahorrar, responde a los descuentos

> **Grado de fidelidad** Fiel a una marca, pero abierta a mejores ofertas

Dimensión sociográfica

> **Redes sociales** Comparte activamente sus intereses con sus contactos

> **Comunidad** Es influyente y socializa y contribuye en el barrio

> **Grupos y clubes** Es miembro de un grupo de excursiones y observación de pájaros

El **75**% de directivos cree que la personalización es clave para la retención de los clientes

Dimensión geográfica

> **Continente** Europa

> **Ciudad** Capital con mayores oportunidades sociales y laborales que el promedio

> **Clima** Varía de frío en invierno (incluso con nieve) a muy caluroso en verano

Dimensiones del perfil de consumidor

¿Cómo es el cliente ideal?
¿En qué gasta el dinero?
¿Dónde vive?

Dimensión demográfica

> **Grupo de edad** 35-54 años

> **Estado** Casada (los niños afectan las decisiones de gasto)

> **Ocupación y salario** Mando intermedio, 55.000 € brutos anuales

Creación de un perfil de cliente

Al crear el perfil de un cliente existente usando datos internos de la empresa, los responsables de marketing se hacen una mejor idea de sus hábitos de compra, y pueden así calcular el valor a largo plazo de la persona.

DATOS WEB
¿Cuán a menudo visitan el sitio web?
¿Qué páginas web ven?

DATOS DE REDES SOCIALES
¿En qué redes sociales participan?
¿Comparten enlaces?

DATOS DE TRANSACCIÓN
¿Cuánto han gastado? ¿Con qué frecuencia? ¿En qué productos?

DATOS CRM
¿Cuál es su historial de contacto con los *call centers*? ¿Cómo han respondido a las campañas?

DATOS DE FIDELIDAD
¿Cuán fieles son a la empresa? ¿Usan el programa de fidelización?

DATOS DE CORREO
¿Qué contacto por correo electrónico ha habido? ¿Cuál es el índice de respuesta al contenido por este medio?

PUNTO DE VENTA
¿Qué observaciones ha hecho el personal de ventas al interactuar con el cliente?

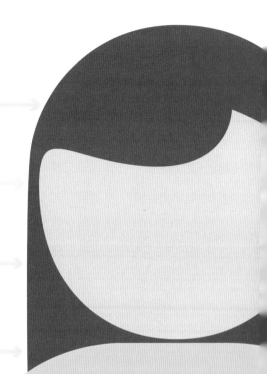

Perfil de cliente

«Cuando comprendes el comportamiento del cliente, todo el resto cae por su propio peso.»

Thomas G. Stemberg

Evaluación del perfil de cliente

Buen cliente

- ❯ Regresa con frecuencia para hacer nuevas compras
- ❯ Responde a promociones de marketing y en tiendas
- ❯ Comparte sus productos favoritos en redes sociales
- ❯ Se registra para newsletters y ofertas especiales

Mal cliente

- ❯ Bombardea al *call center* con sus quejas
- ❯ Suele devolver productos reclamando el importe total
- ❯ Rechaza las newsletters y los programas de fidelidad
- ❯ Gasta menos dinero que el coste de cortejarlo

ESCALA SOCIOECONÓMICA

El marketing segmenta a los clientes en categorías, como las que define la Clasificación Socioeconómica Europea (ESeC), que establece 10 clases:

1. Grandes empleadores, directivos y profesionales de nivel alto
2. Directivos y profesionales de nivel bajo
3. Empleados de cuello blanco de nivel alto
4. Pequeños empleadores y autónomos no agrícolas
5. Trabajadores autónomos agrícolas
6. Supervisores y técnicos de rango inferior
7. Trabajadores de los servicios y comercio de rango inferior
8. Trabajadores manuales cualificados
9. Trabajadores que no están cualificados
10. Excluidos del mercado de trabajo y parados de larga duración

Tres modos de usar un perfil de cliente

1. **Adaptar el contenido al cliente** Enviando mensajes y experiencias personalizados, las empresas implican a los clientes y crean una relación a largo plazo.

2. **Vender más al cliente existente** Seleccionar el perfil del cliente para ver sus hábitos de compra, gustos e intereses permite personalizar las ofertas.

3. **Recompensar a los clientes fieles** Identificar a los buenos clientes y ofrecer regalos e incentivos adaptados a sus gustos aumenta el valor a largo plazo del cliente.

✓ DEBES SABER

- ❯ **Cliente omnicanal** Cliente que compra usando múltiples canales, sean visitas a tiendas, app móviles o internet
- ❯ **Loyads** Clientes que son fieles a una marca y hablan bien de ella, reclutando a nuevos clientes
- ❯ **Visión 360** Perfil que ofrece al responsable de marketing una imagen completa del cliente, y le permite predecir necesidades y comportamientos

Datos masivos

Las empresas quieren sacar cada vez más provecho de la enorme cantidad de datos disponibles online. Esta información se puede analizar para crear perfiles detallados y dirigirse a los clientes con más precisión.

Cómo funciona

Los datos masivos, conocidos también como *big data*, son la masa de información digital que se transmite a diario por internet. Se difunde a alta velocidad en muchos formatos distintos, de estadísticas de bases de datos a vídeo, audio y documentos en correo electrónico. El desafío para las organizaciones es hallar información que tenga el potencial de añadir valor a la empresa. Las herramientas de software disponibles analizan las masas de datos externos generados en internet.

Datos masivos internos y externos

Las empresas pueden acceder a los datos a partir de fuentes como comunicaciones móviles, redes sociales y transacciones comerciales, que muestran la actividad de miles de millones de personas.

Almacenaje de datos masivos

Fuentes externas de datos

Una cantidad de datos cada vez mayor es generada por organizaciones externas, que son cada vez más valiosas para las organizaciones.

Redes sociales
Los datos monitorizan lo que dice la gente sobre la organización y sus productos.

Audio
Los datos incluyen nuevas transmisiones, entrevistas, grabaciones de *call centers* y podcasts.

Fotos y vídeo
Datos de blogs, imágenes, grabaciones en vídeo de medios de entretenimiento y cámaras de vigilancia.

Datos públicos
Información producida por grandes organizaciones, aunque su uso tiene muchas restricciones legales.

Datos masivos
El volumen de datos puede ser tan grande que no es fácil moverlos y es un reto para algunas empresas.

Proveedor de *big data*
Proporciona servicios, sistemas y herramientas que permiten almacenar, acceder y analizar datos. Ofrece aplicaciones ajustadas a las necesidades.

El **38**%
de las empresas tenía una base de datos de clientes centralizada en 2014

Fuentes de datos internas

Los datos internos enviados al almacén de datos masivos proceden de todas las áreas de la organización y forman una base de datos unificada.

Transacciones
❱ Gasto por consumidor
❱ Tráfico en tiendas
❱ Tiempo por visita

Datos de registro
❱ Reseñas de clientes
❱ Atención al cliente
❱ Archivos de audio (de llamadas de atención al cliente, por ejemplo)

Correo electrónico
❱ Comunicaciones internas
❱ Contactos con clientes
❱ Campañas por e-mail

EXCESO DE INFORMACIÓN

Volumen de datos que se generan online cada segundo:
❱ **Correos electrónicos** 2.314.084 enviados
❱ **Tweets** 7.231 enviados
❱ **Instagram** 1.129 imágenes subidas
❱ **Tumblr** 1.362 posts
❱ **Skype** 1.473 llamadas
❱ **Internet** 22.148 GB de tráfico
❱ **Google** 44.490 búsquedas
❱ **YouTube** 84.841 vídeos vistos
❱ **Facebook** 30.000 «me gusta», 5 nuevos perfiles

GESTIÓN DE DATOS

Las organizaciones pueden elegir opciones offline u online para almacenar los datos y diversos software para acceder y analizarlos.
❱ **Hardware de almacenaje masivo** Servidores; herramientas de almacenaje y red capaces de contener muchos terabytes de datos
❱ **Software** Incluye programas para investigación y análisis, almacenaje y acceso, y una visualización gráfica de datos
❱ **Servicios de nube** Proveedores externos que ofrecen redes de almacenaje para la gestión y acceso a datos masivos

Gestión de relaciones con los clientes (CRM)

El CRM (o *customer relationship management*) es un sistema con el que se gestionan los datos de marketing, ventas y atención al cliente, que se usan para mantener buenas relaciones con el cliente, lo que mejora los beneficios.

Cómo funciona

El CRM es una herramienta de software que registra todas las interacciones de una empresa con los clientes. La información se puede usar de varias maneras: el equipo de ventas para encontrar nuevos clientes y mejorar la relación con clientes actuales; el equipo de marketing para recompensar la fidelidad, y atención al cliente para solucionar cualquier problema.

 DEBES SABER

> **Gestión de relaciones mediante tecnología** Uso de procesos automatizados para gestionar las relaciones con el cliente

> **Planificación empresarial de recursos** ERP, *Enterprise resource planning*. Precursor del CRM

> **CRM en la nube** Sistema CRM informatizado que existe en una «nube» tecnológica

Sistema CRM

El sistema usa procesos fiables, lo que permite a las empresas entrar en contacto más eficientemente con los clientes y ofrecerles un mejor servicio, lo que genera mayores beneficios a largo plazo.

Cliente

Los datos del cliente se incorporan al sistema CRM a través de sus transacciones.

AUTOMATIZACIÓN

El CRM usa la automatización como herramienta para responder a los clientes que visitan el sitio web.

Segmentación de clientes

El mercado puede segmentarse en grupos relevantes para el producto que se vende.

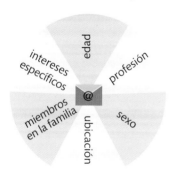

Gestión de campaña por correo electrónico

Se envían automáticamente distintos mensajes a grupos relevantes.

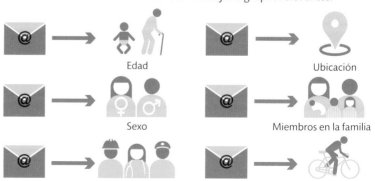

Edad
Ubicación
Sexo
Miembros en la familia
Profesión
Intereses específicos

871%

es el retorno medio sobre la inversión que produce el CRM

Marketing
Selecciona grupos para campañas: monitoriza y recompensa la fidelidad; genera clientes

Ventas
Convierte los nuevos contactos; busca nuevos candidatos; venta cruzada y vertical; discurso personalizado

Formulario de contacto
El CRM usa la información para agrupar a los clientes según su comportamiento de compra.

Petición de presupuesto
La empresa envía un presupuesto respondiendo al interés del cliente por el producto.

Feedback del cliente
La empresa hace preguntas para recoger información sobre los puntos de vista del cliente.

Transacción electrónica
El cliente paga por el producto vía internet.

Tique de soporte
Tique automatizado que permite al cliente seguir la entrega del producto.

Operaciones
Mejora la eficiencia de fabricación, entrega de producto, pedido y seguimiento

Atención al cliente
Responde de inmediato a los problemas de servicio; gestiona reclamaciones; obtiene feedback

Finanzas
Genera facturas; gestiona el proceso de pago

Cumplimiento

En la mayoría de países, las empresas se han adherido a leyes y normas sectoriales que marcan el modo en que pueden vender y publicitar sus productos. Estas reglas garantizan que las empresas actúan correctamente.

Cómo funciona

Los gobiernos imponen reglas a las empresas para impedir prácticas poco escrupulosas, engañosas o molestas, como la publicidad falsa, no desvelar términos y condiciones, y el *spam* (correos no solicitados). Los reguladores investigan las empresas acusadas de infringir las reglas y, en tal caso, impone multas.

Normativas sobre marketing

Para proteger al consumidor, los cuerpos reguladores crean directrices a la hora de comercializar los productos.

Áreas de negocio sujetas a regulación	Ejemplo de práctica de marketing
Comparaciones	«¡Nuestro modelo es mucho mejor que el de la competencia!»
Recomendaciones	«¡Debo mi éxito a este producto!»
Ofertas especiales	«¡Compre uno y consiga otro gratis!»
Sorteos y concursos	«¡Participe en el concurso y ganará las vacaciones de su vida!»
Telemarketing	«Buenos días. ¿Le gustaría conseguir un ahorro enorme en la factura eléctrica?»
Publicidad infantil	«Vamos, vamos, entrad en la casa de los juguetes...»
Datos del consumidor	«Por favor, rellene el formulario de inscripción.»
Marketing por correo electrónico	«¡Hoy termina la oferta online de 24 horas!»
Uso de *spam*	«¡Felicidades! Ha sido usted seleccionado...»
Opción negativa	«Desactive la casilla si no desea que...»

El **66**% del **correo electrónico** de 2014 fue *spam*

Ejemplos de normas de protección del consumidor

- ☑ Una empresa de marketing que proclame que su producto es superior debe poder demostrar su afirmación.

- ☑ La empresa debe demostrar que la persona que recomienda el producto lo ha usado efectivamente.

- ☑ Para promocionar un producto con una oferta especial, deben estipularse por escrito los términos y condiciones. El uso de la palabra «gratis» está sujeto a regulación.

- ☑ Todos los concursos deben seguir unas determinadas normas para garantizar que son justos e imparciales.

- ☑ El telemarketing debe revelar los hechos clave de la venta que propone, incluyendo coste y cantidad, restricciones y condiciones, y política de reembolso.

- ☑ Las empresas deben ceñirse a directrices específicas sobre cómo anunciar y promocionar los productos a niños.

- ☑ La información sobre el cliente debe guardarse, gestionarse y usarse siguiendo las leyes de privacidad y protección de datos personales.

- ☑ Es ilegal usar listas de contactos de fuentes externas. Los mensajes deben indicar su carácter comercial.

- ☑ Las empresas no enviarán correos electrónicos no solicitados, la forma más común de *spam*, ni ningún otro tipo de mensaje no requerido.

- ☑ Cualquier cosa que se ofrezca junto al producto principal debe presentarse como una opción, no como algo que el consumidor deba tener que rechazar.

CÓMO FUNCIONAN
OPERACIONES Y PRODUCCIÓN

Fabricación y producción ❯ Gestión
Producto ❯ Control ❯ Cadena de suministro

Fabricación y producción

Cuando una firma ha decidido qué bienes o servicios creará, sus directores deben elegir el método de producción que encaje mejor con la demanda del consumidor, el producto y el mercado, así como el más rentable. Las empresas suelen trabajar en tres áreas generales de la industria, que forman la cadena de producción para proveer al consumidor de bienes o servicios terminados.

Métodos de producción

Antes de la Revolución Industrial, los productos eran fabricados por artesanos. Las fábricas colocaron a los trabajadores frente a las máquinas. Solía ser una producción por proyecto, con una persona haciendo cada objeto. El economista Adam Smith introdujo el concepto de la división del trabajo, que condujo a la producción en masa, mientras que el fabricante de coches Henry Ford creó la línea de montaje a comienzos del siglo xx. Hoy en día, los fabricantes combinan lo mejor de todos los métodos, produciendo a gran escala productos personalizados. La producción cuenta con tres etapas, y aquí vemos qué ocurre desde el cultivo hasta que las alubias cocidas llegan al supermercado.

Producción primaria

Adquisición y procesamiento de materiales en crudo, en este caso, habichuelas, así como tomates para la salsa.

PRODUCCIÓN EN LA PRÁCTICA
Originarias de Sudamérica, las habichuelas se cultivan tanto por las vainas crudas, consumidas como judías verdes, como por las propias alubias. Estas se secan y se usan para preparar un plato que en Estados Unidos surgió de Boston.

ELEGIR EL MEJOR MÉTODO

❯ **Producción por proyectos** Los elementos se fabrican individualmente. *Ver pp. 272–273.*

❯ **Producción por lotes** Un grupo de elementos se fabrican juntos al mismo tiempo. *Ver pp. 274–275.*

❯ **Producción en cadena** Producción en masa de elementos idénticos en una cadena de montaje. *Ver pp. 276–277.*

❯ **Personalización en masa** La producción en masa es personalizada por el comprador. *Ver pp. 278–279.*

❯ **Producción continua** Cadena de montaje 24/7, para productos con demanda constante. *Ver pp. 280–281.*

❯ **Procesos híbridos** Combinan varios procesos, como la producción por lotes y en cadena. *Ver pp. 282–283.*

2,33 billones

fue el valor en dólares de la producción anual de China en 2011, la mayor del mundo

FACTORES CLAVE

Para fabricar productos, las empresas necesitan diversos recursos

> **Capital** Inversión financiera en una empresa, incluido el dinero gastado en herramientas de producción, como equipamientos, maquinaria y edificios

> **Suelo** Recursos naturales usados para crear bienes y servicios, por ejemplo, suelo físico o recursos extraíbles como minerales, madera, petróleo o gas

> **Mano de obra** Personas empleadas por la empresa para producir los bienes y servicios

> **Empresa** Emprendedores y/o directivos que unen los factores de producción y ponen en funcionamiento todo el proceso

Producción secundaria

Fabricación y ensamblaje de materiales en bruto para convertirlos en un producto o servicio; aquí, alubias cocidas en lata.

Producción terciaria

Servicios que apoyan la producción y distribución de las alubias cocidas, como el transporte, la publicidad, el almacenaje y los seguros.

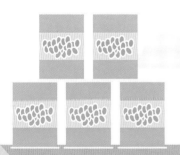

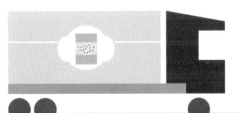

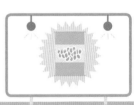

Las alubias crudas se mezclan con salsa de tomate, azúcar, sal y especias secretas. Los ingredientes se cocinan en enormes ollas a presión, para lograr una textura consistente y una larga conservación en el punto de venta, y luego son enlatadas.

Las latas etiquetadas se transportan a almacenes y de ahí a supermercados y otros puntos de venta, listas para la venta. Varias marcas compiten por el dominio del mercado de este alimento tan popular en Estados Unidos, sirviéndose de la publicidad, el precio y diferencias en el sabor.

Producción por proyectos

En la producción por proyectos, los elementos se fabrican individualmente. Cada uno es un proyecto, y habitualmente se termina antes de comenzar el siguiente. Suele usarse para producir a pequeña escala o en proyectos únicos.

Cómo funciona

La producción por proyectos es adecuada para una empresa que deba cumplir con requisitos específicos del cliente. Suelen ser peticiones únicas, que un individuo o equipo controlan de principio a fin. Ejemplos de este método son los trajes a medida o los muebles personalizados. La escala puede ser pequeña, y la firma empieza normalmente con una producción por proyecto porque es sencilla y requiere poca inversión. También puede usarse para proyectos complejos y otros que incluyan tecnología punta, como la producción de cine, grandes construcciones como los barcos para la marina, edificios diseñados por arquitectos, y proyectos de ingeniería estructural como puentes y túneles.

SERVICIOS

La producción por proyectos también se aplica a los servicios, como la peluquería o al procesar un pedido para que lo recoja el cliente. O a los vuelos, que adaptan sus servicios a las necesidades de los pasajeros, ya sea dieta especial o el uso de una silla de ruedas.

Producción de un vestido de novia

Una novia puede elegir entre un vestido confeccionado (fabricado en producción por lotes) o uno especialmente diseñado para ella, con el consiguiente incremento de coste.

La novia va de compras

La novia no encuentra el vestido soñado de confección, y opta por encargar una pieza única.

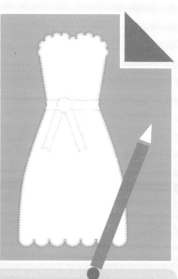

Encargo al modisto

Se encarga a un modisto que diseñe un vestido siguiendo las especificaciones de la novia.

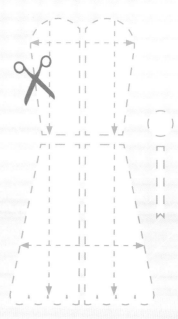

Corte del vestido

El modisto hace un patrón y corta el vestido con la tela elegida por la novia.

PROS Y CONTRAS DEL SISTEMA

Pros	*Contras*
❯ Productos generalmente de alta calidad	❯ Costes altos al no usar economías de escala
❯ Satisfacción por seguir el trabajo de principio a fin	❯ Mano de obra intensiva
❯ El productor satisface las necesidades de cada cliente	❯ Se pueden necesitar materiales especiales e inversión específica
❯ Beneficios con solo unos pocos clientes	❯ El precio desanima a ciertos clientes, sobre todo en tiempos de crisis
❯ En proyectos pequeños, el boca a boca reduce los costes de marketing	❯ Depende demasiado de unos pocos clientes

1.485 €

fue el coste medio de un vestido de novia en España en 2012

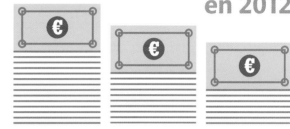

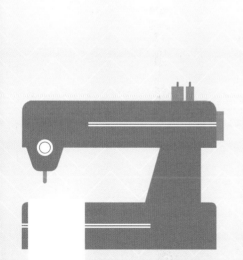

Cosido del vestido

El modisto se dedica a coser y terminar el vestido.

Prueba del vestido

Tras las modificaciones, el modisto da por terminado el vestido, que encaja con la novia y sus deseos.

Vestido terminado

El precio es alto, pero el vestido es exactamente como lo quiere la novia. Ahora el modisto podrá comenzar otro.

Producción por lotes

Cuando una serie de elementos iguales se hacen a la vez, hablamos de producción por lotes. Un lote termina una etapa del proceso antes de comenzar la siguiente, usando la misma maquinaria y los mismos pasos.

Cómo funciona

La producción por lotes permite que una firma haga una serie de elementos en una sola tirada de producción. La maquinaria se prepara según el volumen que haya que producir y las herramientas específicas que se necesiten. Por ejemplo, se instala un equipamiento para hacer 200 vestidos de talla 10 en tela roja y luego se ajusta para producir 400 de talla 12 en tela azul. Las cantidades son muy variables, de cuatro elementos idénticos para un proveedor local hasta miles para unos grandes almacenes, y los lotes se fabrican tan a menudo como se necesite. Es una producción habitual en la industria alimentaria, de ropa, calzado, pintura, adhesivos y productos farmacéuticos. Cada lote debe poder identificarse por su fecha y número, para cumplir con la normativa.

Fácil como el pan de molde

El pan suele hacerse en remesas. Un panadero puede hacer 100 panecillos y luego 50 hogazas integrales.

Mezclar los ingredientes

Los ingredientes para los panecillos se mezclan para formar la masa.

Lote 1

Dividir la masa

Después de la mezcla, la masa se divide en pequeños recipientes.

Levar la masa

Se deja que la masa suba en los recipientes.

Ajustar para otro lote

Se ajusta el equipo para preparar 50 hogazas integrales grandes. Los ingredientes del lote de pan integral se mezclan para formar la masa.

Lote 2

Dividir la masa

Después de la mezcla, la masa se divide en recipientes grandes.

Levar la masa

Se deja que la masa suba en los recipientes.

12 millones

de rebanadas de pan
se vendieron cada día
en Inglaterra en 2014

PROS Y CONTRAS DEL SISTEMA

Pros

❯ Economías de escala: bajo coste unitario, se fabrica una gran cantidad

❯ El cliente puede elegir, por ejemplo talla, peso y sabores

❯ Producción y productividad aumentan con el uso de maquinaria especializada

Contras

❯ Trabajo repetitivo

❯ Costoso, al requerir almacenar materiales en bruto, trabajo en elaboración de elementos terminados (ver p. 139)

❯ Requiere una planificación y una programación detalladas

Hornear
Todo el lote se cuece al mismo tiempo a la misma temperatura.

Retirar y enfriar
Los panecillos se retiran de los recipientes.

Embolsado final
Todos los panecillos terminan el proceso de producción a la vez.

Hornear
El tiempo de horneado es mayor que en el lote 1, pues son piezas mayores.

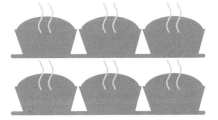

Retirar y enfriar
Las grandes hogazas integrales se retiran de los recipientes.

Cortar y embolsar
Las hogazas se cortan y embolsan para su venta.

Producción en cadena

El objetivo de la producción en cadena es producir un gran número de elementos idénticos, estandarizados. Esto se hace habitualmente en una cadena móvil, que puede interrumpirse al cambiar el producto.

Cómo funciona

La producción en cadena suele implicar grandes fábricas equipadas con cintas transportadoras y maquinaria cara, el ensamblaje de componentes individuales, que pueden suministrar otras empresas, y la automatización de las tareas. Un ejemplo es la fabricación de coches, en la que las partes del producto se unen a lo largo de la cadena; brazos robóticos encajan las ruedas mientras los operarios hacen trabajos especializados. Se puede conseguir un resultado significativo incluso con una cifra pequeña de trabajadores. Imprentas, refinerías de petróleo y plantas químicas usan también la producción en masa.

La cadena de producción

En la producción en cadena el producto (por ejemplo, un coche) avanza por una cinta a través de distintas etapas hasta que se completa. Los componentes para el coche se han encargado a terceros o se producen en otra fábrica de la empresa. Todos deben estar listos para el momento necesario.

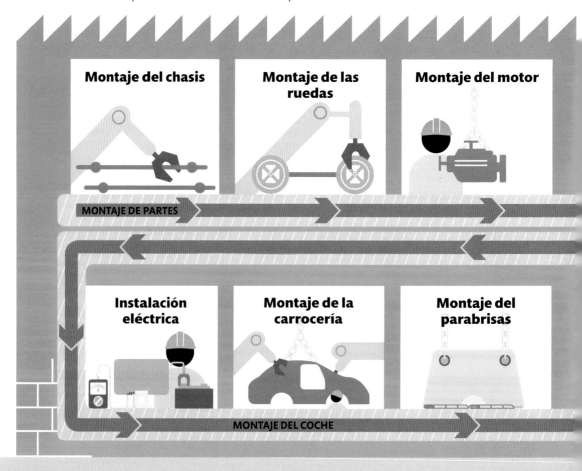

Montaje del chasis

Montaje de las ruedas

Montaje del motor

MONTAJE DE PARTES

Instalación eléctrica

Montaje de la carrocería

Montaje del parabrisas

MONTAJE DEL COCHE

PROS Y CONTRAS DEL SISTEMA

Pros

> Economías de escala: se produce una gran cantidad a bajo precio

> La mano de obra no cualificada mantiene bajos los costes

> Los materiales se compran en gran cantidad, y el precio es bajo

Contras

> La maquinaria es cara y exige una inversión importante

> El trabajo repetitivo puede desmotivar a los trabajadores

> Dependencia de las máquinas: si hay una avería, la producción se detiene

60

millones de coches **se producen cada** año **en el** mundo

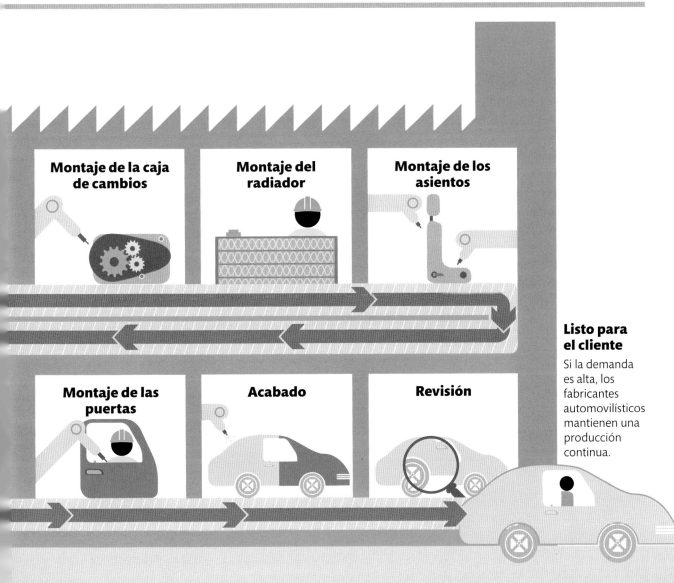

Montaje de la caja de cambios

Montaje del radiador

Montaje de los asientos

Montaje de las puertas

Acabado

Revisión

Listo para el cliente

Si la demanda es alta, los fabricantes automovilísticos mantienen una producción continua.

Personalización en masa

La tecnología sofisticada y los avances productivos permiten personalizar los productos en masa. El bajo coste unitario de la producción en cadena se combina con las oportunidades de marketing del objeto hecho a medida.

Cómo funciona

La personalización en masa ofrece nuevas oportunidades a los fabricantes y las empresas de servicios. Redes sociales, tecnología online, herramientas 3D, software de comercio electrónico y sistemas y procesos de producción flexible permiten al cliente configurar productos que encajen con sus gustos y necesidades. Las industrias del calzado (en especial el deportivo), ropa, coches, joyas y ordenadores ya permiten que los clientes personalicen sus compras. El precio suele ser más alto que el de los bienes estandarizados.

Tecnologías nuevas y revolucionarias ampliarán todavía más la personalización, permitiendo a los individuos, por ejemplo, escanear el contorno de su cuerpo para diseñar y encargar piezas de ropa únicas.

COMIDA A LA CARTA

La generación que ha crecido con las redes sociales desea personalizar cada aspecto de su vida, y la industria alimentaria es un área de crecimiento para la personalización en masa. Hay webs que permiten a los clientes encargar su propia mezcla de cereales, lo que es útil para los alérgicos, o crear mezclas únicas de té y café.

Los clientes diseñan sus propios productos

La personalización en masa puede llegar a transformar el consumo. Un cliente puede comprar unas zapatillas deportivas diseñadas según sus deseos vía internet. Es señal de alto estatus entre ciertos grupos.

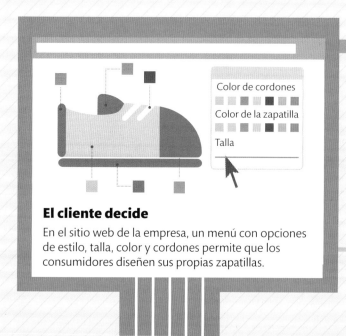

El cliente decide

En el sitio web de la empresa, un menú con opciones de estilo, talla, color y cordones permite que los consumidores diseñen sus propias zapatillas.

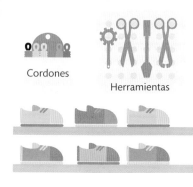

Pedido a la fábrica

La firma no tiene *stock* terminado sino que fabrica a partir de una serie de componentes. Se cobra al cliente antes de la producción.

10 millones de dólares es el valor total de las golosinas personalizadas que vendió Mars en 2007, incluidos los M&M's de colores

4 TIPOS DE PERSONALIZACIÓN MASIVA

En su libro *Mass Customization: The New Frontier in Business Competition*, B. Joseph Pine II describe cuatro tipos distintos de personalización masiva:

❯ **Colaborativa** Trabajar con el cliente para desarrollar un producto que responda a sus necesidades. Dell, por ejemplo, ensambla ordenadores de acuerdo con las especificaciones del cliente.

❯ **Adaptativa** Productos estandarizados que el usuario puede personalizar. Así, Lutron produce un sistema de iluminación en que los clientes eligen una configuración propia.

❯ **Transparente** Ofrecer productos únicos sin explicar abiertamente que están personalizados: el grupo hotelero Ritz-Carlton guarda una base de datos sobre las preferencias en almohadas y periódicos para personalizar la estancia del cliente.

❯ **Cosmética** Un producto estandarizado que se vende de modo distinto: Hertz distingue entre el alquiler estándar y el del programa #1 Club Gold.

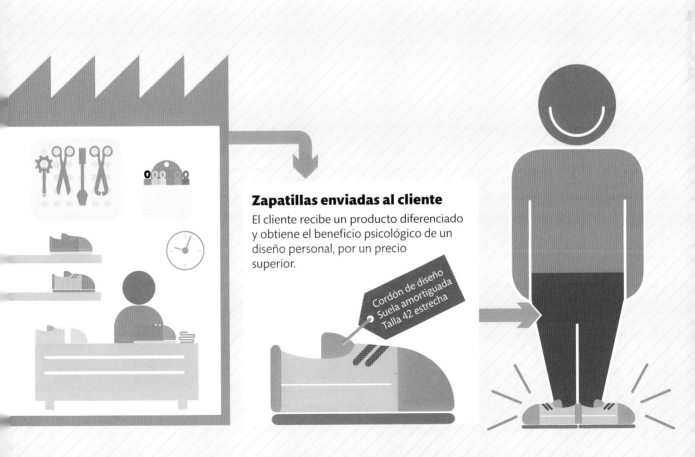

Zapatillas enviadas al cliente
El cliente recibe un producto diferenciado y obtiene el beneficio psicológico de un diseño personal, por un precio superior.

Cordón de diseño
Suela amortiguada
Talla 42 estrecha

Producción continua

Durante la producción continua, el producto se elabora 24 horas al día, siete días a la semana. La cadena de fabricación funciona sin parar para satisfacer la demanda, y los trabajadores trabajan por turnos.

Cómo funciona

En la producción en cadena, la línea se detiene para cambiar productos o modelos. La producción continua usa el mismo concepto, pero funciona a lo largo de todo el año, sin detenerse nunca. Este método se usa para objetos idénticos con una demanda alta y regular, como papel, cartón, embalajes, detergente, componentes electrónicos y derivados del petróleo. Como ocurre con la producción en cadena, los procesos están automatizados, el nivel de personal se mantiene al mínimo, y el control de calidad es esencial.

Existe una gran competencia entre industrias que usan la producción continua. Los márgenes pueden ser bajos, pero la demanda suele ser estable.

La ruta del papel

Usamos papel para tantas cosas que las factorías deben operar 365 días al año para satisfacer una demanda constante. La madera es la materia prima con que se produce: una vez que a los troncos se les retira la corteza, se trituran y se convierten en pulpa, las fibras se lavan y se blanquean. Al final de su ciclo vital, parte del papel se recicla.

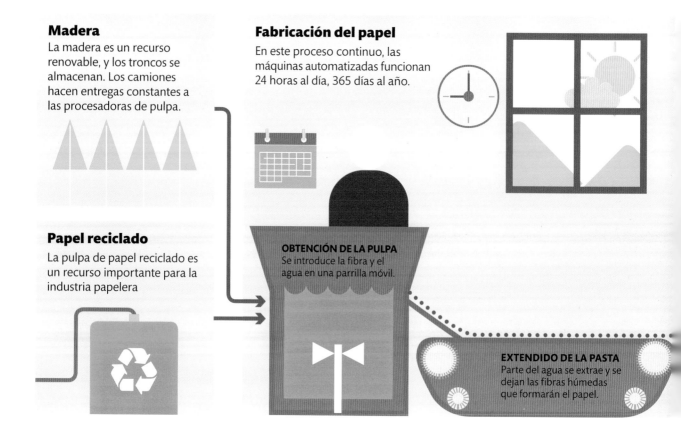

Madera
La madera es un recurso renovable, y los troncos se almacenan. Los camiones hacen entregas constantes a las procesadoras de pulpa.

Fabricación del papel
En este proceso continuo, las máquinas automatizadas funcionan 24 horas al día, 365 días al año.

Papel reciclado
La pulpa de papel reciclado es un recurso importante para la industria papelera

OBTENCIÓN DE LA PULPA
Se introduce la fibra y el agua en una parrilla móvil.

EXTENDIDO DE LA PASTA
Parte del agua se extrae y se dejan las fibras húmedas que formarán el papel.

4.000 millones de árboles se talan cada año para producir papel

APLICACIONES TÍPICAS

La producción continua se usa en productos indiferenciados que se necesitan en cantidades grandes y constantes.

ENERGÍA: ELECTRICIDAD Y GAS

REFINERÍAS Y PLANTAS QUÍMICAS

PRODUCCIÓN DE PAPEL

PRODUCCIÓN DE CRISTAL

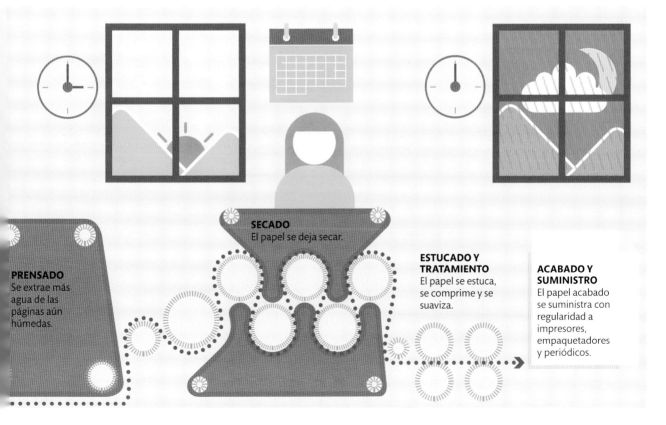

PRENSADO
Se extrae más agua de las páginas aún húmedas.

SECADO
El papel se deja secar.

ESTUCADO Y TRATAMIENTO
El papel se estuca, se comprime y se suaviza.

ACABADO Y SUMINISTRO
El papel acabado se suministra con regularidad a impresores, empaquetadores y periódicos.

Procesos híbridos

Los fabricantes pueden adaptar los procesos existentes o combinar dos métodos de producción para conseguir un resultado óptimo, en especial si fabrican una gama amplia de productos.

Cómo funciona

Hay muchos ejemplos de procesos híbridos. Uno es la producción masiva por lotes en que solo se necesitan dos o tres máquinas y el lote pasa de un proceso a otro. Es común en las industrias químicas y farmacéuticas. Por ejemplo, una empresa puede fabricar un medicamento para el dolor de cabeza y un remedio contra la alergia al polen en tabletas, cápsulas y forma líquida, y en dosis diversas; cada lote pasa por una serie de etapas, según la composición y la forma, o si es un producto a granel o debe empaquetarse para el consumidor final. Otro ejemplo es la fabricación por celdas, que combina la producción por proyectos con la producción en cadena.

 **DEBES SABER**

> **Incrementos** Pequeños pasos de mejora gradual durante un periodo de tiempo, en vez de un cambio radical y transformador

> **Hibridación** Sustitución de varios procesos separados por un solo proceso híbrido

Combinación de métodos

En la cadena de montaje clásica, cada trabajador está cualificado para producir un tipo o una parte de un elemento. En el otro extremo, una sola persona completa todos los pasos, creando el producto acabado de principio a fin. La fabricación por celdas combina la producción en cadena con la producción por proyectos para crear unidades autónomas. Una serie de trabajadores se dedican a la producción, o a parte de la producción, de un conjunto de elementos.

Producción en cadena

Uno o más trabajadores se ocupan de un proceso, y el trabajo se completa antes de que el producto o sus partes pasen a la siguiente estación de trabajo. El operario 1 usa únicamente un conjunto de herramientas, antes de que el producto pase al operario 2, y así sucesivamente. *Ver pp. 276–277.*

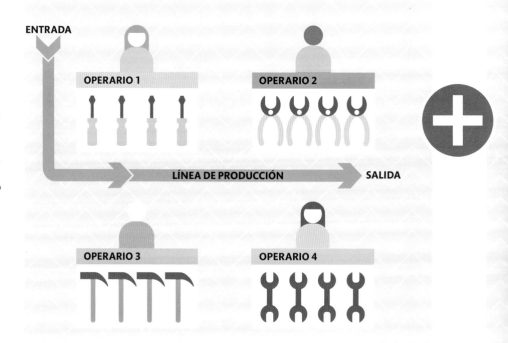

ENTRADA

OPERARIO 1   OPERARIO 2

LÍNEA DE PRODUCCIÓN   SALIDA

OPERARIO 3   OPERARIO 4

PROCESOS HÍBRIDOS PARA LA INNOVACIÓN

Al combinar procesos de fabricación, las empresas crean productos con cualidades nuevas y originales. Por ejemplo, una empresa alimentaria que fabrica pan de molde y patatas chips puede acelerar la producción de chips cociéndolas primero en el horno de pan. La consecuencia no buscada pero beneficiosa son unas patatas más saludables. Se crea un nuevo producto, que podrá ser introducido en el mercado como nueva propuesta para clientes distintos.

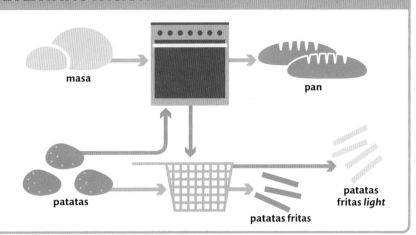

masa
pan
patatas
patatas fritas
patatas fritas *light*

Producción por proyectos

Un trabajador crea un solo producto, como un horno de cocina, de principio a fin. Este método es más agradable para el operario, que usa un abanico de habilidades, pero suele ser más costoso para el cliente *Ver pp. 272–273.*

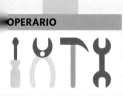

OPERARIO

Fabricación por celdas

Combinando lo mejor de la producción en cadena y por proyectos, una parte del producto o sus componentes se fabrica en pequeñas unidades separadas (celdas) compuestas por varios operarios. Estos están cualificados para producir todos los elementos. Se pueden producir elementos distintos sin ralentizar la cadena. Se trata de mejorar el resultado dando a las celdas cierto grado de autonomía.

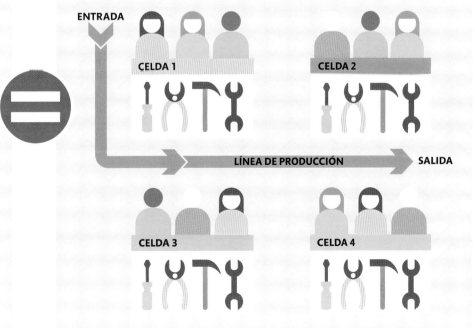

ENTRADA
CELDA 1
CELDA 2
CELDA 3
CELDA 4
LÍNEA DE PRODUCCIÓN
SALIDA

Gestión

Los gestores de una empresa, sobre todo en los procesos de fabricación, deben asegurarse de que todos los recursos, desde los materiales hasta la maquinaria y el personal, se usan con eficiencia, sin dejar de pensar nunca en el cliente. Los gestores toman decisiones clave para trazar procedimientos y parámetros para que la empresa siga dando beneficios.

Qué enfoque seguir

El modo en que las personas y los procesos se organizan al fabricar y entregar el producto al cliente es clave si una empresa quiere sobrevivir a la competencia feroz y a las exigencias siempre cambiantes del consumidor en el mercado global. Al decidir cómo lograr el objetivo de una empresa, los directivos combinan una serie de enfoques, pues muchos están interrelacionados y obtienen resultados similares.

GESTOR O LÍDER

La gestión y el liderazgo no son lo mismo, pero están estrechamente relacionados:

> Los gestores **planifican**, **organizan** y **coordinan**; los líderes, además, **estimulan** y **motivan**.

> Los gestores buscan en los trabajadores **maximizar la eficiencia**; los líderes, además, **potenciar su talento**.

> Los gestores se concentran en los **resultados**; los líderes, además, **miran el largo plazo**.

> Los gestores **dicen a la gente** qué debe hacer; los líderes, además, **les hacen preguntas**.

> Los gestores se aseguran de que los trabajadores hagan todo lo que **hay que hacer**; los líderes, además, les inspiran a **querer hacer más** de lo meramente necesario.

La frase siguiente se ha atribuido a dos líderes empresariales distintos, ambos escritores, Peter Drucker y Warren Bennis: «Gestionar es hacer las cosas correctamente; liderar es hacer las cosas correctas».

Producción ágil

¿Cómo podemos responder mejor a los cambios en la demanda del cliente? *Ver pp. 296–297.*

Gestión basada en el tiempo

¿Cómo podemos usar el tiempo con eficiencia? *Ver pp. 294–295.*

El **1r** país del mundo en innovación en 2014 fue Corea del Sur

Kaizen

¿Cómo podemos realizar mejoras continuas?
Ver pp. 298–299.

Economías y deseconomías de escala

¿Qué escala de operaciones nos conviene más? *Ver pp. 286–287.*

Producción lean

¿Cómo minimizamos los recursos para reducir costes?
Ver pp. 288–289.

INNOVAR

IMPLICAR A LOS EMPLEADOS

CENTRARSE EN EL VALOR

ALIANZAS ESTRATÉGICAS CON PROVEEDORES

MINIMIZAR LAS MERMAS

FLUJO DE TRABAJO ININTERRUMPIDO

EL CLIENTE ES LO MÁS IMPORTANTE

Justo a tiempo

¿Cómo podemos satisfacer la demanda del cliente y minimizar el *stock*? *Ver pp. 290–291.*

Gestión de la calidad total

¿Cómo mejoramos la satisfacción del cliente? *Ver pp. 292–293.*

Economías y deseconomías de escala

La economía de escala es una ventaja de la producción masiva, y obtiene un precio unitario más bajo. Pero, los costes pueden aumentar a medida que la operación crece, lo que provoca una deseconomía de escala.

Cómo funcionan

La economía de escala es un concepto sencillo: cuantos más elementos se producen o manejan, menor es el coste medio (unitario), pues los costes fijos se reparten entre el total. Ello da a la empresa una ventaja competitiva.

Así, un supermercado compra grandes cantidades a un precio unitario bajo, que pasa a los clientes. En cambio, la deseconomía de escala ocurre cuando la operación crece, por altos costes de administración, mermas por falta de control o baja productividad de los empleados.

Economías de escala

Si bien pueden ser ineficientes para un pequeño productor de leche que provee a un supermercado, son efectivas para un proveedor que entregue miles de botellas. Pero si el envío es demasiado grande, los residuos crearán costes adicionales.

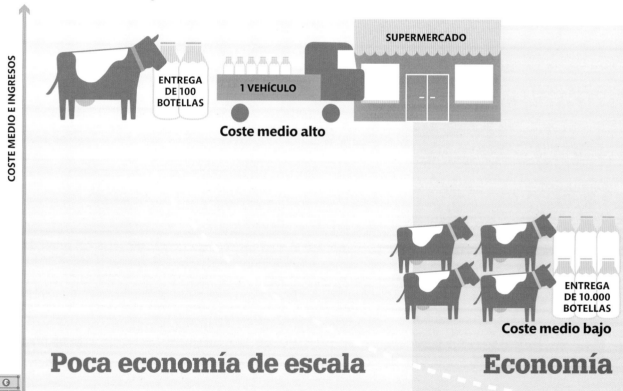

ECONOMÍA DE LA RED

Las redes online, como eBay o Facebook, raramente derivan en deseconomías de escala. Soportan economías de escala incluso a nivel internacional: el coste de añadir un usuario más a la red es casi nulo. En cambio, los beneficios resultantes pueden ser enormes, porque cada nuevo usuario puede interactuar o comerciar con otros miembros de la red.

150 millones
eran los usuarios de eBay en todo el mundo en 2014

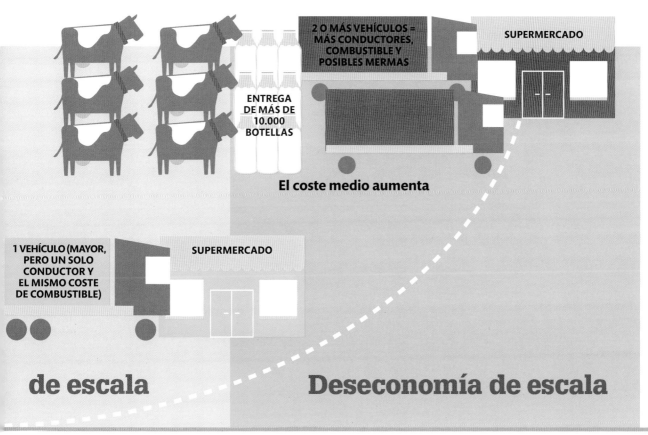

2 O MÁS VEHÍCULOS = MÁS CONDUCTORES, COMBUSTIBLE Y POSIBLES MERMAS

SUPERMERCADO

ENTREGA DE MÁS DE 10.000 BOTELLAS

El coste medio aumenta

1 VEHÍCULO (MAYOR, PERO UN SOLO CONDUCTOR Y EL MISMO COSTE DE COMBUSTIBLE)

SUPERMERCADO

de escala

Deseconomía de escala

RESULTADO

Producción lean

El objetivo de la producción lean es reducir los recursos usados para proveer de bienes y servicios al cliente. Al recortar personal, espacio, materiales, capital y tiempo, la producción lean recorta los gastos.

Cómo funciona

La producción lean se centra en la eficiencia para maximizar el valor para el cliente, pero sin afectar a la calidad. Busca eliminar todas las actividades que no añaden valor al proceso de producción, como mantener el inventario (*stock*), reparar errores y mover innecesariamente personas y productos por la planta. Optimizar productos y servicios a través de la cadena de valor (secuencia de actividad que fluye horizontalmente por tecnologías, activos y funciones hasta llegar al cliente) permite a la empresa responder más deprisa a la demanda del consumidor. La eficiencia también simplifica la gestión de información.

Caso de estudio: cómo Toyota elimina los desperdicios

La producción lean se centra en reducir desperdicios, conocidos a veces como actividades sin valor añadido. El fabricante de coches Toyota ha identificado ocho áreas de ineficiencia y ha definido un enfoque efectivo para contrarrestarlas.

Superproducción

Desperdicio
Los elementos producidos exceden la demanda de los clientes

Solución lean
Sistema en el que la demanda tira de la producción: se produce a medida que los clientes lo piden

Esperas

Desperdicio
Tiempo no productivo por espera de material, información, herramientas...

Solución lean
Todos los recursos se entregan justo a tiempo, ni muy pronto ni demasiado tarde

Exceso de inventario

Desperdicio
Stock extra, no deseado, acumulado en el inventario

Solución lean
Tarjetas Kanban que indican puntos de pedido del material: cuánto, de dónde, y adónde

Defectos

Desperdicio
Consume materiales y mano de obra; produce quejas de los clientes

Solución lean
Se usa la gestión de calidad total para mejorar todas las áreas

BENEFICIOS DE LA PRODUCCIÓN LEAN

Según un estudio del National Institute of Standards and Technology de EE.UU., 40 empresas con producción lean indicaron estos beneficios:

Espacio necesario reducido en un **75%**

Calidad mejorada en un **80%**

Stocks en uso reducidos en un **80%**

Productividad aumentada en un **50%**

Tiempo de suministro (de inicio a fin) reducido en un **90%**

BENEFICIO

PORCENTAJE

10 millones
es el número de vehículos vendidos por Toyota en 2014

Transporte

Desperdicio
Etapas superfluas en el proceso de transporte

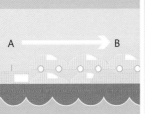

Solución lean
Material enviado directamente del proveedor a la línea de montaje

Procesos sin valor añadido

Desperdicio
Etapas de la producción inútiles o trabajos que deben repetirse

Solución lean
Análisis de la cadena de valor para identificar los pasos sin valor añadido: hacerlo bien a la primera

Movimientos excesivos

Desperdicio
Flujo de trabajo inadecuado, mala disposición, método de trabajo incoherente

Solución lean
Organización del lugar de trabajo; método para estandarizar el lugar de trabajo

Personal infrautilizado

Desperdicio
Infrautilización de las capacidades mentales, creativas y físicas de los empleados

Solución lean
Celdas de trabajo en lugar de cadena de montaje: mejor uso del personal, con mayor implicación y comunicación

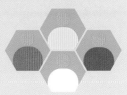

Justo a tiempo

El sistema de producción en el que el pedido activa la fabricación de un producto se llama «justo a tiempo». Permite producir solo los elementos requeridos, en la cantidad adecuada, en el momento justo.

Cómo funciona

Muy conocido como *just-in-time*, por su término inglés, justo a tiempo significa que los niveles de *stock* de materias primas, componentes, objetos en proceso de elaboración y bienes terminados se mantienen lo más bajos posible. El sistema requiere una detallada planificación, programación, y un flujo de recursos a lo largo de todo el proceso de producción, facilitados por un sofisticado software de programación de producción. Los productos deben entregarse directamente a la cadena de producción cuando se necesitan, lo que exige relaciones estrechas y sistemas interconectados con los proveedores. Los beneficios de un inventario reducido compensan el coste de las entregas frecuentes y la pérdida de las economías de escala en la compra (descuentos por compra en volumen). El sistema se remonta a 1953, año en que Toyota introdujo la fabricación justo a tiempo.

PROS Y CONTRAS DEL SISTEMA

Pros

> **Menor *stock*** que requiere menos espacio de almacenaje y menos capital circulante

> **La fabricación a demanda** evita el *stock* obsoleto o caducado

> **El personal** pasa menos tiempo comprobando y moviendo cosas

Contras

> **Sin margen de error:** si el *stock* entregado tiene defectos, toda la cadena se detiene

> **Se depende** de los proveedores

> **Sin reservas** ante un repentino aumento de la demanda

5 — SE ENTREGA NUEVO STOCK A LA TIENDA PARA LA REPONER EN LA ESTANTERÍA

4 — EL SISTEMA ACTIVA LA ENTREGA DEL PROVEEDOR CUANDO SE ALCANZA EL NIVEL MÍNIMO DE STOCK

62.000 millones de dólares es el valor de los ordenadores vendidos por Dell en 2012

1 EL CLIENTE ELIGE UN PRODUCTO EN LA TIENDA

Justo a tiempo en la tienda

Para reducir el almacenaje, muchos supermercados realizan entregas justo a tiempo, mediante sistemas informatizados. En la fabricación, los sistemas suelen basarse en tarjetas Kanban, etiquetas para retirar y pedir elementos en cada puesto del proceso de producción.

2 EL DEPENDIENTE ESCANEA EL CÓDIGO DE BARRAS

3 EL SISTEMA INFORMÁTICO AVISA AL ALMACÉN

CASO DE ESTUDIO

Ordenadores justo a tiempo de Dell

El ordenador se produce a demanda del cliente:

> La especificación individual del cliente se envía directamente a la fábrica.

> La fabricación a demanda hace llegar los componentes del proveedor a una zona de la fábrica y los descarga directamente en contenedores para fabricar el pedido.

> Se reducen el inventario y los costes.

Gestión de la calidad total

La satisfacción del cliente es el objetivo de la gestión de la calidad total (TQM, por sus siglas en inglés). Todo lo que hace la empresa es relevante, y hay que centrarse en la gestión y la mejora más que en los resultados.

Cómo funciona

Las empresas usan la TQM para crear una organización orientada al cliente que implique a todos los empleados en una mejora continua. Es un enfoque estratégico y sistemático que sitúa la calidad en el centro de las actividades y la cultura de la organización. Los clientes deciden el nivel de calidad, según el grado de satisfacción. Se trata de una serie de procesos horizontales que reciben inputs de los proveedores a través de los outputs que llegan al cliente. Registrar y medir los datos de resultados es crucial, así como una comunicación efectiva para mantener el impulso.

QUÉ SIGNIFICA

❯ **Gestión** La calidad puede y debe dirigirse
❯ **Calidad** Deseo de satisfacer los requisitos del cliente
❯ **Total** Implica a todas las personas y actividades de la empresa

Caso de estudio: The Walt Disney Company

Las empresas que cumplen o mejoran las expectativas del cliente con sus productos suelen usarse como ejemplos de TQM. También pueden serlo las empresas de servicios, de las que Disney es un buen ejemplo.

> «TQM es una filosofía de gestión para satisfacer las necesidades de los clientes y los accionistas sin comprometer los valores éticos.»
>
> Chartered Quality Institute

The Walt Disney Company

Su objetivo es maximizar el valor de los accionistas a largo plazo, y eso significa ofrecer una experiencia mágica a los visitantes de sus parques.

Centrada en el cliente

Disney incorporó el concepto TQM en su enfoque de atención al cliente. Los visitantes son vistos como invitados y tratados como VIP de manera individualizada.

Implicar a todos en la calidad

El fundador Walt Disney creía firmemente en la calidad y la veía como un trabajo de todos, algo que no podía delegarse.

Perfeccionar procesos

Para Walt Disney, los parques eran fábricas productoras de felicidad. Edificó la calidad diseñando procedimientos y repitiéndolos a escala.

12.000
actores trabajan en Disneylandia para hacer felices a los visitantes

Empleados
Disney llama a sus empleados «actores», y se les forma en todos los aspectos, incluidos la postura, el gesto, la expresión facial y el tono de voz.

Servicio excepcional
Los actores (empleados) se centran en satisfacer al cliente, y su única tarea consiste en hacer felices a los visitantes.

✓ DEBES SABER

❯ **Índice de satisfacción del cliente**
En muchos países existen índices de satisfacción de los clientes, que son un punto de referencia para las empresas

❯ **Índice de promotores neto**
Medición de los resultados de una empresa desde la perspectiva de los clientes, divididos en patrocinadores, pasivos y detractores

Proveedores
Disney colabora con los proveedores, por ejemplo, McDonald's y Coca-Cola, para asegurarse de que la calidad es constante.

Mejora continua
Para Walt Disney, los parques eran un producto incompleto; hoy, las mejoras vienen desde abajo.

«¿Cuándo empieza el desfile de las tres?»
Los actores deben responder a esta frecuente pregunta especificando la hora a la que el desfile pasará por un punto concreto del parque.

Objetivo compartido
Walt Disney comenzó definiendo una cultura empresarial basada en crear un objetivo compartido y genuino que las personas estarían orgullosas de apoyar.

Sistemas integrados
La tecnología apoya la experiencia: así, el volumen de la música ambiental es el mismo en todos los parques, y sale de centenares de altavoces perfectamente situados.

Gestión basada en el tiempo

El enfoque general que reconoce la importancia y el valor del tiempo y busca reducir el nivel de tiempo improductivo en una organización se llama gestión basada en el tiempo.

Cómo funciona

El ritmo frenético de la competencia hace que una empresa capaz de gestionar el tiempo con eficiencia disfrute de una ventaja competitiva. Esto se aplica al desarrollo de nuevos productos, a tiempos de respuesta más rápidos para satisfacer un mercado en constante cambio, y a la reducción de desperdicios. En una empresa que opera con un sistema de gestión basada en el tiempo, los empleados deben tener múltiples capacidades y cambiar de tarea con agilidad, la maquinaria debe ser flexible para que la producción pueda adaptarse con rapidez y debe existir una cultura de confianza entre trabajadores y directivos. La gestión basada en el tiempo es clave para la producción lean.

Caso de estudio: la gestión del tiempo en Ford Electronics

Entre 1988 y 1994, la división de electrónica de la Ford Motor Company implementó una serie de programas de cambio. Pero fue un cambio basado en la gestión del tiempo el que tuvo un mayor impacto en los resultados de la empresa. Un directivo sénior dirigió un programa de visitas a la fábrica, centrándose en la duración del ciclo de producción y en añadir valor en cada etapa. La fábrica trabajó con los proveedores para mejorar el transporte, la fiabilidad y la calidad de las materias primas.

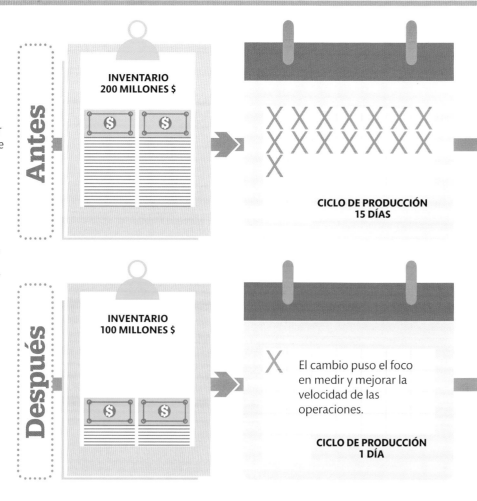

Antes

INVENTARIO
200 MILLONES $

X X X X X X
X X X X X X
X

CICLO DE PRODUCCIÓN
15 DÍAS

Después

INVENTARIO
100 MILLONES $

X

El cambio puso el foco en medir y mejorar la velocidad de las operaciones.

CICLO DE PRODUCCIÓN
1 DÍA

El 70% de las empresas usan métodos de gestión de proyectos

PARTE DE LA GESTIÓN DE PROYECTOS

La gestión basada en el tiempo es crucial en la gestión de proyectos. Algunas ayudas de planificación son:

❯ **Herramientas** como el diagrama de Gantt muestran la programación de proyectos como un gráfico de barras, y ayudan a planificar y medir el progreso y los objetivos.

❯ **Sistemas de gestión de proyectos** como PRINCE2 ayudan a estructurar los proyectos paso a paso de manera lógica y organizada.

❯ **Metodologías** como la producción ágil ayudan a las empresas de desarrollo de software a reaccionar ante imprevistos; a menudo se implementan a través de un marco Scrum, en el cual una persona se encarga de revisar constantemente las prioridades. Ya que el software no puede fabricarse como un producto en una cadena de montaje, pues estaría obsoleto antes de lanzarse, todas las áreas de desarrollo se reevalúan de manera constante.

Medición por unidades

Medir las unidades producidas por persona había hecho que los supervisores se centraran en los requisitos de la producción diaria y en mantener ocupado al personal.

BAJA MOTIVACIÓN DEL PERSONAL

MENOR COMPETITIVIDAD

BENEFICIO INFERIOR A LOS 100 MILLONES $

NUEVA FÁBRICA CADA AÑO
Ampliar regularmente el espacio era una necesidad, a causa del gran inventario.

Medición por ciclos

La medición de los resultados de otra forma, con un ciclo de producción más corto, permitió que las personas vieran nuevas oportunidades.

PERSONAL MOTIVADO

MAYOR COMPETITIVIDAD

BENEFICIO DE 400 MILLONES $

NUEVA FÁBRICA CADA 2-3 AÑOS
La reducción en el inventario hizo necesario menos espacio y hubo que construir menos

Producción ágil

La velocidad y la agilidad son las ventajas competitivas básicas de la producción ágil: la clave está en dar una rápida respuesta al cliente, lo que permite aprovechar pequeñas ventanas de oportunidad.

Cómo funciona

El objetivo de la producción ágil es mantenerse por delante de la competencia. Incorporando a menudo conceptos de producción lean (*ver pp. 288-289*), la producción ágil tiene una dimensión extra: responder a las demandas de los clientes de manera rápida y efectiva. La empresa debe ser capaz de cambiar o incrementar rápidamente la producción. El diseño de productos incorpora conceptos modulares, lo que permite la personalización, y son esenciales unas relaciones estrechas con los proveedores.

Respuesta rápida

La organización de la empresa permite responder rápida y efectivamente a las exigencias del cliente y el mercado

Cliente

La demanda del cliente activa la producción

Fabricación ágil

La organización debe crear una posición desde la cual alterar el curso con agilidad y rapidez. Debe ser capaz de reequipar las instalaciones con celeridad, modificar los acuerdos con proveedores, e introducir continuamente nuevas e ideas y mejoras.

El producto llega al consumidor

Tecnología integrada

Sistemas de información efectivos, a menudo conectados a los proveedores

Innovación continuada

Búsqueda constante de nuevas y mejores maneras para llegar al cliente

Productos modulares

Componentes creados por separado que se usan en productos diferentes o personalizados

EL VALOR DE LO LOCAL

La producción ágil es adoptada por empresas que operan en entornos extremadamente competitivos, con altos costes laborales, como Europa, donde la fabricación local puede proporcionar una ventaja competitiva:

❯ La proximidad a los clientes permite el feedback y la respuesta.

❯ Las pequeñas variaciones en la producción y la entrega representan una gran diferencia en la satisfacción del cliente, la reputación de la empresa y los resultados económicos.

❯ Unos niveles de velocidad y personalización sin precedentes que no pueden igualar los competidores que han deslocalizado la producción.

Cultura de conocimiento

Retener la experiencia y aprender de los errores

3 meses

tardó **Wikispeed** en desarrollar un nuevo coche revolucionario **en 2012**

Acuerdos estratégicos

Colaboración con los proveedores, más que negociación de contratos

Sistema de transporte

Sistemas e instalaciones para hacer llegar el producto al cliente con rapidez

Fuerza de trabajo flexible

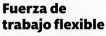

Equipos autoorganizados y adaptables

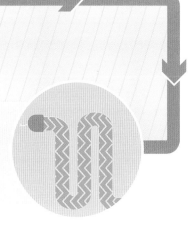

Kaizen

Iniciado en Japón, el kaizen es un sistema de mejora continuada que involucra a todos los empleados. De los directivos con mayor experiencia a los trabajadores de planta, todos pueden sugerir mejoras en el día a día.

Cómo funciona

La filosofía kaizen es «hacerlo mejor, hacer que sea mejor, mejorarlo aunque no esté estropeado, porque si no lo hacemos, no podremos competir con los que lo hacen». El kaizen no consiste en idear grandes cambios, sino en conseguir una mejora continua, sistemática, incremental. Consistente en un intento incesante de eliminar las actividades innecesarias, los retrasos o los desperdicios (*muda*), el kaizen comienza partiendo de unos parámetros altos y entonces busca maneras de mejorarlos continuamente. Se apoya en programas de formación, comunicación y supervisión, y consigue una mejora en la eficiencia, productividad, calidad, tiempo de espera y fidelidad del cliente.

Crear un cambio positivo

Los eventos kaizen se implementan con un ciclo de cuatro pasos: planear, hacer, verificar, actuar. Aspectos cruciales del kaizen son la calidad, el esfuerzo, la implicación de los empleados como parte del trabajo diario, la voluntad de cambio y la comunicación.

Innovar

Calidad

Encontrar e implementar mejores modos de satisfacer requerimientos y aumentar la productividad

Esfuerzo

Calibrar

Comparar las mediciones con los parámetros exigidos

CADA VEZ MEJOR

El kaizen surgió en Japón tras la Segunda Guerra Mundial. Su nombre procede de las palabras japonesas *kai*, que significa «cambio», y *zen*, que significa «bueno». Compañías como Toyota o como Canon han experimentado mejoras importantes implicando a sus empleados en estas recomendaciones.

KAI | ZEN

改 善

CAMBIO | BUENO

70
sugerencias
por empleado se implementaron en Toyota en 1983

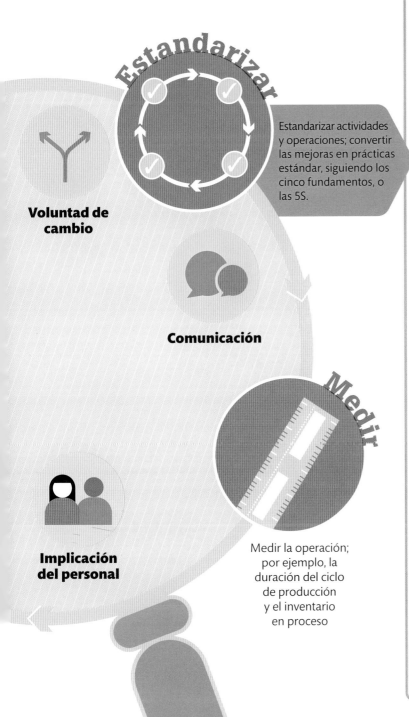

Voluntad de cambio

Comunicación

Implicación del personal

Estandarizar actividades y operaciones; convertir las mejoras en prácticas estándar, siguiendo los cinco fundamentos, o las 5S.

Medir la operación; por ejemplo, la duración del ciclo de producción y el inventario en proceso

5 FUNDAMENTOS

Los cinco pasos de la organización de la empresa, conocidos como 5S, son los fundamentos de la mejora continuada en kaizen.

Seiri (Clasificación)

Conservar solo los elementos esenciales en la zona de trabajo. Retirar y almacenar todos los innecesarios.

Seiton (Orden)

Organizar los elementos necesarios de forma que resulten de fácil uso y acceso.

Seiso (Limpieza)

Mantener limpio el lugar de trabajo, pues la limpieza lleva a la eficiencia.

Seiketsu (Estandarización)

Tener organizados el método, puestos de trabajo y herramientas, y dejar claro el papel de cada uno.

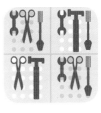

Shitsuke (Disciplina)

Las cuatro piedras angulares mencionadas se convierten en el modo estándar de operar siempre.

Producto

Los elementos que una empresa vende para satisfacer la necesidad del consumidor y obtener un beneficio se llaman productos, tanto si son objetos tangibles como un dentífrico o servicios intangibles como una póliza de seguros. En un ciclo de vida típico, un producto se desarrolla y se lanza al mercado, algunos clientes lo compran y, si tiene éxito, la distribución se amplía. El crecimiento se frena cuando el mercado se satura, y las ventas se estancan y bajan hasta que el producto deja de ser viable.

Evolución del producto

De principio a fin, cada producto, como un tubo de dentífrico, pasa por un proceso de prueba, innovación y control de calidad para asegurar que tendrá el mayor impacto al salir al mercado y a lo largo de su vida. Las empresas exitosas comprenden la duración limitada de los productos e invierten en las primeras etapas para maximizar más adelante el crecimiento.

«Muchas veces, la gente no sabe lo que quiere hasta que se lo enseñas.»

Steve Jobs

Nueva idea de producto

Una empresa decide sacar un dentífrico con un nuevo sabor. Se evalúa su viabilidad y se investiga la posible competencia. El nuevo dentífrico también requiere otras cualidades, como efecto de blanqueo y protección del esmalte, para captar su segmento del mercado. Ver pp. 304-305.

Prueba y desarrollo

Se organiza un grupo focal (o *focus group*) para probar el nuevo sabor, junto a algunas variaciones. Se anotan las preferencias y comentarios, y se desarrolla el dentífrico para que sea un producto utilizable. Ver pp. 302-303.

2,8 billones €
fue el valor del comercio entre estados miembros de la UE en 2013

CICLO DE VIDA DEL PRODUCTO

Estos son cuatro ejemplos de productos de un mismo sector en diferentes etapas de su ciclo de vida (*ver pp. 184–185*):

❭ **Introducción**   Televisores 3D, disponibles para el hogar desde hace poco tiempo

❭ **Crecimiento**   Reproductores de Blu-ray: aumento firme de las ventas gracias a la calidad de imagen

❭ **Madurez**   Reproductores de DVD, que afrontan la competencia de tecnología más sofisticada

❭ **Declive**   Grabadoras de vídeo, pues actualmente existen otros formatos más baratos y modernos

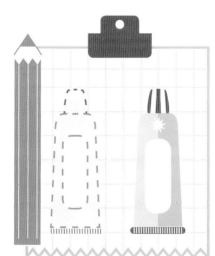

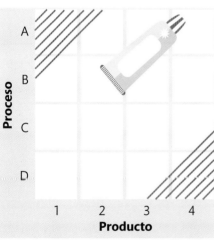

Embalaje y diseño

Se da al dentífrico una imagen brillante, fresca y atractiva. Las consideraciones de diseño incluyen la funcionalidad, el coste de los materiales y las tendencias actuales. *Ver pp. 306–307.*

Gestión de la calidad

Se abre un periodo de control de calidad en el que se comprueban rigurosamente los parámetros de seguridad. Es mucho más barato corregir defectos en la fase de diseño que más tarde durante la producción. *Ver pp. 308–309.*

Matriz producto-proceso

Usando una matriz producto-proceso, la empresa identifica el método de producción más adecuado para el dentífrico. Como la empresa solo fabrica unos pocos productos, cada uno de ellos en gran volumen, decide usar la producción en cadena. *Ver pp. 310–311.*

Desarrollo de un nuevo producto

Las empresas no se pueden detener. En el mercado hipercompetitivo actual, deben dedicar presupuestos a investigar ideas novedosas e identificar nuevos productos, simplemente para mantenerse en el negocio.

Cómo funciona

El desarrollo de cualquier nuevo producto es un proceso con una serie de etapas cruciales para que la empresa centre la inversión en productos vendibles y, sobre todo, que den beneficios. Se comienza por una idea, tal vez para mejorar y relanzar un producto existente. Algunas empresas organizan sesiones destinadas a potenciar la creatividad y generar nuevas ideas, algunas de las cuales se explorarán después. Se puede trabajar con clientes potenciales y también con proveedores, en caso de que parte del proceso de fabricación vaya a ser externalizado, para refinar y desarrollar ideas antes de llevar el producto al mercado.

RECLAMOS DE ÉXITO

Los nuevos productos siguen las tendencias, como se ve en los textos del embalaje y la publicidad. Los principales reclamos de nuevos productos alimentarios en EE.UU. entre 2000 y 2010 fueron «natural», «orgánico», «ración individual» y «fresco».

El proceso de desarrollo

El tipo de idea y el tamaño de la empresa afectan a cada etapa e influyen en cuánto tarda el producto en llegar al mercado, pero el proceso es por lo general el mismo.

Nueva idea

Las ideas pueden llegar de cualquier lugar: un cliente que expresa una necesidad o un empleado que hace una propuesta.

Filtrar las ideas

Los criterios ayudan a identificar los productos que encajen con la estrategia de la empresa, sean fáciles de fabricar y den beneficios.

Probar el concepto

El feedback de los consumidores, a través de grupos focales, entrevistas o evaluación online, determina si vale la pena seguir con una idea.

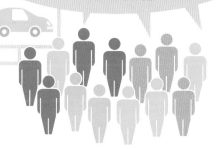

Analizar el mercado

El análisis de oportunidades, junto a la previsión de crecimiento y tendencias, ayuda a hacerse una idea de las ventas potenciales.

Test de mercado

El producto se prueba en un segmento del mercado, tal vez una zona geográfica con buena representación del público objetivo.

Desarrollar los productos

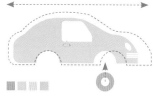

Una vez confirmadas las características, se diseña el producto teniendo en cuenta los resultados de la etapa de prueba, y se desarrolla un prototipo.

Lanzamiento

Las empresas aseguran la distribución y presentan el nuevo producto a los clientes, a través de las redes sociales o la publicidad, para dar inicio a las ventas.

250.000

nuevos productos **son lanzados** al mercado en el mundo **cada año**

Innovacion e invención

Innovar es mucho más que tener una buena idea, es el modo en que los inventos y las ideas alcanzan el éxito comercial. Es el motor de toda empresa, y mantenerse en vanguardia es esencial para la supervivencia.

Cómo funciona

La innovación requiere una cultura que aliente a las personas a ser inventivas y a explorar ideas. También requiere procesos capaces de tomar ideas iniciales y desarrollarlas. Empresas de éxito como 3M, Apple y Google saben hacerlo. El resultado de la innovación no son los cambios pequeños, incrementales, sino los transformadores, como resolver un problema existente de un modo radicalmente distinto, o identificar un problema desconocido e inventar la solución.

De la idea al producto

La innovación es estimulada por muchos factores. Después, la idea necesita personas que la trabajen en un entorno sistemático para asegurar que se pone en práctica y marca la diferencia.

Factores de innovación

Los cambios sociales, los avances en TI, la preocupación por el cambio climático y el mismo desarrollo de la empresa crean nuevas necesidades.

Idea

Nueva tecnología

Problema/crisis

Cuestiones ambientales

Eficiencia/ahorro de coste

Necesidad del consumidor

Fomento de la creatividad

Colaboración entre equipos

DISTINTOS TIPOS DE INNOVACIÓN

Innovación sostenida Mejorar productos existentes, habitualmente a través de la tecnología; por ejemplo, cámaras con más píxeles o portátiles más pequeños y potentes

Innovación sostenible o ecológica Nuevos productos con un impacto mínimo sobre el entorno

Innovación frugal Producto de bajo coste para mercados emergentes

Innovación rompedora Producto o servicio que cambia un mercado y afecta al mundo en conjunto, como la iniciativa de comercio justo

Innovación disruptiva Desplaza a los competidores establecidos o cambia la norma; por ejemplo, internet o el iPad

> «El genio es 1% de inspiración y 99% de transpiración.»
>
> Thomas Edison

La propiedad intelectual es la expresión de una idea. Puede ser un diseño, un invento, u otro tipo de creación intelectual, y puede estar protegida por la ley, por ejemplo, con una patente.

Ideas

Personas y equipos necesitan tiempo y espacio mental para pensar con originalidad.

Escucha a todos los niveles

Se permite el fracaso

Acción

La cultura y procedimientos de la empresa deben ser favorables a probar la viabilidad de las ideas.

Misión clara

Impacto bien medido

Visión a largo plazo

Estructura de gestión plana

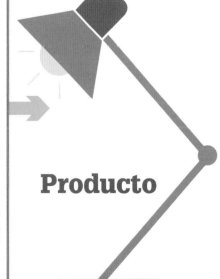

Producto

Diseño

Todo producto debe estar bien diseñado para triunfar. El diseño de los objetos cotidianos, desde una lámpara hasta una señal de tráfico reflectante, ha dado forma a nuestro mundo.

Cómo funciona

El punto de partida del diseño es una idea para un producto que satisface una necesidad, sea un objeto especializado o de uso diario. El diseñador debe pensar en cómo va a cumplir su cometido el producto y también en otros criterios, como la estética, el coste, la durabilidad o consideraciones medioambientales. El diseño puede formar parte integral del producto, como los dispositivos rectangulares de esquinas redondeadas de Apple, que la empresa patentó. Algunos diseños son icónicos, como el de la botella de Coca-Cola; pero el diseño es algo más que una forma, y además de la funcionalidad incluye los materiales o el color, y más allá del producto, incluso el embalaje.

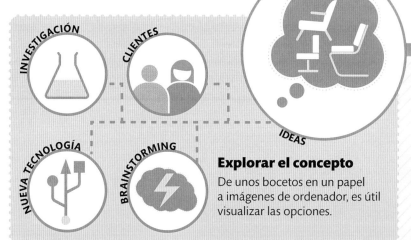

INVESTIGACIÓN

CLIENTES

NUEVA TECNOLOGÍA

BRAINSTORMING

IDEAS

Explorar el concepto
De unos bocetos en un papel a imágenes de ordenador, es útil visualizar las opciones.

FACTORES DE ÉXITO DE UN DISEÑO

> **Funcional** Cumple un objetivo
> **Estético** Agradable de usar
> **Innovador** Diferente y nuevo, posiblemente de tecnología innovadora
> **Fácil de usar** Comprensible, con funcionalidades útiles
> **Sencillo** Sutil, no agresivo
> **Duradero** Sostenible, no demasiado sensible a las modas
> **Ecológico** Minimiza los recursos y la contaminación

Proceso de diseño

El diseño de objetos producidos en masa, como los muebles, la iluminación, los electrodomésticos y la tecnología de comunicaciones, requiere un gran trabajo. El proceso de crear un diseño funcional y atractivo pasa por diversas etapas.

Rediseño
Al año siguiente, el producto necesite tal vez una actualización

Producto final
La versión final del diseño que saldrá a la venta puede ser muy diferente de la idea inicial.

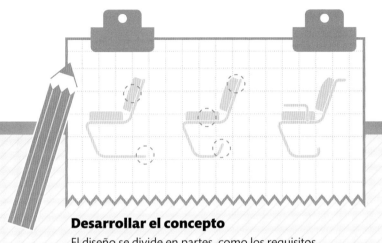

Desarrollar el concepto

El diseño se divide en partes, como los requisitos funcionales y las opciones de producción, y cada una de ellas se evalúa independientemente.

Hacer un prototipo

Se realizan uno o varios prototipos, para probar y refinar la funcionalidad del producto.

Entre el **10** y el **18**%
del presupuesto para lanzar
un nuevo producto al mercado
se gasta en diseño

Feedback

Llega el momento de descubrir lo que piensa la gente del producto y cómo puede mejorarse.

CLIENTES (EXTERNO)

PRODUCCIÓN

MARKETING (INTERNO)

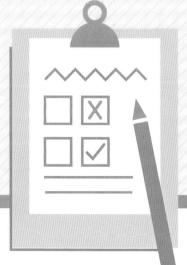

Decisiones de diseño

Antes de iniciar la producción real, deben tomarse todas las decisiones y hacerse trámites como los de los derechos de propiedad intelectual.

Gestión de la calidad

Para una empresa, la calidad no es un término vago, sino una filosofía para superar las expectativas de los consumidores. Una gestión de calidad excelente puede dar a una empresa una ventaja competitiva.

Cómo funciona

A muchos consumidores puede resultarles difícil definir la calidad, porque es algo subjetivo, pero la reconocen cuando la ven. Las empresas, en cambio, necesitan definirla y medirla. Saben que para labrarse una buena reputación y prosperar deben superar las expectativas de los clientes en cuanto a calidad tanto en productos como en servicios. Para lograrlo, aplican una serie de parámetros de calidad en el proceso de fabricación, y miden continuamente el producto bajo los mismos parámetros. La calidad no se aplica únicamente al producto o al servicio en sí, sino que se extiende también a las personas o procedimientos relacionados, y a todo el entorno de la organización.

Coste de la calidad

La gestión de la calidad es esencial para asegurar que los defectos se eliminan lo más rápidamente posible, y en todo caso antes de que pueda apreciarlos el consumidor.

PRIMERO EL CLIENTE

Antes de 1970, la calidad consistía en inspeccionar algo y corregir sus eventuales defectos. Las empresas americanas empezaron a perder terreno ante las japonesas, pues Toyota y Honda producían coches a un coste más bajo y de calidad mucho más alta. La diferencia era que la calidad tenía un significado estratégico para las firmas niponas, que convertían al consumidor en prioridad y fueron las primeras en definir la calidad como el cumplimiento o la superación de las expectativas del cliente.

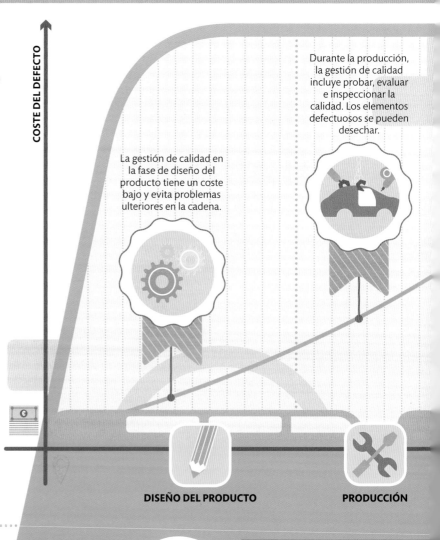

COSTE DEL DEFECTO

La gestión de calidad en la fase de diseño del producto tiene un coste bajo y evita problemas ulteriores en la cadena.

Durante la producción, la gestión de calidad incluye probar, evaluar e inspeccionar la calidad. Los elementos defectuosos se pueden desechar.

DISEÑO DEL PRODUCTO

PRODUCCIÓN

Más de **3** millones de euros anuales ahorró el supermercado NTUC FairPrice, de Singapur, entre 1999 y 2009, tras implementar el estándar de calidad ISO

✓ DEBES SABER

❯ **ISO 9000** Conjunto de estándares y certificaciones de calidad internacionales

❯ **Premio Líder en Calidad** Premio convocado anualmente por la Asociación Española de la Calidad y la European Organization for Quality para premiar la empresa que haya destacado en la mejora de la calidad

❯ **Premio Deming** Premio japonés otorgado a empresas para reconocer los esfuerzos de mejora de la calidad

QUÉ ES LA CALIDAD

Industria de fabricación

❯ Conformidad con los estándares
❯ Resultados
❯ Fiabilidad
❯ Funcionalidad
❯ Durabilidad
❯ Reparabilidad

Industria de servicios

❯ Conseguir el resultado deseado
❯ Coherencia
❯ Respuesta a las necesidades del cliente
❯ Cortesía/simpatía
❯ Prontitud
❯ Factores psicológicos, como un buen ambiente

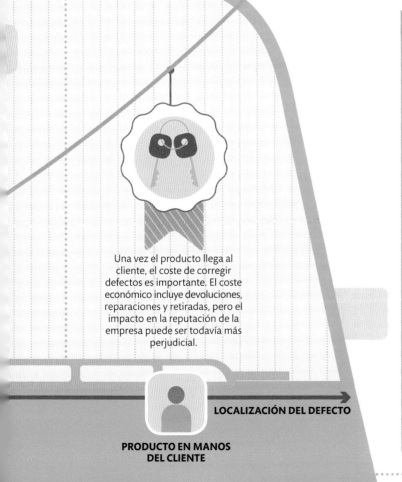

Una vez el producto llega al cliente, el coste de corregir defectos es importante. El coste económico incluye devoluciones, reparaciones y retiradas, pero el impacto en la reputación de la empresa puede ser todavía más perjudicial.

LOCALIZACIÓN DEL DEFECTO

PRODUCTO EN MANOS DEL CLIENTE

Matriz producto-proceso

La matriz producto-proceso es una herramienta que ayuda a la empresa a identificar el mejor modo de hacer un producto, según el volumen y el nivel de personalización.

Cómo funciona

El proceso de producción pasa por diferentes etapas. Las empresas suelen empezar con un volumen bajo y son altamente flexibles, pero no demasiado eficientes en costes. Una pequeña imprenta o una modista, por ejemplo, ocuparán la esquina inferior izquierda de la matriz producto-proceso, en la que cada proyecto es único y la producción por proyectos es la más efectiva. Las etapas de producción progresan luego hasta la plena automatización, pasando por la estandarización y la mecanización. Las empresas de la esquina superior derecha de la matriz tienen un gran volumen de producción y pocos productos, por lo que la producción en masa es la mejor opción para ellas.

PROCESO EVOLUTIVO

La matriz producto-proceso fue introducida por los académicos de Harvard Robert H. Hayes y Steven C. Wheelwright en la *Harvard Business Review* en 1979. Desde entonces, algunas empresas han resuelto la aparente contradicción de cómo personalizar productos de alto volumen (personalización masiva). Sin embargo, la matriz producto-proceso sigue siendo relevante en muchos sectores.

Elegir el método más adecuado

Una empresa, o una unidad de una gran compañía, ocupan una zona concreta de la matriz. Distintos procesos se adaptan a productos distintos, dependiendo de la etapa de su ciclo de vida y de la escala de la empresa.

NO VIABLE

Producto

Volumen bajo
Baja estandarización;
productos únicos

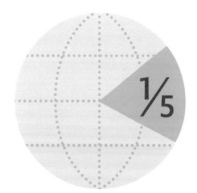

China fabrica un quinto de la producción mundial

Modista

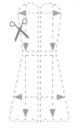

Proceso

Producción en masa
Producción continua; proceso ininterrumpido
(ver pp. 280–281)

Refinería de azúcar

Ensamblaje de coches

Cadena de montaje
Flujo de puntos conectados; proceso repetido para cada producto
(ver pp. 276–277)

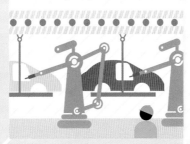

DIFÍCILMENTE VIABLE
Una cadena de montaje no suele ser un proceso adecuado para fabricar múltiples productos a un volumen bajo o medio.

Volumen medio-bajo
Cierta estandarización; distintos productos

Volumen alto
Estandarización; productos fabricados en grandes cantidades

Volumen muy alto
Alta estandarización; un solo producto (*comodity*)

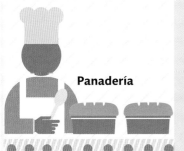

Panadería

Producción por lotes
Flujo de puntos desconectados; proceso similar ajustado para cada lote
(ver pp. 274–275)

RARAMENTE VIABLE
La producción por lotes no suele ser un proceso adecuado para realizar productos estandarizados a alto volumen.

Producción por proyectos
Flujo desordenado, complejo; proceso único para cada pedido
(ver pp. 272–273)

NO VIABLE

Control

Esencial en cualquier organización, el control es fundamental cuando el objetivo principal es generar beneficios. Debe cubrir costes, recursos y calidad del producto o servicio para asegurar que las operaciones funcionan de manera óptima. Además de pasar por todos los departamentos, debe actuar de arriba abajo, con los gerentes formulando estrategias mientras los directivos asignan recursos, personas, materiales y equipamiento y supervisan el trabajo de personas y equipos.

La cadena de control

Lo más sencillo es imaginar una empresa como una cadena de principio a fin. Los directivos deben adoptar decisiones sobre objetivos empresariales, estrategia y políticas al principio de la cadena. Esto es crucial para el control a lo largo de la misma. Si no hay una dirección clara desde el comienzo, los problemas se van agravando. Los controles se disponen a lo largo de la cadena para asegurar que la organización trabaja hacia los objetivos, que cumple con los estándares deseados, y que equipos y personas conocen las tareas específicas.

El control en la práctica: control estratégico

El objetivo de la compañía Pasteles ABC es ser la mayor vendedora de *cupcakes*. Sus directivos deciden la cantidad y calidad de *cupcakes* que la empresa necesita vender para invertir en una fábrica nueva. También deciden el volumen de la inversión y estiman cuándo comenzará a dar beneficios y cuánto tardará el proyecto en recuperar los costes (periodo de recuperación).

PASTELES ABC

Control de gestión

El equipo de gestión comprueba que los objetivos se cumplan, se coordina con otros departamentos y trabaja para hacer de la empresa la mayor vendedora de *cupcakes*.

FUNCIONES A LO LARGO DE LA CADENA
Mientras la gerencia trabaja en la estrategia y el control del proceso, los directivos usan herramientas como el Seis Sigma para mejorar el control operativo.
Ver pp. 320–321.

La **inversión** depende de los ingresos de la empresa por la venta de *cupcakes*, una vez descontado el coste de producción.

Las **políticas** de mantener el nivel óptimo de inventario, por ejemplo, son respaldadas por finanzas, TI y RR.HH.

Se establecen **procesos** de control de costes, con la revisión constante del uso eficiente de los recursos.

Aprovisionamiento adquiere las materias primas de proveedores que cumplen los exigentes estándares de la empresa.

130:1

era el ratio entre la remuneración del CEO y la de los empleados de las empresas del FTSE 100 en 2014, frente a 47:1 en 1998

CONTROL IMPUESTO POR LEY

Muchos sectores están sujetos a controles externos, además de los propios:

> **Instituciones financieras** Normas nacionales e internacionales

> **Sector publicitario** Normativa nacional de protección del interés público

> **Salud y servicios sociales** Leyes nacionales para proteger a las personas más vulnerables

> **Fabricación** Normativa nacional e internacional sobre salud y seguridad

«Dirige tu empresa o ella te dirigirá a ti.»

Benjamin Franklin

Control de tareas

Para cada tarea se fijan métricas e indicadores clave de resultados. Controlan, por ejemplo, cuánto se tarda en glasear y decorar un lote de *cupcakes*.

PASTELES ABC, S.A.

Recepción de mercancías
comprueba que las entregas son puntuales y cumplen con la calidad esperada.
Ver pp. 318-319.

Control de *stocks*
usa sistemas sofisticados para asegurar el nivel óptimo de inventario.
Ver pp. 316-317.

Producción
dispone de métricas para determinar la cantidad y la calidad de los *cupcakes*.
Ver pp. 314-315.

Marketing
compara el precio y la promoción del producto respecto de los de la competencia
Ver pp. 332-333.

Ventas
trabaja para hacer llegar los *cupcakes* al público objetivo definido para el producto.
Ver pp. 314-315.

Gestión de la capacidad

En términos productivos, la capacidad es la cantidad de trabajo que puede hacerse en un determinado tiempo. Lo ideal es que la capacidad coincida con la demanda del cliente, usando los recursos con la máxima eficiencia.

Cómo funciona

Cada empresa debe considerar cuánta capacidad necesita para operar, y cómo debe gestionarla tanto en el día a día como en el futuro. La dirección debe decidir cuál es su prioridad: dar un servicio excelente al cliente con una capacidad extra, fijando un precio alto a productos y servicios, o gestionar los recursos con eficiencia para conseguir un mejor ingreso por inversión, con el riesgo de decepcionar al cliente cuando la demanda supera la capacidad. Las empresas ofrecen incentivos para ayudar a gestionar la capacidad. Por ejemplo, los billetes de tren más baratos en horarios alternativos animan a los pasajeros a viajar fuera de la hora punta, evitándose la saturación de los trenes de primera hora de la mañana. Del mismo modo, muchas cadenas hoteleras no cobran un precio fijo por las habitaciones, sino que lo adaptan a la demanda para mantener la capacidad.

Decisiones de capacidad

La decisión fundamental es comprometerse con la demanda o con la capacidad; es decir, priorizar los clientes o la optimización de los costes operativos.

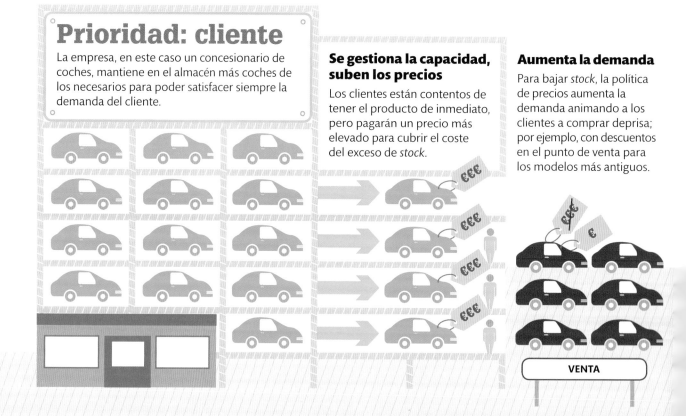

Prioridad: cliente

La empresa, en este caso un concesionario de coches, mantiene en el almacén más coches de los necesarios para poder satisfacer siempre la demanda del cliente.

Se gestiona la capacidad, suben los precios

Los clientes están contentos de tener el producto de inmediato, pero pagarán un precio más elevado para cubrir el coste del exceso de *stock*.

Aumenta la demanda

Para bajar *stock*, la política de precios aumenta la demanda animando a los clientes a comprar deprisa; por ejemplo, con descuentos en el punto de venta para los modelos más antiguos.

VENTA

EFECTO DE LA CAPACIDAD EN LA EMPRESA

Gestionar la capacidad es crucial para asegurar, por ejemplo, que una fábrica tenga el nivel de recursos adecuado para cumplir el calendario de producción. Afecta a muchas áreas, pues todas están interconectadas y cuestan dinero a la empresa:

❯ Tamaño de la fábrica u oficina

❯ Qué y cuánto equipamiento se necesita

❯ Niveles de personal

❯ Uso de la mano de obra: por ejemplo, trabajo por turnos

❯ Qué materiales usar, tamaño y frecuencia de los pedidos

❯ Niveles de inventario (*stock*)

❯ Calendario de producción

❯ Configuración de los procesos

❯ Tecnología de la información que se usa

✓ DEBES SABER

❯ **Capacidad potencial** Capacidad que se puede llegar a conseguir a largo plazo, un factor que afecta a las decisiones de inversión y al crecimiento empresarial

❯ **Capacidad inmediata** Capacidad máxima disponible a corto plazo

❯ **Capacidad efectiva** Capacidad total conseguible de modo realista cuando todos los recursos se usan de manera óptima

Prioridad: recursos

La empresa usa los recursos con la máxima eficiencia. Los desperdicios son mínimos, pero satisfacer la demanda es difícil porque se trabaja a plena capacidad y la producción no puede aumentar.

90 millones

son los iPhone 6 producidos por un fabricante para cubrir la demanda en 2014

Se gestiona la capacidad, el *stock* se mantiene bajo

Se adapta la producción a la demanda y el inventario se mantiene bajo para minimizar el gasto innecesario y los costes de almacenaje.

Demanda no satisfecha

La empresa no puede gestionar el aumento de la demanda, los clientes deben esperar a que la producción se ponga al día, y el negocio puede ir a parar a la competencia.

Inventario

Las firmas deben gestionar el inventario (*stock*) para satisfacer la demanda del cliente, aunque comercien online y carezcan de una tienda física. La optima gestión del inventario es un proceso complejo.

Cómo funciona

El *stock* puede incluir objetos terminados, en producción, y materias primas. El nivel adecuado es un equilibrio entre tener suficiente para satisfacer la demanda del cliente y tener demasiado, lo que resulta costoso en productos terminados, espacio de almacenaje y personal de almacén. El *stock* también puede perder valor si caduca o se vuelve invendible por culpa de los cambios en la moda o obsolescencia tecnológica. La gestión efectiva del inventario incluye sistemas y programas para predecir ventas, objetivos de producción y estado real del inventario, además del seguimiento físico y el manejo de los elementos. Los códigos de barras y las etiquetas de identificación de radiofrecuencia (RFID) han revolucionado la gestión de inventario, facilitando la monitorización de los niveles de *stock*.

Gestión del inventario

Una buena gestión de inventario exige un delicado equilibrio entre satisfacer al cliente y minimizar el riesgo de almacenar demasiado *stock*. En este ejemplo, una empresa de ropa gestiona el suministro de camisetas azules para un conjunto de tiendas y para la entrega directa a los clientes.

Previsiones de ventas

La empresa fija la producción en función de la demanda estimada.

Pedidos a los proveedores

La decisión sobre el nivel de materias primas en *stock* se basa en los plazos y la fiabilidad de los proveedores.

Producción

La calidad de las materias primas y los productos se comprueba en cada etapa de la producción.

Almacenaje menor

La empresa usa instalaciones más pequeñas para almacenar *stock*, por ejemplo, para satisfacer la demanda de temporada.

✔ DEBES SABER

❭ **FIFO (*first in, first out*)** Vender primero los elementos más antiguos (o registrarlos como vendidos a efectos contables)

❭ **LIFO (*last in, first out*)** Vender primero los elementos de producción más reciente (o registrarlos como vendidos a efectos contables)

❭ **SKU (*Stock-keeping unit*)** Código de referencia de cada elemento a efectos de inventario

❭ **Etiqueta RFID** Chip que permite el seguimiento a distancia de un producto con sensores de radio

142.000
elementos distintos fueron manejados en cualquiera de las sucursales de Walmart Supercenters en 2005

Almacén principal

La empresa puede tener un almacén central o un cierto número de almacenes más reducidos que se usan como centros de distribución.

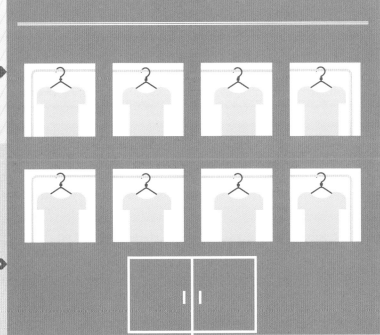

Entrega a los clientes

La entrega puntual forma parte de la experiencia global del cliente, sobre todo a medida que crece la compra online. El *stock* se comprueba con códigos de barras o etiquetas RFID.

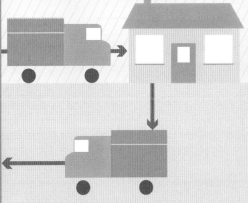

Devoluciones del cliente

Las devoluciones se comprueban con códigos de barras o etiquetas RFID, que incluyen el número de lote y otros datos.

Control de calidad

Existen procesos para asegurar que la empresa mantiene el nivel de calidad prescrito en sus productos o servicios. Se trata de un aspecto muy importante en los sectores en que la seguridad es crucial.

Cómo funciona

Las empresas miden y gestionan la calidad de sus productos según la normativa del país o sus propios estándares. Los controles se realizan en determinados puntos del proceso de producción, como cuando las materias primas llegan a la fábrica, durante la producción y antes de despacharse los bienes terminados al cliente. Para el control de calidad se inspecciona un porcentaje predeterminado de productos, y se aplican acciones correctoras para minimizar defectos futuros. Los sectores en los que la seguridad es primordial, como los de la alimentación, la ropa, los productos farmacéuticos, automóviles, trenes, aviones y construcción, están sujetos a parámetros muy estrictos de control de calidad. Algunos de ellos protegen a los trabajadores, por ejemplo si manejan productos químicos, mientras que otros protegen al consumidor.

El día a día del control de calidad

La higiene y la seguridad son esenciales en la industria alimentaria, como en este ejemplo de control de calidad en una fábrica que vende bocadillos preparados. Las muestras se controlan a lo largo de la cadena. Cualquier lapsus en la calidad no solo es un peligro para la salud, sino que también puede ser extremadamente dañino para la reputación de la empresa.

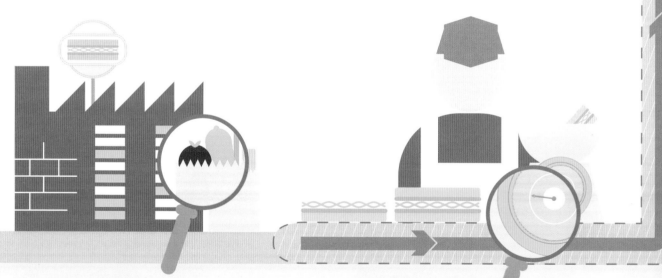

Entrega en fábrica

Antes de comenzar, se controlan el peso, los productos químicos, la ausencia de bacterias, el sabor y el aspecto de los ingredientes.

Cadena de montaje

Durante el montaje se evalúan el peso, la temperatura, la higiene y la apariencia visual.

EL SECTOR DE LA CONSTRUCCIÓN

Los procedimientos de seguridad estándares son obligatorios en los países desarrollados, e incluyen la organización de las obras y el material de trabajo adecuado, o el almacenaje de materiales; el uso de escaleras y andamios adecuados para trabajar en lugares altos, y la prevención de tropezones con la señalización de obstáculos, o en superficies irregulares o húmedas.

2.800

millones de libras es el valor del mercado de los bocadillos preparados en el Reino Unido

Estación de empaquetado

Se valoran las muestras para comprobar el sellado, la colocación de las etiquetas y la buena presentación global.

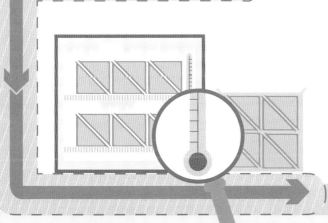

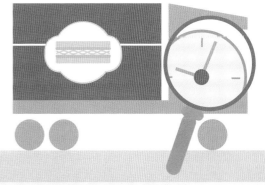

Almacenaje

Se comprueba la temperatura y se controlan muestras para asegurar que el sabor y la textura son los adecuados y no hay contaminación externa.

Transporte

Se comprueban la temperatura de los vehículos y los horarios de entrega para asegurar la frescura del producto.

Seis Sigma

Usado por las organizaciones para lograr productos y servicios prácticamente perfectos, Seis Sigma es un enfoque disciplinado, basado en los datos, para eliminar defectos en cualquier proceso.

Cómo funciona

La idea es que medir el número de defectos de un proceso permite saber cómo eliminarlos y acercarse el máximo a la perfección. Se forma a los participantes como expertos en distintos métodos y se crean equipos de cinturones negros, cinturones verdes y espónsores (*champions*). Cada proyecto Seis Sigma está meticulosamente documentado, sigue una secuencia de pasos definida y tiene objetivos medibles, como el aumento de la satisfacción del cliente o la reducción de costes. Para lograr la calidad Seis Sigma, un proceso de fabricación debe tener un 99,99966 % de resultados libres de defectos, o 3,4 partes defectuosas por millón.

PAPELES DE SEIS SIGMA

Los profesionales de Seis Sigma son expertos en la mejora de procesos. Ellos dirigen la implementación del cambio.

Primer Dan, o Maestro Cinturón Negro Forma y tutela a los cinturones negros y verdes; trabaja al más alto nivel, y desarrolla medidas clave y decisiones estratégicas

Cinturón Negro Lidera proyectos de solución de problemas; tutela equipos de proyectos, y les asigna papeles y funciones; forma a cinturones verdes

Cinturón Verde Lidera proyectos de cinturón verde; ayuda en la recopilación de datos y análisis en proyectos de cinturón negro

Espónsores Traducen la visión, misión y objetivos de la empresa para crear un plan de despliegue organizacional e identificar proyectos individuales

Líder Proporciona el alineamiento global estableciendo el enfoque estratégico del programa Seis Sigma en el contexto de la cultura de la organización y su visión de lo que un cliente ve y siente

5

Controlar

Realizar un análisis anterior y posterior; monitorizar sistemas; documentar resultados; dar recomendaciones para los pasos siguientes.

4

Mejorar

Implementar mejoras y atacar las causas originales de los problemas importantes.

320
millones de dólares ahorrados por General Electric con Seis Sigma en 1997

1
Definir
Definir el objetivo y el alcance del proyecto; identificar procesos a mejorar, determinar las necesidades y beneficios del cliente.

Búsqueda de la perfección
La metodología DMAMC (Definir, Medir, Analizar, Mejorar, Controlar) es una parte integral de Seis Sigma. Se utiliza para mejorar los procedimientos empresariales existentes que no alcanzan los objetivos y en los que pueden hacerse mejoras paso a paso.

2
Medir
Basarse en datos sobre procesos actuales; localizar lugares problemáticos e incidentes; identificar áreas de mejora potencial.

3
Analizar
Identificar las causas de los problemas y comprobarlas usando datos; determinar las mejoras precisas necesarias.

CAMPEONES
Motorola usó la calidad Seis Sigma como objetivo para sus operaciones; el presidente ejecutivo Jack Welch la convirtió en parte central de la estrategia de General Electric en los noventa; Dell utiliza una forma de Seis Sigma desde 2000 y actualmente es un modelo para muchos otros negocios.

2/3
de las empresas del Fortune 500 en EE.UU. habían seguido iniciativas Seis Sigma a finales de los noventa para mejorar la calidad y reducir costes

Cadena de suministro

En el trayecto que va de la materia prima al producto final en manos del cliente, toda empresa necesita una cadena de suministro eficiente. La gestión de esta cadena implica a distintas organizaciones, personas, actividades y recursos, para convertir, por ejemplo, el maíz recién cosechado en un paquete de copos de desayuno en la mesa del consumidor. La empresa puede externalizar parte de la cadena a otras firmas, y puede deslocalizar actividades, muy a menudo funciones administrativas.

Gestión de la cadena de suministro

La cadena de suministro tradicional convierte las materias primas y los recursos en un producto acabado para el consumo. La empresa debe gestionar los costes y asegurar los estándares, prestando especial atención a la protección de las personas y el medio ambiente, desde el pago de sueldos justos hasta la producción de embalajes reciclables. Es un sector muy importante: 4,2 millones de personas trabajan en almacenaje y transporte solo en Estados Unidos.

Materias primas y recursos
Una plantación puede ser el origen de las materias primas.

Proveedor y procesador
Las materias primas se procesan a menudo cerca del lugar de origen.

Fabricante
Las empresas organizan los recursos para fabricar los productos, a menudo cerca del cliente.

688.000 millones $

fue el coste de transporte de la cadena de suministro en EE.UU. en 2009

AMPLIAR LA CADENA

❯ **Valor añadido** Se puede intentar añadir valor a lo largo de la cadena, en vez de considerarla solo un modo de transportar un producto de A a B. Ver *pp. 324–325.*

❯ **Delegación de funciones** Para ahorrar y obtener conocimientos especializados, se pueden externalizar actividades y/o encargarlas a empresas locales o a una sucursal propia en el extranjero. Ver *pp. 326–329.*

❯ **Devoluciones** La cadena de suministro requiere un sistema eficiente de gestión de los productos devueltos por el consumidor. *Ver pp. 330–331.*

❯ **Factor competitivo** En cada etapa, la empresa compara sus resultados con los competidores para ver cómo puede mejorar. *Ver pp. 332–333.*

❯ **Ética y medio ambiente** Asumir la responsabilidad de evitar la contaminación y proteger los derechos de los trabajadores es parte del negocio. *Ver pp. 334–335.*

Distribución

Los productos terminados se llevan a los almacenes o a las tiendas.

Tienda

La tienda exhibe los productos e intenta atraer al consumidor.

Consumidor

El consumidor disfruta del producto terminado, e idealmente recicla el embalaje.

Cadena de valor

Más que considerar la cadena de suministro como una simple serie de actividades, se busca cada vez más cuál es el valor que crea cada etapa del proceso. Reducir costes o aumentar la producción son la clave.

Cómo funciona

El profesor de la Harvard Business School Michael Porter introdujo el concepto de «cadena de valor» en su libro *Ventaja competitiva*. Las organizaciones realizan muchas actividades (incluso centenares) en el proceso de convertir las materias primas (inputs) en productos o servicios (outputs). Estas se pueden clasificar generalmente entre primarias o de apoyo. La idea de la cadena de valor es que el modo en que se realizan las actividades determina los costes, y por lo tanto los beneficios. Cada eslabón de la cadena se debe comunicar de forma clara y con rapidez con otros departamentos. Por ejemplo, marketing y ventas deben realizar previsiones precisas de ventas y transmitirlas con el tiempo suficiente para que aprovisionamiento compre el tipo y la cantidad correctos de materias primas, y este departamento a su vez deberá trabajar con logística para organizar la recepción.

La cadena de valor de Porter

Las actividades primarias crean o entregan un producto o servicio, mientras que las de apoyo mejoran la eficiencia. Para aplicar la cadena de valor, se debe identificar cada actividad y rebajar su coste o diferenciarla de la competencia para añadirle valor.

ACTIVIDADES PRIMARIAS Cada departamento debe cooperar y dar la información necesaria sobre las actividades de la cadena de valor para lograr beneficio.

Logística entrante

Relaciones con los proveedores, y todas las actividades de recepción, almacenaje y asignación de inputs

Operaciones

Actividades necesarias para transformar inputs en outputs

CASO DE ESTUDIO

Cadena de valor de Pizza Hut

Su mayor activo es que simplificó el complejo proceso de preparar una pizza en unos simples pasos que alguien sin experiencia puede hacer.

❯ **Logística entrante** Compra global de los ingredientes

❯ **Operaciones** Se centra en países en que se valora la comida italiana, con franquicias con personal local

❯ **Logística saliente** Servicio en el restaurante y entrega a domicilio

❯ **Marketing** Diferenciado de otras cadenas de pizza

❯ **Servicio** Buenas pizzas a un precio razonable

ACTIVIDADES DE APOYO Aunque no afecten directamente a los resultados, estas actividades mejoran la eficiencia y el éxito de funcionamiento.

Infraestructura de la empresa

Gestión de recursos humanos

Desarrollo tecnológico

Aprovisionamiento

CADENA DE VALOR ONLINE

Más de una cuarta parte de la población mundial usa internet para comprar, hacer gestiones bancarias, compartir fotos o ver la televisión. De gestionar tanto volumen se ocupa una compleja cadena de valor compuesta por firmas globales y locales con activos tan diversos como los derechos de contenidos, infraestructura de comunicaciones y TI, software y marcas globales.

1,9

millones de dólares fueron los ingresos de la cadena de valor de internet en EE.UU., en 2008

Logística saliente

Actividades necesarias para recoger, almacenar y distribuir la producción

Marketing y ventas

Actividades para informar a los compradores, convencerlos para que compren y facilitar la transacción

Servicio

Actividades para que el producto funcione perfectamente cuando lo reciba el comprador

MARGEN DE BENEFICIO
El beneficio equivale a la disposición del cliente a pagar más que la suma de todas las actividades de la cadena de valor.

Funciones como la contabilidad, el departamento legal, finanzas, planificación, relaciones públicas y control de calidad

Actividades relacionadas con las personas: contratación, formación, desarrollo, compensación y despido

Equipamiento, hardware, software, procedimientos y conocimientos técnicos usados en la transformación de inputs en outputs

Adquisición de inputs (materias primas) para la empresa

Externalización

Algunas empresas prefieren contratar proveedores externos para hacer el trabajo, en vez de completar las tareas internamente. Encargar una parte o toda la producción o servicio a un tercero aumenta la flexibilidad.

Cómo funciona

La externalización (*outsourcing*, en su término inglés) creció en los años ochenta porque las empresas buscaban ahorrar en costes contratando actividades periféricas a terceras partes. Pero hoy en día sirve de mucho más que para reducir costes. Es una herramienta estratégica cada vez más importante en la economía global del siglo XXI. Algunas empresas externalizan elementos del proceso de producción, para facilitar funciones como la contabilidad o porque carecen de ciertos conocimientos o capacidades especializadas. La externalización puede hacerse a una empresa que esté en el mismo país o en el extranjero. La rápida expansión de las redes logísticas y de la tecnología de la información ha facilitado el procedimiento, acelerando su crecimiento a lo largo de la última década.

EMPRESAS ENCUESTADAS (%)

100 — 90 — 80 — 70 — 60 — 50 — 40 — 30 — 20 — 10 — 0%

Razones principales para externalizar

El crecimiento y el éxito de muchas empresas se basa en la externalización. Algunas firmas se preguntan: ¿por qué hacerlo nosotros mismos, si otros pueden hacerlo más deprisa, mejor, o más barato? Las organizaciones reconocen que usar habilidades, capacidades y conocimientos externos abre oportunidades. Algunas firmas actuales se centran solo en el negocio principal. En una encuesta global, esta fue citada como una de las razones principales para externalizar.

36%
Costes más bajos
Un proveedor permite beneficiarse de economías de escala

36%
Centrarse en lo principal
La empresa puede identificar y priorizar su actividad principal

13%
Mejorar la calidad
La organización externa contratada para entregar un producto o servicio de calidad

✓ DEBES SABER

❯ **Externalización** Subcontratar un trabajo a otra empresa o comprar componentes para un producto en vez de fabricarlos

❯ **Deslocalización** Trasladar la base de operaciones a un país extranjero, donde los costes de mano de obra son más baratos

❯ **Estructura de red** Tarea u operación realizada por otra firma, que puede estar en el mismo país, en un territorio adyacente o en el extranjero, dentro de una estructura de red de organizaciones

El **90%** de las empresas del mundo dicen que externalizar es crucial para el crecimiento

EJEMPLOS DE TAREAS QUE SE PUEDEN EXTERNALIZAR

Externalizar ciertas tareas dentro de una empresa permite centrarse en las actividades principales, lo que ayuda a generar crecimiento e ingresos. Algunas tareas son más adecuadas que otras debido a factores como la experiencia, cuánto tiempo consume una tarea, y qué grado de interacción personal requiere. Las operaciones de TI, por ejemplo, pueden ser muy caras y requieren especialización, así que pueden gestionarse fácilmente a distancia. Los recursos humanos, en cambio, se adecuan mejor a una gestión interna.

10%
Reducir el tiempo de llegar al mercado
El conocimiento externo a menudo permite plazos de entrega más reducidos

4%
Alentar la innovación
Libera capacidades internas y aporta conocimientos y nuevas ideas

1%
Ahorrar capital
Libera capital que puede invertirse en áreas de crecimiento

MOTIVO

Deslocalización

Trasladar empleos fuera del país de origen de una empresa se llama deslocalización. La empresa emplea a personas en otro país para algunas funciones, o el trabajo se externaliza a otra empresa en el extranjero.

Cómo funciona

La deslocalización (*offshoring*) creció en la década de 1980, cuando las empresas occidentales con alto coste de mano de obra vieron que podían ahorrar fabricando en países con sueldos más bajos. Los servicios de TI hicieron pronto lo mismo, gracias a internet. Sin embargo, ahora las empresas están reconsiderando esta estrategia, a causa de factores como la necesidad de estar cerca de los consumidores, el poco aprecio que el consumidor siente por los *call centers* extranjeros, el alto índice de paro en Occidente tras la crisis de 2008, la equiparación global de sueldos y el incremento de los costes de transporte. Algunas compañías se resitúan en países vecinos, como las de Estados Unidos, que se instalan en Canadá, o las de la UE, en el este de Europa, o bien devuelven las actividades al país de origen.

Expertos globales

La deslocalización comenzó en la India y este país sigue siendo líder. Las empresas de externalización de TI y procesos de negocio del país emplean a más de 2,2 millones de personas y valen más de 100.000 millones de dólares. Otras regiones se especializan en otras áreas; por ejemplo, el este de Europa en servicios de TI.

Ejemplos de externalización

CLAVE

- Banca
- TI
- Tecnología
- Soporte técnico
- Servicios financieros
- Diseño
- Tareas administrativas
- Software
- Seguros
- *Call centers*
- Ingeniería
- Fabricación
- Investigación y desarrollo
- Procesos de negocio
- Atención al cliente

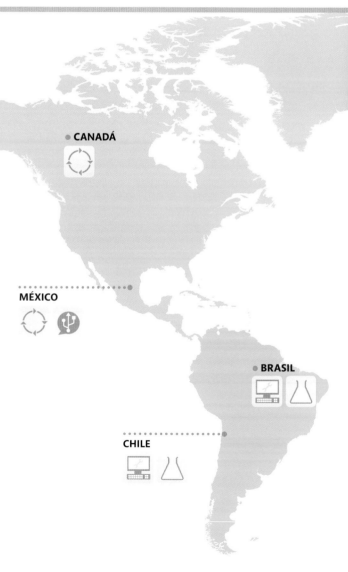

CANADÁ

MÉXICO

BRASIL

CHILE

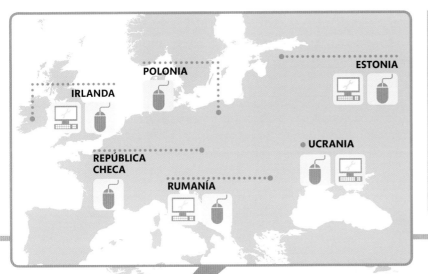

LA INDIA: LÍDER EN DESLOCALIZACIÓN

América y Europa son los clientes principales de la India y conforman el 60 y el 31% respectivamente de las exportaciones de TI y procesos empresariales. Entre los servicios se encuentran los financieros (41%), alta tecnología y telecomunicaciones (20%), fabricación (17%) y venta (8%).

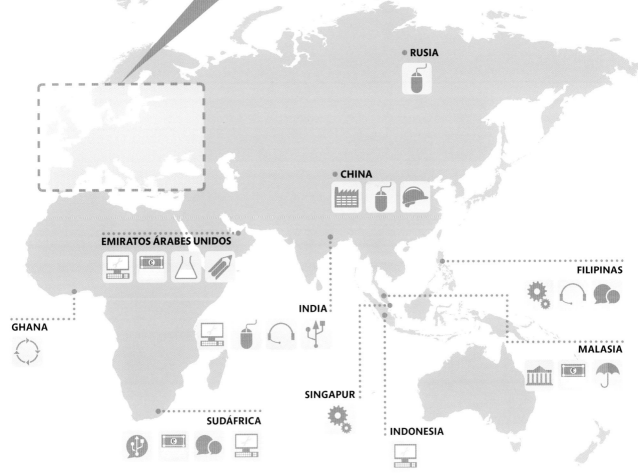

Suministro inverso

La cadena de suministro lleva un producto al consumidor. La cadena de suministro inverso consiste en retirar un producto no deseado o usado por un cliente y deshacerse de él, reciclarlo o revenderlo.

Cómo funciona

Las empresas deben hacer más que entregar un producto al cliente. Hoy, una cadena de suministro inverso es esencial para satisfacer a los consumidores, especialmente por el número creciente de ventas online. También los fabricantes, en sectores que van de las alfombras a los ordenadores, pueden necesitar el suministro inverso para reciclar productos y cumplir con la normativa medioambiental. Así, deben gestionar productos devueltos por el consumidor, productos que no se han vendido y son devueltos por el distribuidor, o productos que llegan al final de su vida útil y cuya eliminación está sujeta a normas medioambientales.

Logística inversa

El coste para las empresas del suministro inverso es enorme. Por ejemplo, en Estados Unidos, las estadísticas de la Reverse Logistics Association indican que el volumen anual de devoluciones del consumidor se estima en 150.000-200.000 millones de dólares. Ello representa aproximadamente el 0,7% del producto nacional bruto, y un 6% del total de ventas al por menor, que ascienden a 3,5 billones de dólares.

DEVOLUCIONES DE CLIENTES

Los minoristas Sears y JCPenney fueron los primeros en Estados Unidos que permitieron a los consumidores devolver productos sin penalización alguna. Este paso pionero a finales del siglo XIX animó a la gente a comprar en sus tiendas y ayudó a construir una clientela fiel. En España, El Corte Inglés fue pionero con su clara política de devolución. El lema de estos grandes almacenes, que data de los años sesenta, es claro: «Si no queda satisfecho, le devolvemos su dinero».

Se ruega devolver antes de 28 días

Retirada

Las empresas pueden disponer de procesos para la retirada de elementos no deseados, ya sea de los consumidores o de las tiendas.

El reciclaje o el eventual reacondicionamiento deben tenerse en cuenta desde las primeras decisiones de diseño y fabricación.

Gestión de eliminación

DEBES SABER

> **Residuos electrónicos**
Dispositivos eléctricos o electrónicos no deseados, que no funcionan, o que están obsoletos

> **Almacenamiento** Funciones administrativas y físicas necesarias para el almacenaje de bienes, sea para venderlos o para retirarlos

El **32**%
del valor de un producto original podría recuperarse con el uso de un sistema de logística inversa bien gestionado

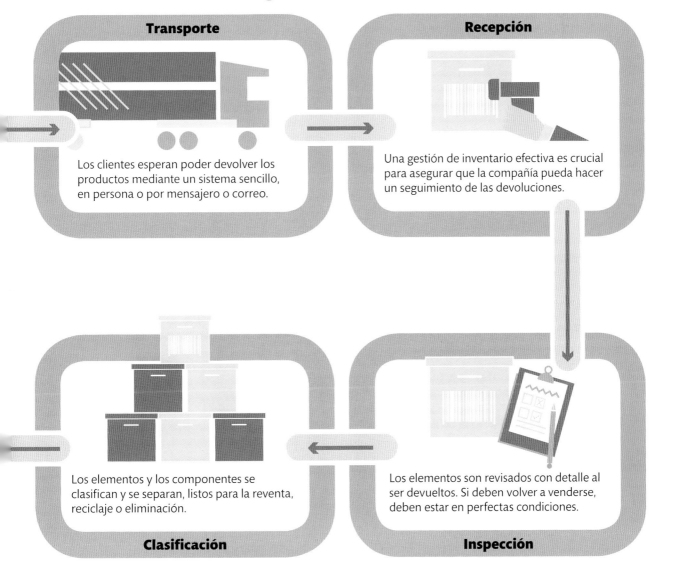

Transporte

Los clientes esperan poder devolver los productos mediante un sistema sencillo, en persona o por mensajero o correo.

Recepción

Una gestión de inventario efectiva es crucial para asegurar que la compañía pueda hacer un seguimiento de las devoluciones.

Los elementos y los componentes se clasifican y se separan, listos para la reventa, reciclaje o eliminación.

Los elementos son revisados con detalle al ser devueltos. Si deben volver a venderse, deben estar en perfectas condiciones.

Clasificación

Inspección

Benchmarking

Las empresas usan el *benchmarking*, o comparativa de mercado, para mejorar su eficiencia, comparando sus resultados con los de otras. El objetivo es identificar y aprender de las mejores prácticas.

Cómo funciona

Para mejorar resultados, una empresa puede mirar fuera de su organización, sector o país y explorar los niveles de resultados de los demás e identificar cómo los han logrado. Las áreas de la comparativa incluyen coste por unidad, índices de clientes, sueldos y beneficios.

La evaluación tiene en cuenta una serie de factores, como la capacitación, las plataformas tecnológicas y los equipos de fabricación. Por ejemplo, la Fórmula 1 se usa a menudo como comparativa para el trabajo en equipo, pues los mecánicos han perfeccionado el cambio de cuatro ruedas en menos de tres segundos.

El proceso de *benchmarking*

La comparativa de mercado pasa por varias etapas antes de que una empresa pueda observar un ahorro en los costes y un incremento de eficiencia.

La empresa es propietaria de un edificio comercial

Identificar la necesidad de comparar

En este ejemplo, una empresa desea mejorar su eficiencia energética.

Comparar con la competencia

La empresa reúne información de sistemas y costes ajenos.

La empresa monitoriza la energía y el ahorro

Monitorización

Mide cuánto han bajado los costes de energía y cómo funciona el nuevo sistema de iluminación.

La empresa sustituye la iluminación

LAS REDES SOCIALES LO PONEN FÁCIL

Hoy en día es más fácil que nunca recoger datos sobre los competidores. Las redes sociales proporcionan datos sobre las preferencias del cliente, marcas y campañas de otras organizaciones. Las herramientas de trabajo están disponibles para simplificar la comparativa a través de muchos canales.

El **49%** de las empresas de 44 países usaron *benchmarking* de resultados en 2008

Se consulta el uso de energía de edificios similares

Analizar las diferencias
Descubre que una empresa parecida tiene un impacto ambiental menor.

El edificio de la competencia es más eficiente

CO_2

CO_2

La empresa hace una auditoría energética de su edificio

Implementar cambios
Cambia la iluminación por la que usa la empresa más eficiente de la encuesta.

Identificar los cambios necesarios
Examina su propio uso de energía para ver cómo podría mejorarse.

Responsabilidad social corporativa

Hoy las empresas no deben limitarse a proteger el entorno, las personas o sus comunidades, sino comprometerse en la construcción de una sociedad mejor. Eso se llama responsabilidad social corporativa (RSC).

Cómo funciona

Para una empresa, la RSC es algo más que cumplir con las normativas nacionales o internacionales, la gestión de riesgos o la filantropía corporativa: debe ser parte consustancial de cada aspecto de las operaciones, y ayudar a crear una organización sostenible. La empresa debe ser competitiva y dar beneficios, pero también debe evitar adoptar decisiones que busquen solo beneficio a corto plazo. Debe considerar el impacto futuro en la sociedad, el medio ambiente, y un amplio abanico de grupos de interés. Las compañías actuales informan anualmente sobre su RSC y se someten a comparaciones y clasificaciones respecto a la competencia.

Comunidad
Viviendas, salud, infraestructura, colaboración con instituciones locales, iniciativas de suministro local, educación, capacitación, empleo local

97

de las 100 empresas británicas del FTSE informaron sobre RSC en 2011

Medio ambiente
El impacto medioambiental de la empresa, incluidos reciclaje, gestión de aguas y de residuos, uso energético y transporte

Mano de obra

Seguridad en el puesto de trabajo, salud y bienestar, diversidad, igualdad de oportunidades, aprendizaje y desarrollo, y políticas y prácticas éticas

Proveedores

Comercio justo, ética de cadena de suministro y sostenibilidad (incluido el uso de mano de obra infantil); código de conducta y políticas de transporte

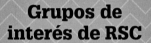

Grupos de interés de RSC

Deben considerarse una serie de áreas de negocio al evaluar la RSC de una empresa, desde cómo afecta a las personas que trabajan en y para la empresa hasta las implicaciones más amplias sobre el medio ambiente y la comunidad

Operaciones

Comercio ético, incluidos prácticas de marketing y precios, gestión de clientes, informes financieros, políticas y valores

CASO DE ESTUDIO

Comercio justo

Muchos consumidores esperan que las empresas a las que compran el café actúen éticamente. Una campaña en 2000 presionó a Starbucks para que sirviera café de comercio justo. Se quería conocer la cadena de suministro del café y las condiciones de los recolectores, en su mayoría indígenas. Comercio Justo es una organización que asegura que los recolectores reciben un precio justo por sus cosechas, además de un plus para mejorar las prácticas agrícolas. El café fue uno de los primeros productos en llevar la marca Comercio Justo.

Cómo funciona una empresa

La legislación española permite realizar la actividad económica en distintas formas, cada una de ellas con obligaciones y niveles de capital inicial, trámites y responsabilidad específicos.

Empresario individual o autónomo

Ser empresario individual es la forma más sencilla de comenzar una actividad por cuenta propia. No requiere capital inicial, más allá del que se necesite para el negocio en sí, y apenas requiere más trámites que dar de alta la actividad ante la Agencia Tributaria a efectos del Impuesto de Actividades Económicas (IAE), que está exento de pago, y afiliarse al régimen de trabajadores autónomos de la Seguridad Social. Esta forma no limita las actividades ni la posibilidad de contratar servicios o incluso trabajadores, pero el autónomo se hace responsable con su patrimonio de cualquier pérdida o deuda contraída en su actividad.

Sociedad civil

Se trata de una sociedad sin personalidad jurídica propia en la que dos o más personas se reúnen para colaborar en una actividad conjunta. Los socios pueden ser capitalistas, si aportan bienes o dinero a la actividad, o industriales, si aportan trabajo. Se trata de una forma adecuada, por ejemplo, en el caso de un trabajador que necesita apoyo económico de un socio que no puede dedicarse al negocio pero quiere participar de sus beneficios y no limitarse al cobro de intereses. Como en el caso anterior, los socios se hacen responsables de las pérdidas de manera ilimitada con su patrimonio.

Sociedades mercantiles

En cuanto a su estatuto legal, una sociedad mercantil se diferencia del empresario individual y de la sociedad civil en dos aspectos principalmente. En primer lugar, los activos de la empresa pertenecen a la compañía, y no a sus directivos o a sus accionistas. También las deudas corresponden a la empresa, y los directivos no son personalmente responsables de las mismas, salvo en casos de administración desleal. Existen dos tipos principales de sociedades mercantiles más comunes:

Sociedad limitada (SL)

Se trata de un tipo de sociedad que requiere un capital social mínimo de 3.005,06€. La propiedad de la empresa se divide en participaciones, que corresponden a cada socio en proporción a su aportación, y que salvo acuerdos específicos otorgan igual proporción de derechos de voto en la gestión de la empresa. A diferencia de empresarios individuales y sociedades civiles, las sociedades limitadas deben estar inscritas en el Registro Mercantil, tienen mayores obligaciones de información y al final de cada ejercicio deben presentar sus cuentas anuales.

Sociedad anónima (SA)

Esta es la forma mayoritaria de las empresas de gran dimensión. Si bien una gran empresa podría operar técnicamente bajo la forma de una sociedad limitada lo más frecuente es que adopte la forma de sociedad anónima. En este tipo de sociedad, que requiere un desembolso mínimo de capital inicial de 60.101,21 €, la propiedad se divide en acciones, que pueden mantenerse privadamente o bien negociarse en bolsa. Los requisitos legales y contables son mucho más estrictos que en el caso de una sociedad limitada, pues es fundamental que los accionistas dispongan de información independiente. Por ello, las cuentas anuales son revisadas por auditores externos.

Sociedades unipersonales

Tanto una sociedad anónima como una sociedad limitada pueden ser propiedad de una sola persona, física o jurídica. En tal caso, es obligatorio añadir a la denominación la palabra «unipersonal».

Tributación

Los trámites principales que deben realizarse en España ante la Administración tributaria son los siguientes:

Declaraciones del IVA

Presentación trimestral (modelo 303) y resumen anual (modelo 390).

Declaraciones de ingresos

Si se tributa por IRPF (autónomos y sociedades civiles), deben hacerse pagos fraccionados a cuenta (modelos 130 en estimación directa y 131 en módulos), además de la declaración anual del IRPF (modelo D-100).

Si se tributa por el Impuesto sobre Sociedades (sociedades mercantiles), deben hacerse pagos fraccionados a cuenta (modelo 202), y la declaración anual del Impuesto sobre Sociedades (modelo 200).

Pagos sometidos a retención

Presentación y pago trimestral (modelo 111) y resumen anual (modelo 190), por las retenciones por IRPF de empleados o de servicios profesionales, o por el abono de rendimientos del capital mobiliario.

Operaciones con terceros

Presentación de la declaración anual de operaciones con terceros, cuando en el año anterior se hayan realizado operaciones con otra persona o entidad por importe superior en conjunto a los 3.006 € (modelo 347).

Presentación de cuentas anuales

Las sociedades anónimas y las de responsabilidad limitada, y, en general, cualesquiera otros empresarios, que en virtud de disposiciones vigentes estén obligados a dar publicidad a sus cuentas anuales deben presentar estas para su depósito en el Registro Mercantil de su domicilio, dentro del mes siguiente a su aprobación. Los demás empresarios inscritos pueden solicitar también el depósito de sus cuentas debidamente formuladas.

ORGANIZACIONES Y RECURSOS

Algunos recursos básicos para obtener información y realizar los distintos trámites empresariales:

Agencia Tributaria

Mediante su sede electrónica pueden realizarse todos los trámites tributarios y consultarse la normativa vigente.
http://www.agenciatributaria.es

Seguridad Social

Gestión e información sobre el alta y los trámites relativos a cotizaciones, pensiones y prestaciones.
http://www.seg-social.es

Apoyo a empresas y startups

Existen numerosas iniciativas de apoyo a emprendedores, empresas y startups. Algunas de las principales son:

Madrid Emprende Agencia del Ayuntamiento de Madrid para la promoción de la actividad económica y el emprendimiento.
http://www.madridemprende.com

Barcelona Activa La agencia del Ayuntamiento de Barcelona fundada en 1986 para impulsar el crecimiento económico apoyando a las empresas, el emprendimiento y el empleo.
http://www.barcelonactiva.cat

CDTI Promueve la innovación y el desarrollo tecnológico de las empresas y canaliza las solicitudes de financiación y apoyo a los proyectos empresariales de I+D+i.
http://www.cdti.es

Impuesto sobre Sociedades

En la Ley 27/2014, de 27 de noviembre, del Impuesto sobre Sociedades (texto consolidado) pueden consultarse los distintos supuestos aplicables a cada tipo de empresa.
http://www.boe.es/buscar/act.php?id=BOE-A-2014-12328

Regímenes especiales

Algunos territorios tienen en ciertos aspectos regímenes especiales, como el País Vasco y Navarra (régimen foral, en el que recaudan directamente los impuestos), o Canarias, Ceuta y Melilla (territorios excluidos del IVA).

Cómo funcionan las finanzas

El Plan General Contable constituye el desarrollo reglamentario, en materia de cuentas anuales individuales, de la legislación mercantil para elaborar la información económico-financiera de las empresas.

Las sociedades mercantiles deben atender a una serie de requisitos para cumplir las obligaciones que marca la ley en cuanto a la preparación y la difusión de sus cuentas y otros informes financieros:

❯ Conservar los libros, facturas y registros contables para su consulta en caso de inspección (según el art. 30 del Código de Comercio, durante un periodo de 6 años desde el último asiento realizado en los libros).

❯ El plazo en que deben conservarse a efectos de la Administración tributaria es solo de 4 años, que es el plazo máximo de prescripción de los impuestos.

❯ Distribuir la memoria anual entre los partícipes o accionistas, con las cuentas y estados financieros.

❯ Presentar sus resultados a final de ejercicio a efectos de pago del Impuesto sobre Sociedades.

❯ Inscribir sus cuentas anuales en el Registro Mercantil.

Otros aspectos legales relacionados con la información son los que definen los procedimientos de auditoría de cuentas, que se aplican a las empresas de determinada dimensión y a aquellas que cotizan en bolsa, estando las pymes exentas de buena parte de estas obligaciones.

Plan General Contable

El Plan General Contable (PGC), aprobado por el Real Decreto 1514/2007, de 16 de noviembre, constituye el desarrollo reglamentario, en materia de cuentas anuales, de la legislación mercantil para elaborar la información económico-financiera de las empresas y armonizar esta información a nivel europeo, con su adecuación a las Normas Internacionales de Información Financiera (NIIF).

Pymes

Si bien el PGC es la norma de información contable y financiera en España, y es obligatorio para todas las empresas con independencia de su forma jurídica, las pymes pueden aplicar una versión especial del mismo. Estas pueden acogerse voluntariamente al Plan General de Contabilidad de Pymes siempre que cumplan los requisitos para formular balance y estado de cambios en el patrimonio neto abreviados; es decir, que durante dos ejercicios consecutivos reúnan al cierre de cada uno de ellos al menos dos de las siguientes circunstancias:

❯ El total de activo no supere los 2.850.000€.

❯ El importe neto de la cifra de negocio no supere los 5.700.000€.

❯ No tengan más de 50 trabajadores.

Una pyme, sin embargo, estará obligada a aplicar la versión común del PGC en caso de que:

❯ Tenga valores admitidos a negociación en un mercado regulado de la UE.

❯ Forme parte de un grupo de sociedades que formule o deba formular cuentas anuales consolidadas.

❯ Su moneda funcional sea distinta del euro.

❯ Sea una entidad financiera.

Si forma parte de un grupo de empresas, para la cuantificación de estos límites deberá considerarse la suma de los de las sociedades del grupo.

Microempresas

El PGC prevé asimismo unos criterios específicos para microempresas, que podrán aplicar las que, habiendo optado por aplicar el PGC de Pymes durante dos ejercicios consecutivos, reúnan al término de cada uno de ellos al menos dos de las siguientes circunstancias:

❯ El total de activo no supere 1.000.000€.

❯ El importe neto de la cifra de negocio no supere los 2.000.000€.

❯ No tengan más de 10 trabajadores.

Si forman parte de un grupo de empresas se actuará según lo indicado más arriba para las pymes.

Cuentas anuales

De acuerdo con las indicaciones del PGC, las cuentas anuales deben comprender los siguientes elementos:

❯ Balance de situación.
❯ Cuenta de pérdidas y ganancias.
❯ Estado de cambios en el patrimonio neto.
❯ Estado de flujos de efectivo.
❯ Memoria.

El estado de flujos de efectivo no es obligatorio para las empresas que puedan formular balance, estado de cambios en el patrimonio y memoria abreviados.

Ejercicio contable

El ejercicio contable es el periodo de tiempo que transcurre entre dos balances anuales sucesivos. En general coincide con el ejercicio económico que la empresa establece para evaluar sus resultados (aunque ello no sea obligatorio) y depende mucho del sector y las características de la empresa: por ejemplo, un centro educativo lo hará coincidir con el calendario escolar, y una empresa agrícola con el ciclo anual de las cosechas.

Fiscalmente, tendrá siempre un año de duración, salvo en los ejercicios de creación o disolución de la empresa, en los que salvo casos excepcionales será inferior. Si se cambia, debe comunicarse a Hacienda.

Salida a bolsa

Bolsas y Mercados Españoles (BME) es la entidad que gestiona los mercados de valores en España (las bolsas de Madrid, Barcelona, Bilbao, Valencia, Latibex y el Mercado Alternativo Bursátil). Para que las acciones de una empresa sean admitidas debe cumplir que:

❯ La empresa tenga un capital mínimo de 1.202.025€, sin contar el de los socios que tengan más de un 25%.
❯ Haya obtenido beneficios en los dos últimos ejercicios, o en tres no consecutivos de un periodo de cinco, suficientes para repartir un dividendo del 6%.
❯ Tras la colocación haya al menos 100 accionistas con una participación individual inferior al 25%.

ORGANIZACIONES Y RECURSOS

Información financiera

El Instituto de Contabilidad y Auditoría de Cuentas es el organismo competente en contabilidad, planificación y normalización contable y control de la actividad auditora.
http://www.icac.meh.es

El Registro Mercantil Central reúne la información de los registros mercantiles, ante los que las empresas deben presentar sus cuentas anuales, y la hace accesible.
http://www.rmc.es

La Asociación Española de Contabilidad y Administración de Empresas (AECA) es la institución profesional emisora de Principios y Normas de Contabilidad Generalmente Aceptados y estudios sobre buenas prácticas de gestión.
http://www.aeca.es

La Fundación del International Financial Reporting Standards (IFRS) es una organización independiente sin ánimo de lucro dedicada al desarrollo de normas estándares.
http://www.ifrs.org

Organizaciones empresariales

La Cámara de Comercio de España agrupa las distintas cámaras de comercio, industria y navegación del país, que apoyan y asesoran la actividad empresarial.
http://www.camara.es

La Confederación de Organizaciones Empresariales (CEOE) representa a la patronal ante la Administración y la opinión pública.
http://www.ceoe.es

Bolsa española

La Comisión Nacional del Mercado de Valores (CNMV) es el organismo encargado de la supervisión e inspección de los mercados de valores españoles y de la actividad de cuantos intervienen en los mismos.
http://www.cnmv.es

Bolsas y Mercados Españoles (BME) ofrece información legal y sobre los requisitos y trámites para la salida a bolsa, así como un plan de formación para accionistas.
http://www.bolsasymercados.es
http://www.institutobme.es

Cómo funcionan marketing y ventas

Las actividades de marketing y promoción de las ventas están reguladas en España por la legislación de defensa de la competencia y protección de los consumidores, y por códigos sectoriales de buenas prácticas.

Las legislaciones española y europea marcan una serie de limitaciones en relación con la acción publicitaria y definen la obligación de que las comunicaciones públicas de marketing y ventas sigan determinadas normas. Así ciertos sectores «sensibles», como el farmacéutico, el de los productos pediátricos o la alimentación, ven muy limitado el tipo de mensajes y afirmaciones que pueden lanzarse en un anuncio, mientras que en otros casos, como ciertas bebidas alcohólicas o el tabaco, publicidad y patrocinio de eventos deportivos y culturales están prohibidos y los mismos productos deben incluir avisos al consumidor sobre los riesgos de su consumo.

A fin de garantizar el cumplimiento de la normativa y las buenas prácticas en la publicidad, las mismas empresas crearon en 1995 Autocontrol, una entidad de autorregulación de la industria, que elabora códigos de conducta publicitaria generales o sectoriales:

❯ Código de Conducta Publicitaria, basado en el Código Internacional de Prácticas Publicitarias de la Cámara Internacional de Comercio.
❯ Código Ético de Confianza Online, sobre el comercio electrónico a través de internet y otros medios.
❯ Códigos sectoriales: perfumes y cosméticos, juego, promoción y publicidad de medicamentos, dietética infantil, servicios online de búsqueda de pareja, publicidad ecológica, nutrición enteral, tecnología sanitaria, videojuegos, investigación de mercados y opinión, defensa de la marca, bebidas espirituosas o cervezas.

Protección de datos personales

El uso que las empresas hacen de los datos que recogen de clientes y usuarios, ya sea en el comercio electrónico o en el tradicional, está regulado en España de manera muy estricta por la Ley Orgánica de Protección de Datos (LOPD). Esta ley marca lo que las empresas pueden y no pueden hacer en relación con el uso de dichos datos, establece procedimientos muy claros y estipula sanciones por su incumplimiento que pueden llegar a ser muy importantes. Todas las empresas, con independencia de su tamaño y del sector en el que operen, deben cumplir estas obligaciones:

❯ **Inscripción**: notificar los ficheros ante el Registro General de Protección de Datos.
❯ **Calidad de los datos**: asegurarse de que los datos sean adecuados y veraces, obtenidos lícita y legítimamente y tratados de modo proporcional a su finalidad.
❯ **Deber de guardar secreto**: garantizar el cumplimiento de los deberes de secreto y seguridad.
❯ **Deber de información**: informar a los titulares de los datos personales en la recogida de estos y obtener su consentimiento para tratarlos.
❯ **Atención de los derechos** de los ciudadanos, facilitando y garantizando el ejercicio de los derechos de oposición al tratamiento, acceso, rectificación y cancelación.

Contratación telefónica y online

La Ley 3/2014, de 27 de marzo, por la que se modifica el Texto Refundido de la Ley General para la Defensa de los Consumidores y Usuarios, armonizó la legislación española con la normativa comunitaria y afectó a la contratación a distancia de productos y servicios, principalmente a través de teléfono e internet, si bien también es aplicable a otras ventas realizadas fuera de los establecimientos comerciales. Los aspectos principales de esta nueva norma son los siguientes:

❯ **Ampliación de los requisitos de información precontractual** al consumidor y usuario: garantías legales y comerciales y servicios posventa; depósitos o garantías que el cliente tenga que aportar por anticipado al realizar el pedido, así como cuando sea necesario bloquear una cantidad determinada en su tarjeta de crédito o débito; funcionalidad de los contenidos digitales, incluidas las medidas técnicas de protección aplicables; posibles restricciones de suministro; modalidades de pago aceptadas.

> **Derecho de desistimiento**: formulario normalizado europeo; ampliación del plazo para desistir del contrato, de 7 días hábiles a 14 días naturales (o 12 meses si no se facilita la información sobre tal derecho); devolución de las cantidades satisfechas, incluidos gastos de envío o entrega; penalización por baja o cancelación anticipada proporcional al plazo pendiente.

> **Cargas encubiertas**: en internet, aceptación del precio final antes de concluir la compra; consentimiento expreso para pagos adicionales; coste de la línea telefónica habilitada para la comunicación con los clientes no superior al de la tarifa básica; prohibición de facturar al consumidor cargos por el uso de ciertos medios de pago que superen el coste real.

> **Contratos telefónicos**: en caso de contratación por teléfono, esta deberá confirmarse por escrito o en un soporte duradero, no bastando la grabación de la conversación (el consumidor y usuario sólo quedará vinculado una vez haya firmado la oferta o enviado su acuerdo por escrito en papel, por fax, correo electrónico o SMS).

> **Limitación del *spam* o acoso telefónico**: las llamadas telefónicas comerciales no podrán hacerse antes de las 9 horas ni después de las 21 horas, ni en festivos o fines de semana.

> **Nuevos derechos**: derecho a recibir la factura en papel sin coste adicional; el tamaño de la letra de los contratos debe tener un mínimo de un milímetro y medio y el contraste con el fondo no debe hacer difícil su lectura; forma y plazos de entrega (máximo de 30 días naturales); riesgo de pérdida o deterioro de los bienes: serán de cuenta de la empresa todos aquellos daños que se hayan producido antes de que le sean entregados al cliente.

ORGANIZACIONES Y RECURSOS

Publicidad

La Asociación para la Autorregulación de la Comunicación Comercial (Autocontrol) vela porque la publicidad siga unos códigos de buenas prácticas y sea veraz y creíble.
http://www.autocontrol.es

Farmaindustria, la Asociación Nacional Empresarial de la Industria Farmacéutica, adoptó en 1991 un código de buenas prácticas que regula tanto la promoción a médicos como la comunicación con los consumidores, y que ha sido actualizado en junio de 2014.
http://www.farmaindustria.es

Venta directa

La Asociación de Empresas de Venta Directa (AVD) se fundó en la los años setenta para representar los intereses del sector ante la Administración y la opinión pública. En la realización de sus actividades de marketing y ventas se adhiere al Código Europeo de la Venta Directa.
http://www.avd.es

Protección de datos personales

La Agencia Española de Protección de Datos es la autoridad pública independiente encargada de velar por la privacidad y la protección de datos de los ciudadanos. Realiza tareas de información, control y sanción.
http://www.agpd.es

Defensa de la competencia

La Comisión Nacional de los Mercados y la Competencia (CNMC) es el organismo que garantiza la libre competencia y regula todos los mercados y sectores productivos de la economía española para proteger a los consumidores.
http://www.cnmc.es

Ley de defensa de los consumidores y usuarios

El texto de la Ley 3/2014, de 27 de marzo, por la que se modifica el texto refundido de la Ley General para la Defensa de los Consumidores y Usuarios, puede consultarse en la web del BOE.
http://www.boe.es/diario_boe/txt.php?id=BOE-A-2014-3329

Cómo funcionan operaciones y producción

Las actividades de operaciones y producción de una empresa son especialmente sensibles, pues son las que deben garantizar que los productos a la venta cumplen la normativa vigente de seguridad.

A la hora de valorar las operaciones y las actividades productivas de la empresa, la sostenibilidad es sin duda un aspecto clave, hasta el punto de que el mismo Plan General Contable (PGC) español marca la obligatoriedad de incluir en la memoria anual un apartado dedicado al medio ambiente. Sobre este aspecto, la memoria debe informar de lo siguiente:

❯ Descripción y características de los sistemas, equipos e instalaciones más significativos cuyo fin sea la minimización del impacto medioambiental y la mejora y protección del medio ambiente.

❯ Gastos incurridos en el ejercicio cuyo fin sea la protección y mejora del medio ambiente.

❯ Riesgos cubiertos por las provisiones correspondientes a actuaciones medioambientales.

❯ Contingencias relacionadas con la protección y mejora del medio ambiente.

❯ Inversiones realizadas durante el ejercicio por razones medioambientales.

Más allá de las estrictas obligaciones legales que marca el PGC, tanto los accionistas y los *stakeholders*, o grupos de interés, como el conjunto de la sociedad están muy atentos a la actuación de la empresa en los aspectos de Responsabilidad Social Corporativa. Por ello la memoria anual incluye también, en un número creciente de casos, información detallada de las acciones emprendidas por la compañía en este ámbito. Tanto es así, que la entidad gestora de las bolsas españolas, Bolsas y Mercados Españoles, y la firma británica FTSE crearon hace unos años el primer índice español de responsabilidad social: el FTSE4Good Ibex. Para poder incorporarse a este índice las empresas deben cumplir una serie de criterios relativos a las políticas activas en materia de medio ambiente, derechos humanos, lucha contra la corrupción o relaciones con los inversores.

Normativa sobre producción

Existe un amplio cuerpo normativo que regula la producción de materiales, equipos, bienes y aparatos industriales y domésticos. Algunas de estas normas son:

❯ Cumplimiento de los requisitos de la UE en materia de seguridad, salud y medio ambiente, y el uso de la marca CE, que indica que el producto cumple la normativa de seguridad de la UE y que es obligatoria en determinados productos, como juguetes, productos eléctricos, instrumentos médicos y maquinaria.

❯ La legislación alimentaria regula el etiquetado, la composición y los parámetros de seguridad de ingredientes que podrían ser reemplazados por otros de inferior calidad, e incluye agua embotellada, pan y harina, grasas y aceites, pescado, carne y leche. Dicha legislación es tanto española como comunitaria. Debe tenerse también en cuenta el Código Alimentario, promovido por la OMS y adaptado por el Estado español, que fija las condiciones que han de reunir los alimentos destinados al consumo humano.

❯ La normativa fija también criterios para la prevención de la contaminación derivada de la producción de papel y cartón, así como sobre ruido y vibraciones, torres de refrigeración o el tipo y el volumen de las emisiones que pueden tener lugar durante los procesos de fabricación.

Responsabilidad y garantía

La normativa comunitaria establece los derechos que tienen los consumidores al adquirir un producto. En primer lugar, la garantía mínima queda establecida en dos años, durante los cuales el vendedor debe responder ante cualquier defecto o funcionamiento incorrecto. Si el artículo que se ha comprado es defectuoso, o bien no es o no funciona según lo anunciado, el vendedor tiene la obligación de repararlo o cambiarlo gratuitamente; o bien, en función de las circunstancias, puede devolver el importe íntegro de la compra o aplicar una reducción en el precio.

Legislación sobre propiedad intelectual

Proteger inventos, diseños, creaciones y marcas no evita las copias pero facilita la adopción de medidas legales. Los principales tipos de protección son:

Derechos de autor, que son automáticos e inalienables y cubren las obras literarias, el arte, la fotografía, las producciones cinematográficas y televisivas, los contenidos web o las grabaciones fonográficas. En España, la protección comienza en el momento de creación de la obra. Para obras literarias, teatrales, musicales y artísticas, los derechos de autor son vigentes hasta pasados 70 años de la muerte del autor en las obras publicadas después de 1994; hasta pasados 60 años en las publicadas entre 1987 y 1994, y hasta pasados 80 años en las publicadas entre 1879 y 1987. Para obras fonográficas y musicales, los derechos son vigentes hasta pasados 70 años de la muerte del creador.

Marcas, que pueden consistir en una palabra, un sonido, un logotipo, una imagen o una combinación de cualesquiera de estos elementos, y pueden registrarse en la Oficina Española de Patentes y Marcas (OEPM).

Patentes, que pueden también protegerse mediante su registro en la OEPM, siempre que se soliciten para una invención que aporte novedad y sea original, y no para una mera modificación de un producto existente. No se puede patentar métodos, ideas o descubrimientos científicos, nuevos tipos de plantas, semillas o animales, obras literarias, teatrales, musicales o artísticas, ni tampoco programas informáticos.

Diseños industriales, que pueden protegerse contra el plagio o la copia y pueden referirse a la especial apariencia de un producto, incluida su forma, embalaje, imágenes, colores y decoración. El registro de un diseño otorga a su propietario el derecho exclusivo de uso durante un máximo de 25 años.

ORGANIZACIONES Y RECURSOS

Responsabilidad Social Corporativa

Existen distintas entidades que se dedican a concienciar y apoyar a las empresas en la RSC. Entre ellas:

El Pacto Mundial de Naciones Unidas opera en España a través de su Red Española, que cuenta con más de 2.600 empresas adheridas, siendo la red local más importante.
http://www.pactomundial.org

Forética es una asociación española de empresas y profesionales que tiene como misión fomentar la cultura de la gestión ética y la responsabilidad social, aportando conocimiento y herramientas para desarrollar con éxito un modelo de negocio competitivo y sostenible.
http://foretica.org

Garantía y relación con los consumidores

Información de la Unión Europea sobre los derechos de los consumidores en relación con los productos que han adquirido.
http://europa.eu/youreurope/citizens/shopping/index_es.htm

Propiedad intelectual

La Oficina Española de Patentes y Marcas es el organismo responsable del registro y la concesión de las distintas modalidades de propiedad industrial. En su sede electrónica pueden realizarse la mayoría de los trámites, como registrar una marca o un nombre comercial.
http://www.oepm.es

La Oficina Europea de Patentes (EPO, por sus siglas en inglés) ofrece una herramienta gratuita de búsqueda online, normativa legal y resoluciones anteriores, así como una guía para la solicitud de patentes europeas.
http://www.epo.org

La Organización Mundial de la Propiedad Intelectual (OMPI) ofrece información sobre el Sistema Madrid, una solución centralizada para el registro y la gestión de las marcas en todo el mundo. Con una sola solicitud y una tasa única puede protegerse una marca en el territorio de hasta 95 países miembros.
http://www.wipo.int/portal/es (información general)
http://www.wipo.int/madrid/es (sobre el Sistema Madrid)

Índice

Los números de página en **negrita** indican las entradas principales.

penetración en el mercado 187
pequeña y mediana empresa (pyme) 37
perfil de consumidor con visión de 360
grados 261
personalización adaptativa 279
personalización colaborativa 279
personalización cosmética 279
personalización en masa **278-79**
personalización transparente 279
petabyte 263
phishing (fraude electrónico) 267
piramidal, estafa 153
Pizza Hut 23, 324
plan de contingencia 33
plan de negocio **32-33**
planificación empresarial de recursos
264
plataforma empresarial 21
podcasting/videocasting 226-27
poner nombre a la empresa 13, 28
Ponzi, Carlo *ver* piramidal, estafa
posicionamiento competitivo 182
posicionamiento de calidad 182
posicionamiento de valor 182
posicionamiento en buscadores (SEO)
230-31
prácticas laborales 123
precio a partir del coste 142
precio conjunto 187
precio de venta 143
precio localizado 187
precio psicológico 187
precio y estrategias de precio **186-87**
Premio Deming 309
Premio Líder en Calidad 309
premium 187
préstamo *ver* deuda
préstamo a plazo fijo 34, 158
presupuesto de base cero 137
presupuesto incremental 137
presupuestos **136-37**
previsión **150-51**
previsión económica 33
price to earnings ratio 149
principios contables
congruencia 113
coste histórico 113, 131
devengo 113
materialidad 113

prudencia 113
revelación suficiente 112
principios globales de contabilidad de
gestión (GMAP) 131
procesos híbridos **282-83**
Procter & Gamble (P&G) 72
producción ágil **296-97**
producción continua **280-81**
producción en cadena **276-77**
producción lean **288-89**
producción por lotes **274-75**
producción por proyectos **272-73**
producto 180-81
cálculo de costes **142-43**
ciclo de vida **184-85**
diseño **306-07**
evolución **300-11**
extensión de 46
franquicia de 22
matriz producto-proceso **310-11**
muestras 201
posicionamiento **182-83**
promoción **190-91**
responsabilidad medioambiental
122
productos terminados, inventario 139
programas de fidelización 240-41, 255,
260, 261
promoción de producto **190-91**
prueba A/B (marketing por correo) 216
prueba ácida, ratio de 149
pruebas sensoriales 207
publicidad
bajo la línea 190
cines 213
infantil 266-67
online **214-15**
ratio de publicidad a ventas 213
sobre la línea 191
tradicional offline **212-13**
puesto funcional 58
puesto operacional 58
punto de equilibrio 141
PwC 18, 145

quién es quién **50-65**

ratios
corriente 149
de cobertura de intereses 175
de liquidez 149
de margen neto 149
de precio a beneficios 149
de prueba ácida 149
de rentabilidad 148
de rentabilidad de los recursos
propios (ROE) 148
de rotación de inventarios 148
de solvencia 149
EBITDA a ventas 148
financieros **148-49**
razón social 16
recesión, rotación del personal 82
reclamos de éxito 302
reclutamiento y selección **82-83**
recursos humanos **78-97**
ciclo 80-81
KPI 147
redes sociales 83, 201
regulaciones de marketing **266-67**
de comparaciones 266-67
de ofertas especiales 266-267
de recomendación 266-67
de sorteos y concursos 266-67
de uso de *spam* 266-67
reingeniería de procesos 67
relación con los empleados **92-93**
relación de canje 43
relación de línea 69
relaciones públicas 191
remuneración 107
rentabilidad sobre la inversión 120, 121
residuos electrónicos 331
responsabilidad social corporativa (RSC)
334-35
contabilidad medioambiental **122-23**
resultado operativo 114-15
retraso de los pagos 156
riesgo financiero y apalancamiento
174-75
Ritz-Carlton 279
robot.txt 231
ROI (retorno sobre la inversión) 242

Agradecimientos

Dorling Kindersley quisiera dar las gracias a Douglas Bell y a Debra Wolter por su asistencia editorial; a Margaret McCormack por el indice, y a Nicola Gary, Vaibhav Rastogi y Riti Sodhi por su asistencia en el diseño.

Créditos

DK quisiera agradecer a Wessex Water por su permiso para reproducir partes de su memoria y cuentas anuales de 2013 en las **pp. 100–123**; al Radio Advertising Bureau por su permiso para reproducir el gráfico de la **p. 212**, y a Upstream/YouGov por su permiso para reproducir el gráfico de la **p. 214**.

Fuentes de estadísticas, datos y citas:
p.13: Roach, B., "Corporate Power in a Global Economy", Global Development And Environment Institute, Tufts University, 2007; **p.15:** www.brusselsnetwork.be/eu-news-m/563-smes-contribution-to-a-dynamic-europe.html; **p.16:** UK government business population estimates 2013; **p.18:** Biery, M.E., "4 Things You Don't Know About Private Companies", forbes.com, 26 de mayo de 2013; **p.19:** London Stock Exchange; **p.24:** The Nonprofit Almanac, 2012; **p.26:** Kauffman Index of Entrepreneurial Activity; **p.27:** France Digitale; **p.29:** Harvard Business School; **p.30:** IBISWorld; **p.32:** Panel Study of Entrepreneurial Dynamics, University of Michigan, 2008; **p.35:** Entrepreneurs Index report, 2013; **p.39:** National Business Incubation Association; **p.41:** Mergermarket M&A Trends Report, 2013; **p.43:** Humber, Y., "Japan Mergers Fall to Nine-Year Low as Yen Volatility Surges", bloomberg.com, 8 de julio de 2013; **p.45:** Hashem, N., "Demerger Study: Analysing the value of demergers through share price performance", Deloitte & Touche, marzo de 2002; **p.47:** Grant Thornton International Business Report, 2014; **p.49:** Craven, N., "KKR Agrees to Buy Alliance Boots, Beating Guy Hands", bloomberg.com, 24 de abril de 2007; **p.51:** "Employee attitudes and the recession", Chartered Institute of Personnel and Development, 2009; **p.53:**

Huang, S., "Zombie Boards: Board Tenure and Firm Performance", INSEAD – Finance; Singapore Management University – School of Accountancy, 29.7.2013; **p.55:** Tribbett, C., "Splitting The CEO and Chairman Roles – Yes Or No?", *The Corporate Board*, Russell Reynolds Associates, Vol. XXXIII, n°. 197, noviembre/diciembre de 2012; **p.56:** "Born to be digital: How leading CIOs are preparing for a digital transformation", EY, 2014; **p.57:** Guadalupe, M., Li, H., Wulf, J., "Who Lives in the C-Suite? Organizational Structure and the Division of Labor in Top Management", Working Paper, Harvard Business School, 18 de junio de 2013; **p.59:** National Bureau of Economic Research, 2003; **p.60:** Kappel, V., Schmidt, P., Ziegler, A., "Human rights abuse and corporate stock performance – an event study analysis", libro blanco, 21 de diciembre de 2009; **p.63:** "The Sustainability Edge: Sustainability Update", Bloomberg LP, 2011; **p.65:** Booz & Company, 2013; **p.67 izquierda y derecha:** Shaw, M., "Communication networks", en L. Berkowitz (ed.), *Advances in Experimental Social Psychology*, Academic Press, 1964, pp.111–147; **p.69:** Econsultancy; **p.71:** Bowman, H., Singh, H., Useem, M., Bhadury, R., "When Does Restructuring Improve Economic Performance?", *California Management Review*, 41:2, 1999, p.48; **p.73:** "The Rise of the Networked Enterprise: Web 2.0 finds its payday", *McKinsey Quarterly*, 2010; **p.77:** Hartman, C., "Managing the Journey: Interview with CEO Ralph Stayer", inc.com, 1 de noviembre de 1990; **p.79:** International Labour Organization Global Employment Trends 2014; **p.80:** Society for Human Resources Management; **p.82:** 2013 Jobvite Social Recruiting Survey; **p.87:** Gallup State of the Global Workplace 2013; **p.93:** Ruddick, G., "John Lewis pays staff more than £200m in bonuses for first time", *The Telegraph*, 7 de marzo de 2013; **p.95:** "Insights and Trends: Current Portfolio, Programme, and Project Management Practices: The third global survey on the current state of project management", PwC, 2012; **p.97:** Barbara & Allan Pease, *The Definitive Book of Body Language*, 2006; **p.100:** Caux Round Table, "Lehman Brothers, Repo 105 Sales, Lawyers and Ethical Abuse", 2 de abril de 2010;

p.103: Occupational Outlook Handbook (2014–15 Edition), US Bureau of Labor Statistics; **p.107:** Wessex Water, *Striking the Balance: Annual Review and Accounts 2013*, p.7; **p.111:** www.accounting-degree.org/scandals; **p.125:** The AA; **p.131:** The Association of Accountants and Financial Professionals in Business; **p.135:** Pangburn, E., "Cash Flow Problems in Small Business Startups and How to Tackle Them", modestmoney.com, 28 de enero de 2014; **p.136:** "Forecasting with confidence", KPMG, 2007; **p.141:** MasterCard, diciembre de 2005; **p.142:** Ernst & Young 2003 Survey of Management Accounting; **p.145:** "Management Barometer, Price Waterhouse Coopers and BSI Global Research Inc", 2002; **p.147:** Gartner Research "Predicts 2013: Business Process Reinvention is Vital to Digital Business Transformation"; **p.149:** www.inc.com/encyclopedia/financial-ratios.html; **p.151:** Gartner Research "Predicts 2013: Business Process Reinvention is Vital to Digital Business Transformation"; **p.152:** US Securities and Exchange Commission, citado en *Forbes*, 2010; **p.154:** Graham, J., Harvey, C., "The Theory and Practice of Corporate Finance: Evidence from the Field", *Journal of Financial Economics*, Vol. 60, 2001, pp.187–243; **p.157:** Credit Management Research Centre, Leeds University Business School, 2008; **p.158:** Domowitz, I., Glen, J., Madhavan, A., "International Evidence on Aggregate Corporate Financing Decisions", en A. Demirgüç-Kunt and R. Levine (eds.), *Financial Structure and Economic Growth: A Cross-Country Comparison of Banks, Markets and Development*, The MIT Press, 2004, p.274; **p.161:** The U.S. Small Business Administration; **p.163:** Index characteristics, NYSE Composite Index; **p.165:** Ewing, T., Gomes, L., Gasparino, C., "VA Linux Registers a 698% Price Pop", *The Wall Street Journal*, 10 de diciembre de 1999; **p.171:** Bank for International Settlements Quarterly Review, Marzo de 2014; **p.181:** Adams, M., "Findings from the PDMA Research Foundation CPAS Benchmarking", 2004; **p.185:** The Federal Trade Commission; **p.186:** Marketing guru Peter Doyle; **gráfico de la p.187:** Basado en: US hospitality industry guidelines; **p.188:** Columbus, L., "IDC: 87% Of Connected Devices Sales By 2017 Will Be Tablets And Smartphones", forbes.com, 12 de septiembre de 2013; **p.190:** Gartner Research, 2013; **p.193:** US Bureau of Labor Statistics 2012; **p.197:** she-conomy.com; **p.198:** The Pareto principle, sugerido por el experto en marketing Joseph M. y parte de la teoría de marketing de larga cola; **p.201:** Rizen Creative 2012 Idaho Marketing Tactic Survey; **p.203 gráficos en anillo:** Barnard, J., "ZenithOptimedia Forecasts 4.1% Growth in Global Adspend in 2013", enithoptimedia.com, 3 de diciembre de 2012; **p.203:** Statista, 2014; **p.205:** Shaw, C., Ivens, J., *Building Great Customer Experiences*, Palgrave Macmillan, 2002; **p.206:** JWT Intelligence, "Data point: Constantly connected Millennials crave sensory experiences", 2013; **p.211:** Axonn Research Content Marketing Trends in 2013; **p.212:** Statista, 2013; **p.212 gráfico de barras:** "Radio: The ROI Multiplier", Radio Advertising Bureau (www.rab.co.uk), 2013, p.23; **p.213:** YouGov for Deloitte, 2010; **p.214:** eMarketer, septiembre de 2014; **p.214 gráfico de barras:** 2012 Digital Advertising Attitudes Report, Upstream/YouGov, p.8; **p.215:** eMarketer, enero de 2014; **p.216:** Direct Marketing Association 2010 Response Rate Trend Report; **p.218:** Holman, D., Batt, R., Holtgrewe, U., "The Global Call Center Report, International Perspectives on Management and Employment", 2007; **p.221:** Hubspot 2013 State of Inbound Marketing; **p.223:** HubSpot 2013 State of Inbound Marketing; **p.225:** comScore, 2011; **p.226:** "Apple: One billion iTunes podcast subscriptions and counting", macworld.com, 2013; **p.229:** Oficina Federal Alemana de Estadística (Destatis), 2013; **p.230:** Chitika Insights, "The Value of Google Result Positioning", 7 de junio de 2013; **p.233:** The Bloom Group LLC, "Integrating Marketing and Business Development in Professional Services Firms", 2007; **p.237 gráfico en anillo:** Content Marketing Institute/MarketingProfs: 2014 B2B Content Marketing Trends – North America; **p.238:** MarketingSherpa 2012 Website Optimization Benchmark Report; **p.241:** Probstein, S., "Listen to the Voice of the Customer", destinationCRM.com, 1 de abril de 2009; **p.243:** IBM research report 2011, "From Stretched to Strengthened: Insights From the Global Chief Marketing Officer Study"; **p.247:** Harvey Nash CIO survey 2014; **p.249:** Barua, A., Mani, D., Mukherjee, R., "Measuring the Business Impacts of Effective Data", The University of Texas at Austin/Sybase, 2010; **p.250:** Vanson Bourne Intelligent Market Research, 2013; **p.253:** Accenture, "CMOs: Time for digital transformation or risk being left on the sidelines", CMO Insights 2014; **p.255:** "Marketing ROI in the Era of Big Data: The 2012 BRITE/NYAMA Marketing in Transition Study", Columbia Business School's Center on Global Brand Leadership and the New York American Marketing Association; **p.256:** Independent Oracle Users Group, "A New Dimension to Data Warehousing: 2011 IOUG Data Warehousing Survey"; **p.259:** Forrester Consulting, "Delivering New Levels Of Personalization In Consumer Engagement", noviembre de 2013; **p.263:** Celebrus Technologies, Digital Marketing Insights report 2014; **p.265:** Nucleus Research, junio de 2014 – Report O128: "CRM pays back $8.71 for every dollar spent"; **p.267:** Symantec Internet Security Threat Report 2014, Vol. 19; **p.271:** World Bank via www.themanufacturer.com/uk-manufacturing-statistics; **p.273:** Hall, M., Jury, L., "I do … cost a lot: Weddings by the numbers", CNN.com, 9 de agosto de 2013; **p.275:** UK Agriculture and Horticulture Development Board 2014; **p.277:** International Organization of Motor Vehicle Manufacturers, www.worldometers.info/cars; **p.279:** Scanlon, J., "How Mars Built a Business", businessweek.com, 28 de diciembre de 2009; **p.281:** Paperchase; **p.284:** Intellectual Property report, Kilburn and Strode LLP; **p.287:** Statista, 2014; **p.289:** Toyota Motor Corporation; **p.291:** Dell Computers; **p.293:** Stratton, B., "How Disneyland Works", *Quality Progress*, Vol. 24, nº. 7, 1991; **p.295:** Information Week; **p.297:** Denning, S., "Wikispeed: How a 100 mpg Car Was Developed in 3 Months", forbes.com, 10 de mayo de 2012; **p.298:** Bernard, J. M., *Business at the Speed of Now: Fire Up Your People, Thrill Your Customers, and Crush Your Competitors*, Wiley, 2011; **p.301:** Eurostat; **p.303:** Mintel; **p.307:** Artefact; **p.309:** "Singapore supermarket saves 4.5m Singaporean dollars a year with standards", iso.org, 25 de marzo de 2014; **p.310:** "The end of cheap China", economist.com, 10 de marzo de 2012; **p.313:** High Pay Centre; **p.315:** "Pegatron expanding China factory capacity for Apple iPhone 6 production", tech.firstpost.com, 18 de marzo de 2014; **p.317:** Walmart; **p.319:** British Sandwich Association; **p.320:** "How Jack Welch Runs GE", businessweek.com, 1998; **p.321:** De Feo, J., Barnard, W., *Juran Institute's Six Sigma Breakthrough and Beyond: Quality Performance Breakthrough Methods*, Tata McGraw-Hill Publishing, 2003; **p.323:** Council of Supply Chain Management Professionals; **p.325:** A.T. Kearney, Internet Value Chain Economics report 2010; **p.327:** Corbett, M. F., *The Outsourcing Revolution*, Dearborn, 2004; **p.331:** "The Hidden Value in Reverse Logistics", Deloitte, enero de 2014; **p.333:** Global Benchmarking Network, "Global Survey on Business Improvement and Benchmarking", 2010; **p.334:** Pilot, S., "Companies are embracing corporate responsibility in their annual reports", *The Guardian*, 29 de setpiembre de 2011.

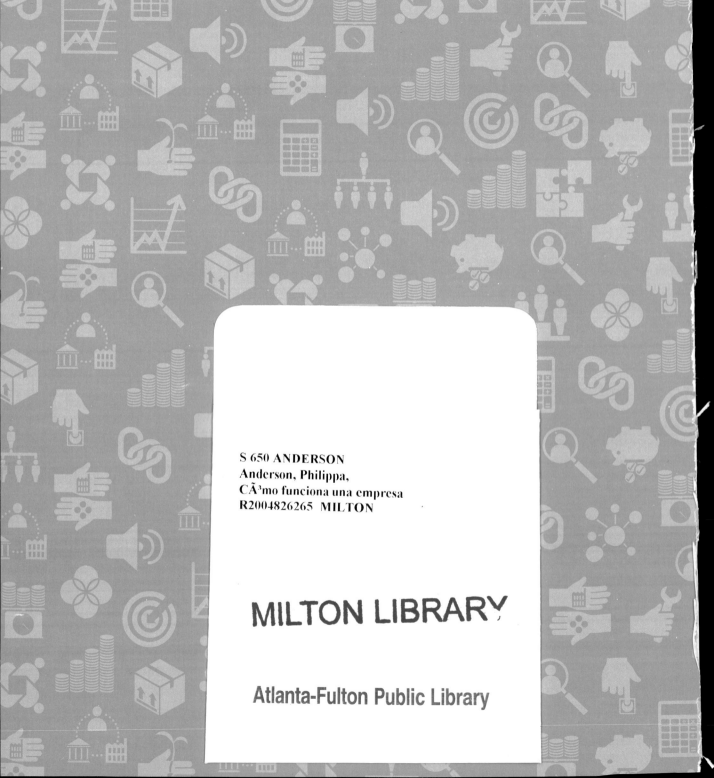